Der Anspruch auf Verlängerung der Arbeitszeit

Schriften zum deutschen und europäischen Arbeitsrecht

Herausgegeben von Frank Bayreuther

Band 22

PETER LANG

Frauke Hansper

Der Anspruch auf Verlängerung der Arbeitszeit

PETER LANG

Bibliografische Information der Deutschen Nationalbibliothek
Die Deutsche Nationalbibliothek verzeichnet diese Publikation in der Deutschen Nationalbibliografie; detaillierte bibliografische Daten sind im Internet über http://dnb.d-nb.de abrufbar.

Zugl.: Passau, Univ., Diss., 2021

D 739
ISSN 1865-634X
ISBN 978-3-631-87867-5 (Print)
E-ISBN 978-3-631-88029-6 (E-PDF)
E-ISBN 978-3-631-88030-2 (EPUB)
DOI 10.3726/b19756

Peter Lang – Berlin · Bern · Bruxelles · New York · Oxford · Warszawa · Wien

Diese Publikation wurde begutachtet.

www.peterlang.com

Vorwort

Diese Arbeit wurde im Sommersemester 2021 von der Juristischen Fakultät der Universität Passau als Dissertation angenommen. Sie befindet sich im Wesentlichen auf dem Stand ihrer Abgabe, wobei jedoch summarische Änderungen bis Januar 2022 berücksichtigt werden konnten. Hierzu zählt insbesondere die Einarbeitung des zwischenzeitlich veröffentlichten Urteils des Bundesarbeitsgerichts vom 21.01.2021 (8 AZR 195/19), in dem sich das Gericht unter anderem mit der Frage der Gültigkeitsdauer einer die Informationspflicht nach § 7 Abs. 3 TzBfG auslösenden Anzeige auseinandersetzt.

Mein besonderer Dank gilt zunächst meinem verehrten Doktorvater, Herrn Prof. Dr. Frank Bayreuther, für die Gelegenheit zur Promotion, die stets hervorragende Betreuung, seine konstruktiven Anregungen und die wissenschaftliche wie persönliche Unterstützung bei der Anfertigung der Arbeit.

Daneben möchte ich auch Herrn Prof. Dr. Rainer Sieg für die Übernahme und sehr zügige Erstellung des Zweitgutachtens sowie Herrn Prof. Dr. Dr. h.c. Werner Beulke, der den Vorsitz des Prüfungsausschusses der Disputation führte, herzlich danken.

Bei meiner Familie und meinen Freunden bedanke ich mich für die großzügige und liebevolle Unterstützung und Geduld, denn ohne sie wäre diese Arbeit nicht möglich gewesen. Insbesondere richtet sich mein Dank an Christoph Riess für zahlreiche Diskussionen und Verbesserungsvorschläge, die sorgfältige Durchsicht meines Manuskripts sowie Verständnis und Nachsicht in jeder Phase meines Dissertationsvorhabens.

Inhalt

Abkürzungsverzeichnis

a.A.	andere/r Ansicht
ABl.	Amtsblatt
Abs.	Absatz
a.E.	am Ende
AEUV	Vertrag über die Arbeitsweise der Europäischen Union v. 9.5.2008 i.d.F. v. 11.7.2012 (AEUV), ABl. C 115, S. 47.
AGG	Allgemeines Gleichbehandlungsgesetz v. 14.08.2006, BGBl. I 2006, S. 1897.
ArbG	Arbeitsgericht
ArbStättV	Verordnung über Arbeitsstätten v. 12.8.2004 i.d.F. v. 22.12.2020, BGBl. I 2004, S. 2179.
ArbZG	Arbeitszeitgesetz v. 6.6.1994 i.d.F. v. 11.11.2016 (ArbZG), BGBl. I 1994, S. 1170.
AÜG	Gesetz zur Regelung der Arbeitnehmerüberlassung – Arbeitnehmerüberlassungsgesetz v. 3.2.1995 i.d.F. v. 13.3.2020 (AÜG), BGBl. I 1995, S. 158.
Ausschuss-Drs.	Ausschussdrucksache
BAG	Bundesarbeitsgericht
BayVerfGH	Bayerischer Verfassungsgerichtshof
BEEG	Bundeselterngeld- und Elternzeitgesetz i.d.F. v. 27.02.2015, BGBl. I 2015, S. 33.
BPersVG	Bundespersonalvertretungsgesetz v. 15.03.1974, BGBl. I 1974, S. 693.
BUrlG	Bundesurlaubsgesetz v. 08.01.1963, i.d.F. v. 20.04.2013, BGBl. I 1963, S. 2.
BeschFG	Beschäftigungsförderungsgesetz 1985 v. 26.4.1985 (BeschFG), BGBl. I 1985, S. 710.
BetrVG	Betriebsverfassungsgesetz v. 25.9.2001 i.d.F. v. 21.2.2017 (BetrVG), BGBl. I 2001, S. 2518.
BGBl.	Bundesgesetzblatt
BGB	Bürgerliches Gesetzbuch v. 2.1.2002 i.d.F. v. 19.3.2020 (BGB), BGBl. I 2002, S. 42.
BGH	Bundesgerichtshof

BGleiG	Gesetz für die Gleichstellung von Frauen und Männern in der Bundesverwaltung und in den Unternehmen und Gerichten des Bundes v. 24.4.2015 idF v. 23.12.2016, BGBl. I 2015, S. 64.
BMAS	Bundesministerium für Arbeit und Soziales der Bundesrepublik Deutschland
BT-Drs.	Bundestagsdrucksache
BVerfG	Bundesverfassungsgericht
BVerwG	Bundesverwaltungsgericht
bzw.	beziehungsweise
d. (Gründe)	der (Gründe)
dass. / ders. / diess.	dasselbe / derselbe / dieselbe
d.h.	das heißt
DJB	Deutscher Juristinnenbund
EuGH	Europäischer Gerichtshof
EUV	Vertrag über die Europäische Union idF des Vertrags von Lissabon v. 13.12.2007 i.d.F. v. 9.12.2011 (EUV), ABl. C 306, S. 1, ber. ABl. 2008 C 111, S. 56, ABl. 2009 C 290, S. 1, ABl. 2011 C 378, S. 3.
f. / ff.	folgende / die folgenden
Fn.	Fußnote
gem.	gemäß
GG	Grundgesetz für die Bundesrepublik Deutschland v. 23.5.1949 idF v. 13.7.2017 (GG), BGBl. I 1949, S. 1.
ggf.	gegebenenfalls
GRCH	Charta der Grundrechte der Europäischen Union v. 26.10.2012, ABl. 2012 C 326, S. 391.
Hs.	Halbsatz
i.d.F.	in der Fassung
i.E.	im Ergebnis
iSd./iSv.	im Sinne des/der/von
KOM	Europäische Kommission
krit.	kritisch
KSchG	Kündigungsschutzgesetz v. 25.8.1969 i.d.F. v. 17.7.2017 (KSchG), BGBl. I 1969, S. 1317.
LAG	Landesarbeitsgericht

lit.	Buchstabe
m.w.N.	mit weiteren Nachweisen
Nr.	Nummer
Rn.	Randnummer
S. / s.	Satz; Seite / siehe
SGB IX	Sozialgesetzbuch – Neuntes Buch (IX) – Rehabilitation und Teilhabe von Menschen mit Behinderungen v. 23.12.2016 i.d.F. v. 9.10.2020 (SGB IX), BGBl. I 2016, S. 3234.
SGB IV	Sozialgesetzbuch – Viertes Buch (IV) – Gemeinsame Vorschriften für die Sozialversicherung v. 12.11.2009 i.d.F. v. 22.3.2020 (SGB IV), BGBl. I 2009, S. 3710.
sog.	sogenannte/r/s
st. Rspr.	ständige Rechtsprechung
Teilzeit-RL	Richtlinie 97/81/EG des Rates vom 15.12.1997 zu der von UNICE, CEEP und EGB geschlossenen Rahmenvereinigung über Teilzeitarbeit, ABl. 1998 L 014, S. 9.
Teilzeit-RV	Rahmenvereinbarung über Teilzeit
TzBfG	Teilzeit- und Befristungsgesetz v. 21.10.2000 i.d.F. v. 22.11.2019 (TzBfG), BGBl. I 2000, S. 1966.
u.a.	unter anderem
v.	von / vom
v.a.	vor allem
vgl.	vergleiche
z.B.	zum Beispiel
zit.	zitiert
ZPO	Zivilprozessordnung i.d.F. der Bek. v. 5.12.2005 (ZPO), BGBl. I 2005, S. 3202.

Einführung

Immer wieder wird der Wunsch vieler Arbeitnehmer[1] nach einer möglichst selbstbestimmten Arbeitszeitgestaltung laut. Häufig geht damit eine Reduzierung der Arbeitszeit einher. Die Flexibilisierung der Arbeitszeit beinhaltet umgekehrt jedoch auch die Möglichkeit, das eigene Arbeitsverhältnis bis hin zu einer Vollzeitbeschäftigung verlängern zu können. Die Hürden für eine Reduzierung der Arbeitszeit sind dabei geringer als diejenigen für eine Arbeitszeitverlängerung. Diese Problematik wird oft sowohl in der Rechtswissenschaft als auch in Gesellschaft und Presse mit dem Begriff der „Teilzeitfalle" umschrieben. Durch die vor Kurzem erfolgte Einführung der Brückenteilzeit (§ 9a TzBfG) ist man dem Ziel der Flexibilisierung der Arbeitszeit zwar nähergekommen. Vollständig umgesetzt ist es jedoch noch nicht, da zum einen die im Vorhinein erfolgte Festlegung eines bestimmten Rückkehrzeitpunkts dem Gedanken der Flexibilisierung nicht vollständig Geltung verschafft und zum anderen der Anspruch aus § 9a TzBfG nicht denjenigen Arbeitnehmern zu helfen vermag, die erstmalig ihre Arbeitszeit verlängern wollen.

Für einen Anspruch auf Verlängerung der Arbeitszeit können Beschäftigte *de lege lata* auf mehrere Rechtsgrundlagen zurückgreifen. § 9 TzBfG ermöglicht Arbeitnehmern die bevorzugte Berücksichtigung bei der Besetzung eines freien entsprechenden Arbeitsplatzes, sofern nicht Arbeitszeitwünsche anderer Arbeitnehmer oder dringende betriebliche Gründe entgegenstehen. § 92 Abs. 4 S. 2 BBG gewährt teilzeitbeschäftigten Beamten mit Familienpflichten auf Antrag eine bevorzugte Berücksichtigung bei der Besetzung von Vollzeitstellen. Teilzeitbeschäftigte mit Familien- oder Pflegeaufgaben haben bei Vorliegen der gleichen Qualifikationen einen Anspruch auf vorrangige Berücksichtigung im Rahmen der Besetzung von Arbeitsplätzen nach § 17 Abs. 1 Nr. 1 BGleiG. Darüber hinaus finden sich in Tarifverträgen Ansprüche auf Verlängerung der Arbeitszeit (etwa der MTV Massa). Auch auf unionsrechtlicher Ebene hat man sich schon früh des Themas der Teilzeitarbeit angenommen und im Jahre 1997 auf Basis einer Rahmenvereinbarung der Europäischen Sozialpartner die Teilzeit-Richtlinie erlassen.

---

1 Aus Gründen der Lesbarkeit wurde im Text die männliche Form gewählt, nichtsdestoweniger beziehen sich die Angaben stets auf Angehörige aller Geschlechter.

Im Vordergrund dieser Arbeit steht die Analyse des Anspruchs auf Verlängerung der Arbeitszeit nach § 9 TzBfG, der sich bei näherem Hinsehen als durchaus schwierig in der Handhabung sowie stellenweise (noch) undurchsichtig und unvollständig erweist. Hierbei soll insbesondere darauf eingegangen werden, ob der Anspruch dem Arbeitnehmer ein effektives Mittel gegen die Problematik der sog. „Teilzeitfalle" an die Hand gibt.

Es wird zunächst die unionsrechtliche Grundlage des Anspruchs nach § 9 TzBfG – die „Teilzeit-Richtlinie" – untersucht, bevor der Anspruch auf Verlängerung der Arbeitszeit selbst einer näheren Betrachtung unterzogen wird. Im Anschluss wird ein Ausblick gegeben, ob über den nach herrschender Lesart in seiner Reichweite eingeschränkten Anspruch aus § 9 TzBfG hinaus die Möglichkeit eingeräumt werden sollte, einen Anspruch des Arbeitnehmers auf Zuteilung freien Arbeitszeitvolumens zu schaffen.

Teil 1 Die Verlängerung der Arbeitszeit nach der Teilzeit-Richtlinie 97/81/EG

Europäische Richtlinien prägen das Teilzeit- und Befristungsrecht hinsichtlich der zahlreichen, für Arbeitnehmer vorteilhaften Ansprüche und Gewährleistungen und beeinflussen daher maßgeblich nicht nur die Entstehung dieser nationalen Rechtsnormen, sondern auch deren Auslegung. So verhält es sich auch beim Anspruch auf Verlängerung der Arbeitszeit nach § 9 TzBfG, der im Wesentlichen auf die Teilzeit-Richtlinie 97/81/EG zurückzuführen ist. Im Einzelnen noch ungeklärt ist, ob und, wenn ja, welche konkreten Vorgaben die Richtlinie für nationale Regelungen zur Verlängerung der Arbeitszeit enthält. Die aus der näheren Betrachtung der Richtlinien gewonnenen Erkenntnisse finden Eingang in die sich in Teil 2 der Arbeit anschließende Analyse des Anspruchs nach § 9 TzBfG.

I. Entstehungsgeschichte der Teilzeit-Richtlinie 97/81/EG

Historischer Ausgangspunkt der Richtlinie 97/81/EG des Rates vom 15. Dezember 1997 zu der von UNICE, CEEP und EGB[2] geschlossenen Rahmenvereinbarung über Teilzeitarbeit[3] ist das im Zuge des Maastrichter Vertrags von 1992[4] erwirkte Abkommen über die Sozialpolitik[5]. Dieses diente der Umsetzung der Gemeinschaftscharta der sozialen Grundrechte und wurde, durch den Amsterdamer Vertrag[6] von 1997 geringfügig verändert, als Art. 137 in den EG-Vertrag übernommen (heute: Art 155 AEUV).

Der heutige Art. 155 Abs. 1 AEUV wiederum beinhaltet eine Ermächtigung der Sozialpartner, das Rechtssetzungsverfahren der Europäischen Union im Bereich der Sozialpolitik und innerhalb des vorgegebenen Rahmens eigenständig

---

2 Union der Industrie- und Arbeitgeberverbände Europas; Europäischer Zentralverband der öffentlichen Wirtschaft und Europäischer Gewerkschaftsbund.

3 ABl. v. 20.01.1998, Nr. L 14 S. 9; berichtigt: ABl. v. 30.04.1998, Nr. L 128 S. 71.

4 ABl. v. 31.08.1992, Nr. C 224 S. 127.

5 ABl. v. 29.07.1992, Nr. C 191 S. 91.

6 ABl. v. 10.11.1997, Nr. C 340 S. 1.

zu gestalten. Dabei stehen den Sozialpartnern zwei verschiedene Verfahrensweisen zur Verfügung.

Zum einen werden sog. Autonome Vereinbarungen[7] gemäß Art. 155 Abs. 2 Alt. 1 AEUV nach den jeweiligen Verfahren und Gepflogenheiten der Sozialpartner und der Mitgliedstaaten durchgeführt. Soweit die Vereinbarung in einem von Art. 153 AEUV erfassten Bereich liegt, wird sie zum anderen auf gemeinsamen Antrag der Sozialpartner durch einen Beschluss des Rates[8] auf Vorschlag der Kommission (Alt. 2) durchgeführt. In der Praxis erfolgte die Umsetzung zu Anfang zumeist in Form einer Richtlinie, während aktuell vermehrt auf autonome Vereinbarungen zurückgegriffen wird[9].

Am 06.06.1997 legten die Europäischen Sozialpartner schließlich mit dem Abschluss der Rahmenvereinbarung über Teilzeitarbeit den Grundstein für die heutige Teilzeit-Richtlinie. Dies geschah vor dem Hintergrund einer immer größeren Ausweitung sog. atypischer Arbeitsverhältnisse (Teilzeitarbeit, befristete Beschäftigung, Zeitarbeit) und der damit einhergehenden Bemühungen auf europäischer Ebene, gute Arbeitsbedingungen auch in diesen Beschäftigungsbereichen zu fördern und sicherzustellen. Die Rahmenvereinbarung über Teilzeitarbeit wurde sodann nach Art. 155 Abs. 2 Alt. 2 AEUV mittels der Richtlinie 97/81/EG des Rates vom 15. Dezember 1997 zu der von UNICE, CEEP und EGB geschlossenen Rahmenvereinbarung über Teilzeitarbeit umgesetzt.

II. Überblick über die inhaltlichen Regelungen

1. Teilzeit-Richtlinie

Der soeben beschriebenen Entstehungsgeschichte und ihrer Funktion als reines Durchführungsinstrument ist es geschuldet, dass die Teilzeit-Richtlinie selbst keinen eigenen materiell-rechtlichen Regelungsgehalt aufweist, sondern lediglich die für die Mitgliedstaaten verpflichtende Durchführung der Rahmenvereinbarung anordnet sowie das weitere Verfahren der Umsetzung regelt.

---

7 Vgl. KOM (2004), 557 endg., S. 11 f.

8 Zur insoweit umstrittenen Rechtsnatur des „Beschlusses" s. nur *Thüsing*, EuArbR, § 1 Rn. 74 m.w.N.

9 Ein (nicht abschließender) Überblick findet sich bei Preis/Sagan/*Sagan*, EuArbR, § 1 Rn. 1.74 f.

2. Teilzeit-Rahmenvereinbarung

Anders verhält es sich hingegen mit der zugehörigen Rahmenvereinbarung über Teilzeitarbeit. Diese ist der Richtlinie als Anhang beigefügt und soll nach dem Verständnis der Sozialpartner „einen Beitrag zur allgemeinen europäischen Beschäftigungsstrategie" leisten. Insbesondere soll der Zugang zu Teilzeitarbeit zur Vorbereitung des Ruhestandes, der Vereinbarkeit von Beruf und Familie sowie der Nutzung von Berufsbildungsmöglichkeiten zur Verbesserung des beruflichen Fortkommens erleichtert werden. Die Vereinbarung enthält sechs Paragrafen, wobei für die vorliegende Arbeit insbesondere § 1 (Ziel), § 4 (Diskriminierungsverbot) und § 5 (Teilzeitarbeitsmöglichkeiten) von Interesse sind.

Erklärtes Ziel der Vereinbarung ist einerseits nach § 1 lit. a) die Beseitigung von Diskriminierungen von Teilzeitbeschäftigten und die Verbesserung der Qualität von Teilzeitarbeit. Andererseits soll gemäß lit. b) die Entwicklung von Teilzeitarbeit auf freiwilliger Basis gefördert und ein Beitrag zu einer flexiblen Organisation der Arbeitszeit, die sowohl Arbeitnehmer- als auch Arbeitgeberinteressen gerecht wird, geleistet werden. Korrespondierend zu § 1 lit. a) verbietet § 4 Diskriminierungen von teilzeitbeschäftigten Arbeitnehmern bei der Ausgestaltung von Arbeitsbedingungen. Unterschiede gegenüber vergleichbaren Vollzeitbeschäftigten können insoweit nur durch sachliche Gründe gerechtfertigt werden.

§ 5 schließlich widmet sich Teilzeitarbeitsmöglichkeiten und ist an verschiedene Adressaten gerichtet. Mitgliedstaaten und Sozialpartner sollen Hindernisse rechtlicher oder verwaltungstechnischer Natur beseitigen, soweit sie zu einer Beschränkung von Teilzeitarbeit führen. Des Weiteren sollen Arbeitnehmer wegen der Weigerung, von einem Teilzeit- in ein Vollzeitarbeitsverhältnis oder umgekehrt zu wechseln, nicht gekündigt werden dürfen. Auch werden Arbeitgeber dazu angehalten, Beschäftigten den Wechsel auf einen Teilzeit- bzw. Vollzeitarbeitsplatz oder die Erhöhung ihrer Arbeitszeit zu ermöglichen. Sie sollen sowohl Arbeitnehmern als auch deren Interessenvertretern entsprechende Informationen über im Betrieb zur Verfügung stehende Teilzeit- und Vollzeitarbeitsplätze bzw. Teilzeitarbeit im Unternehmen zukommen lassen.

III. Anspruch auf Verlängerung der Arbeitszeit?

Einen ersten Hinweis auf einen möglichen Anspruch auf Verlängerung der Arbeitszeit enthält § 5 Abs. 3 lit. b) der Rahmenvereinbarung. Hiernach sollten Arbeitgeber, soweit dies möglich ist, Anträge von Teilzeitbeschäftigten auf Wechsel in ein Vollzeitarbeitsverhältnis oder auf Erhöhung ihrer Arbeitszeit, wenn sich diese Möglichkeit ergibt, berücksichtigen. Die Vorschrift beinhaltet ihrem Wortlaut nach zwei verschiedene Modelle: eine Wechseloption hin zur Beschäftigung in Vollzeit und eine Option zur Erhöhung der Arbeitszeit, bei der weiterhin eine Teilzeitbeschäftigung bestehen bleibt.

Im Weiteren soll untersucht werden, ob § 5 Abs. 3 lit. b) der Rahmenvereinbarung Arbeitnehmern einen direkten Anspruch auf Verlängerung ihrer Arbeitszeit gibt sowie ob und ggf. in welchem Umfang die Vorschrift eine Umsetzungsverpflichtung für die Mitgliedstaaten statuiert.

1. Umsetzungsverpflichtung und unmittelbarer Anspruch aus einer Richtlinie

Richtlinien sind bekanntlich nur hinsichtlich der festgesetzten Ziele verbindlich. Sie wirken nicht unmittelbar. Vielmehr unterliegen die Mitgliedstaaten einer Umsetzungsverpflichtung, wobei sie Form und Mittel auswählen können, die ihnen zur Erreichung des Ziels angemessen erscheinen, Art. 288 Abs. 3 AEUV, Art. 4 Abs. 3 EUV.

a) Direktwirkung von Richtlinien

Vor ihrer Umsetzung können Richtlinien im Einzelfall lediglich unter engen Voraussetzungen Direktwirkung entfalten. Zum einen kann sich der Einzelne gegenüber staatlichen Stellen auf die Richtlinie berufen, wenn diese hinreichend genau bestimmt ist, sodass aus ihr unmittelbar Rechte abgeleitet werden können („Self-executing"), eine Umsetzung trotz Fristablaufs nicht erfolgt ist und die unmittelbare Wirkung nicht zu einer Verpflichtung eines Bürgers gegenüber dem Staat oder gegenüber einem anderen Bürger führt.[10] Diese vertikale Wirkung beansprucht aber keine Geltung für den Arbeitnehmer, der seinen Anspruch auf Verlängerung der Arbeitszeit gegenüber seinem privaten Arbeitgeber durchsetzen möchte.

Damit Arbeitnehmer gegenüber privaten Arbeitgebern Rechte aus einer Richtlinie herleiten könnten, bedürfte es einer sog. horizontalen Wirkung von Richtlinien. Diese lehnt der EuGH in ständiger Rechtsprechung ab, da die Rechtsetzungsbefugnis der Union nur dort Rechtsakte mit unmittelbarer Wirkung zu Lasten der Bürger der Mitgliedstaaten erlaubt, wo sie die Befugnis zum Erlass

---

10 *Herdegen*, Europarecht, § 8 Rn. 63; *Streinz*, Europarecht, Rn. 503; *Schroeder*, GK Europarecht, § 6 Rn. 50 ff.; Riesenhuber/*Köndgen/Mörsdorf*, Europ. Methodenlehre, § 6 Rn. 53 ff.

von Verordnungen habe.[11] Eine Berufung auf Richtlinienvorschriften ist daher immer nur dann möglich, wenn es sich bei ihnen zugleich um einen allgemeinen Grundsatz des Unionsrechts handelt[12] oder wenn die unmittelbare Wirkung die Nichtanwendung des richtlinienwidrigen nationalen Rechts zur Folge hätte.[13] Es können auf diesem Wege jedoch nicht Verpflichtungen Einzelner begründet werden, wie es beispielsweise bei einem Anspruch auf Verlängerung der Arbeitszeit der Fall wäre.

b) Pflicht zur richtlinienkonformen Auslegung

Auswirkungen auf das Verhältnis zwischen den Bürgern können sich nichtsdestotrotz durch die Pflicht zur richtlinienkonformen Auslegung ergeben, die aus der Umsetzungsverpflichtung der Mitgliedstaaten hergeleitet wird. Nationales Recht, das dem Anwendungsbereich der Richtlinie unterfällt, ist von staatlichen Gerichten und Behörden so weit wie möglich im Lichte von Wortlaut und Zweck der Richtlinie auszulegen, um dieser in dem innerstaatlichen Recht Wirkung zu verschaffen. Durch die Auslegung dürfen jedoch keine Verpflichtungen Einzelner begründet werden, die in dem nationalen Recht nicht vorgesehen sind. Auch darf die Auslegungsfähigkeit des nationalen Rechts nicht überstrapaziert werden.[14] Beide Aspekte führen zu einer Begrenzung der richtlinienkonformen Auslegung.

2. Wortlaut und Wille der Vertragschließenden

Es fällt auf, dass § 5 Abs. 3 lit. b) sehr zurückhaltend formuliert ist. Daraus folgt, dass die Mitgliedstaaten keiner Pflicht zur Umsetzung eines arbeitnehmerseitigen Anspruchs auf Verlängerung der Arbeitszeit unterliegen. § 5 Abs. 3 lit. b) artikuliert vielmehr eine unverbindliche Empfehlung.[15] Dies widerspricht nicht

---

11 EuGH v. 26.02.1986 – C-152/84, ECLI:EU:C:1986:84 (Marshall); EuGH v. 13.11.1990 – C-106/89, ECLI:EU:C:1990:395 (Marleasing); EuGH v. 14.07.1994 – C-91/92, ECLI:EU:C:1994:292 (Faccini Dori); EuGH v. 26.12.2000 – C-443/98, ECLI:EU:C:2000:496 (Unilever Italia).

12 EuGH v. 22.11.2005 – C-144/04, ECLI:EU:C:2005:709 (Mangold); EuGH v. 19.01.2010 – C-555/07, ECLI:EU:C:2010:21 (Kücükdevici); BVerfG v. 06.07.2010 – 2 BvR 2661/06, NZA 2010, 995 (Honeywell-Beschluss).

13 EuGH v. 26.12.2000 – C-443/98, ECLI:EU:C:2000:496 (Unilever Italia).

14 *Herdegen*, Europarecht, § 8 Rn. 61; *Streinz*, Europarecht, Rn. 508 f.

15 EuArbR/*Kietaibl*, RL 97/81/EG § 5 Rn. 2; *Riesenhuber*, EuArbR, § 19 Rn. 43; *Hanau/Steinmeyer/Wank*, § 18 Rn. 231; *Caamaño Rojo*, S. 132; *Rudolf*, S. 27; *Höveler*, S. 195; *Kreimer-de-Fries*, AuR 1997, 314, 316; *Preis/Gotthardt*, DB 2000, 2065, 2066; *Treber*,

der Rechtsnatur einer Richtlinie, die hinsichtlich ihrer Ziele eine verbindliche Umsetzung fordert.[16] Denn bei § 5 handelt es sich nicht um ein Ziel im Sinne eines von der Richtlinie bzw. Rahmenvereinbarung vorgegebenen Ergebnisses[17], sondern lediglich um den verbindlichen Teil in §§ 1 – 4 der Rahmenvereinbarung unterstützende Handlungsvorschläge, anhand derer Optionen für eine möglichst weitreichende Regelung aufgezeigt werden sollen. Die Umsetzung dieser Empfehlungen ist nach dem Willen der Sozialpartner zwar wünschenswert, aber nicht zwingend. Im Ergebnis beinhaltet § 5 Abs. 3 lit. b) der Rahmenvereinbarung über Teilzeitarbeit gemäß seinem insoweit nicht verbindlich formulierten Wortlaut weder einen direkten Anspruch auf Verlängerung der Arbeitszeit noch verpflichtet er die Mitgliedstaaten, einen solchen in ihre nationalen Rechtsordnungen aufzunehmen.

3. Übertragbarkeit der Rs. Michaeler und INPS?

In bisher zwei Urteilen hat der EuGH § 5 Abs. 1 lit. a) der Teilzeit-Rahmenvereinbarung zu einer die Mitgliedstaaten verpflichtenden Regelung erklärt. Fraglich ist, ob er diese Rechtsprechung auf § 5 Abs. 3 lit. b) der Rahmenvereinbarung übertragen und so den Anwendungsbereich der Vorschrift zugunsten einer Verpflichtung der Mitgliedstaaten zur Einführung eines Anspruchs auf Verlängerung der Arbeitszeit ausdehnen könnte.

In der Rechtssache *Michaeler* hatte sich der EuGH im Rahmen eines Vorabentscheidungsersuchens mit der Auslegung der Teilzeit-Richtlinie und deren Bedeutung für eine nationale Regelung, die eine Pflicht zur Übersendung von Teilzeitarbeitsverträgen vorsah, auseinander zu setzen. Diese Regelung war unter anderem an § 5 Abs. 1 lit. a) der Teilzeit-Rahmenvereinbarung zu messen. § 5 Abs. 1 lit. a) der Teilzeit-Rahmenvereinbarung gibt den Mitgliedstaaten auf, dass sie im Rahmen des § 1 und im Einklang mit dem Diskriminierungsverbot Hindernisse für Teilzeitarbeitsmöglichkeiten identifizieren, prüfen und ggf. beseitigen „sollten". Der Gerichtshof entschied dabei, dass § 5 Abs. 1 lit. a) der Teilzeit-Rahmenvereinbarung eine dahingehende Verpflichtung

---

ZTR 1998, 250, 252; unklar: *Viethen*, EuroAS 2002, 51, 55; leicht anders: TZA/*Dieball*, RL zur RV über Teilzeitarbeit Rn. 41 „beschränkten verpflichtenden Charakter"; zweifelnd: *Ulber* in: Europ. Arbeits- und SozialR, § 14 Rn. 92, 99.

16 Von der Groeben/Schwarze/Hatje/*Maria Geismann*, AEUV Art. 288 Rn. 41.

17 Streinz/*W. Schroeder*, AEUV Art. 288 Rn. 61-70.

der Mitgliedstaaten beinhaltet.[18] Mit dem gegenteilig anmutenden Wortlaut, der wegen der Verwendung des Konjunktivs auch hier für eine unverbindliche Vorgabe im Sinne einer Empfehlung spricht, setzt sich der EuGH in seiner Entscheidung nicht auseinander. Auch die Schlussanträge des Generalanwalts *Ruiz-Jarabo Colomer* gelangen begründungslos zu diesem Ergebnis.[19]

Das Urteil in der Rechtssache *INPS* erging zur Auslegung der Teilzeit-Richtlinie in Bezug auf berücksichtigungsfähige Zeiten bei der Berechnung von Ansprüchen auf Altersversorgung. Auch hier wiederholt die Zweite Kammer des EuGH ihre Auffassung einer Verpflichtung der Mitgliedstaaten, die entsprechend der zweifachen Zielsetzung in § 1 der Teilzeit-Rahmenvereinbarung vorsehe, rechtliche oder verwaltungstechnische Hindernisse für Teilzeitarbeit zu identifizieren, zu prüfen und zu beseitigen.[20] Generalanwältin *Sharpston* argumentiert dahingehend, dass die in § 5 Abs. 1 lit. a) der Teilzeit-Rahmenvereinbarung enthaltene Pflicht eine spezifische Ausprägung des Diskriminierungsverbots des § 4 der Teilzeit-Rahmenvereinbarung darstelle.[21] Dem ist im Ergebnis zuzustimmen.

§ 5 Abs. 1 lit. a) der Teilzeit-Rahmenvereinbarung verweist explizit auf den in § 4 der Teilzeit-Rahmenvereinbarung normierten und als Verpflichtung vorgesehenen Grundsatz der Nichtdiskriminierung und stellt eine Art Annex des Diskriminierungsverbots dar. Dieser Zusammenhang fehlt hingegen bei Abs. 3 lit. b). Daher bleibt § 5 Abs. 3 lit. b) eine nur unverbindliche Empfehlung ohne Umsetzungszwang, die keine richtlinienkonforme Interpretation nationaler Normen verlangt. Selbst wenn man dies anders sähe, bliebe fraglich, ob § 5 Abs. 3 lit. b) der Teilzeit-Rahmenvereinbarung konkrete Vorgaben zu den Anspruchsvoraussetzungen entnommen werden könnten. Spätestens die Suche nach einer verbindlichen Ausgestaltung einzelner Voraussetzungen würde an der weichen und unverbindlichen Formulierung der Norm scheitern bzw. einen äußerst weiten Gestaltungsspielraum bei den Mitgliedstaaten belassen. Hieraus auf eine fehlerhafte Umsetzung zu schließen, dürfte sich als außerordentlich schwierig erweisen.

---

18 EuGH v. 24.04.2008 – C-55/07 u. C-56/07, ECLI:EU:C:2008:248 (Michaeler), Rn. 23; krit.: *Franzen*, EuZA 2010, 306, 317; *Runggaldier*, ZESAR 9/08, 394, 399; EAS/*Balze*, B 3100 Rn. 268, 270.

19 Schlussanträge des Generalanwalts Ruiz-Jarabo Colomer v. 24.01.2008 – C-55/07 u. C-56/07, ECLI:EU:C:2008:42 (Michaeler), Rn. 34.

20 EuGH v. 10.06.2010 – C-395/08 u. C-396/08, ECLI:EU:C:2010:329 (INPS), Rn. 77, 78.

21 Schlussanträge der Generalanwältin Sharpston v. 21.01.2010 – C-395/08 u. C-396/08, ECLI:EU:C:2010:28 (INPS), Rn. 112.

4. Ergebnis

Arbeitnehmer können aus § 5 Abs. 3 lit. b) der Teilzeit-Rahmenvereinbarung keinen Anspruch auf Verlängerung ihrer Arbeitszeit ableiten. Die Vorschrift beinhaltet auch keine Verpflichtung der Mitgliedstaaten, einen solchen Anspruch zur Umsetzung der Teilzeit-Richtlinie in ihre nationalen Rechtsordnungen aufzunehmen. Eine Hilfestellung bei der Frage, wie ein nationaler Anspruch auf Verlängerung der Arbeitszeit auszulegen ist, bietet sie dennoch.

Teil 2 Der Anspruch nach § 9 TzBfG

Das Teilzeit- und Befristungsgesetz[22] trat am 01.01.2001 in Kraft und dient der Umsetzung der soeben behandelten Teilzeit-Richtlinie. Es ersetzte zugleich das Beschäftigtenförderungsgesetz vom 26.04.1985[23], das noch keinen Anspruch auf Verlängerung der Arbeitszeit vorgesehen hatte. Nach § 9 S. 1 TzBfG haben Arbeitnehmer einen Anspruch auf bevorzugte Berücksichtigung bei der Besetzung eines freien Arbeitsplatzes, sofern sie ihren Wunsch in Textform angezeigt haben, mindestens die gleiche Eignung wie andere Bewerber aufweisen und weder Arbeitszeitwünsche anderer Arbeitnehmer noch dringende betriebliche Gründe entgegenstehen.

§ 9 TzBfG, der konkret § 5 Abs. 3 lit. b) und c) der Teilzeit-RV umsetzen soll, geht inhaltlich über die Mindestanforderungen der Richtlinie hinaus.[24] Während die Teilzeit-Richtlinie nur ein „Berücksichtigen" der Anträge der Arbeitnehmer auf Wechsel von einem Teilzeit- in ein Vollzeitarbeitsverhältnis bzw. auf Erhöhung der Arbeitszeit verlangt, mithin – wie dargelegt – keinen einklagbaren Anspruch des Arbeitnehmers enthält, handelt es sich im deutschen Recht hingegen um solch einen originären Anspruch des Arbeitnehmers gegen seinen Arbeitgeber. Das nationale Recht sieht also eine andere, „stärkere" Rechtsfolge vor. Diese inhaltliche Übererfüllung von Richtlinien ist europarechtlich unbedenklich, solange mit der Richtlinie nur eine Mindestharmonisierung angestrebt wird[25] und infolgedessen in den Rechtsordnungen der Mitgliedstaaten günstigere Regelungen zulässig bleiben (siehe § 6 Abs. 1 Teilzeit-RV). Dennoch handelt es sich beim Anspruch auf Verlängerung der Arbeitszeit nach § 9 TzBfG nicht um eine überschießende Umsetzung, da weder der persönliche, der sachliche noch der räumliche Anwendungsbereich der Richtlinie erweitert wird.[26]

---

22 BGBl. I 2000, S. 1966, im Folgenden: TzBfG.

23 BGBl. I 1985, S. 710, im Folgenden: BeschFG.

24 *Thüsing*, EuArbR, § 4 Rn. 22; Arnold/Gräfl/*Vossen*, TzBfG, § 9 Rn. 2.

25 Riesenhuber/*Habersack/Meyer*, Europ. Methodenlehre, § 14 Rn. 17. Anderes gilt bei einer vollharmonisierenden Richtlinie, die den Mitgliedstaaten keinen Raum für den Erlass abweichender Regelungen lässt: Streinz/*M. Schröder*, AEUV Art. 114 Rn. 46; *Burmeister/Staebe*, EuR 2009, 444, 445 f.

26 Vgl. Preis/Sagan/*Sagan*, EuArbR, § 1 Rn. 1.165.

I. Anzeige des Verlängerungswunsches

Um einen Anspruch auf Verlängerung der Arbeitszeit nach § 9 TzBfG mit Erfolg geltend machen zu können, muss der teilzeitbeschäftigte Arbeitnehmer seinen Verlängerungswunsch gegenüber dem Arbeitgeber in Textform anzeigen sowie nach der überwiegenden Meinung in Rechtsprechung und Literatur ein Angebot iSd. §§ 145 ff. BGB auf Verlängerung der Arbeitszeit an den Arbeitgeber richten.

1. Teilzeitbeschäftigter Arbeitnehmer

Der Anspruch setzt zunächst voraus, dass ein Arbeitnehmer in Teilzeit beschäftigt ist.

a) Arbeitnehmerbegriff[27]

Der Begriff des Arbeitnehmers in § 9 TzBfG entspricht dem allgemeinen Arbeitnehmerbegriff in § 611a BGB.[28] Daher findet § 9 TzBfG keine Anwendung auf arbeitnehmerähnliche Personen sowie Selbständige, wohl aber auf Auszubildende und leitende Angestellte. Nach § 2 Abs. 2 TzBfG sind auch geringfügig Beschäftigte vom Begriff des Teilzeitbeschäftigten umfasst.

b) Vorliegen einer Teilzeitbeschäftigung

Eine Teilzeitbeschäftigung ist gegeben, wenn die regelmäßige Wochenarbeitszeit des Arbeitnehmers kürzer ist als bei einem vergleichbaren vollzeitbeschäftigten Arbeitnehmer, § 2 Abs. 1 S. 1 TzBfG.

Die Arbeitszeit bestimmt sich in erster Linie nach dem Arbeitsvertrag. Wird bei der tatsächlichen Durchführung des Arbeitsverhältnisses von diesem abgewichen, so ist die tatsächlich erbrachte wöchentliche Arbeitszeit maßgebend. Dies gilt jedoch nicht für Überstunden oder Mehrarbeit, da diese nicht „regelmäßig" iSv. § 2 TzBfG anfallen. Fehlt eine Vereinbarung zur regelmäßigen Wochenarbeitszeit, ist auf die durchschnittliche regelmäßige Arbeitszeit des Arbeitnehmers anhand eines Bezugsraumes von bis zu einem Jahr abzustellen, § 2 Abs. 1 S. 2 TzBfG.

---

27 Die Frage, inwieweit der unionsrechtliche Arbeitnehmerbegriff hier maßgeblich sein könnte, bleibt außen vor.

28 HK-TzBfG/*Joussen*, § 2 Rn. 6; vgl. dazu allg.: MHdB ArbR/*Temming*, § 18 Rn. 9 ff.; Schaub ArbR-HdB/*Vogelsang*, § 8 Rn. 9 ff.

Um einen vergleichbaren vollzeitbeschäftigten Arbeitnehmer handelt es sich, wenn dieser im Betrieb dieselbe Art des Arbeitsverhältnisses innehat und die gleiche oder eine ähnliche Tätigkeit wie der Teilzeitbeschäftige ausführt, § 2 Abs. 1 S. 3 TzBfG. Hilfsweise ist anstelle des Betriebs auf den anwendbaren Tarifvertrag oder den jeweiligen Wirtschaftszweig zurückzugreifen, § 2 Abs. 1 S. 4 TzBfG.

Während die Kriterien der Vergleichbarkeit dem Gesetz entnommen werden können, schweigt es dagegen zum Merkmal der Vollzeitbeschäftigung[29]. Soweit im Betrieb innerhalb der relevanten Vergleichsgruppe[30] eine übliche Vollzeitarbeit festgestellt werden kann, ist diese Lücke unproblematisch. Eine für den gesamten Betrieb einheitlich geltende Vollzeit[31] kann hier nicht Maßstab sein, da für verschiedene Arbeitnehmergruppen auch unterschiedliche Vollzeitarbeitszeiten in Betracht kommen können. Schwieriger wird es, wenn sämtliche Arbeitnehmer des Betriebs mit einer im Vergleich zur allgemeinüblichen Regel-Vollzeitarbeit von ca. 35 - 42 Wochenstunden deutlich geringeren Arbeitszeit beschäftigt sind. In diesem Ausnahmefall wird nicht zwangsläufig der Arbeitnehmer mit der höchsten Wochenarbeitszeit als vollzeitbeschäftigt anzusehen sein[32], weil ansonsten dem Arbeitgeber auf diese Weise ermöglicht werden würde, einseitig den Begriff des Vollzeitbeschäftigten für seinen Betrieb zu definieren. Ebenso wenig eignet sich die Festlegung einer mehr oder weniger starren Mindeststundengrenze[33], da dies der gelebten Vielfalt der Arbeitsverhältnisse nicht gerecht werden würde. Im Einzelfall wird man Anhaltspunkte vielmehr in dem für den Betrieb anwendbaren Tarifvertrag suchen oder auf die Üblichkeit in dem jeweiligen Wirtschaftszweig abstellen müssen.[34]

c) Zeitpunkt des Vorliegens

Die Arbeitnehmereigenschaft sowie die Teilzeitbeschäftigung müssen im Zeitpunkt der Anzeige des Verlängerungswunsches bis hin zum gewünschten

29 A.A. Laux/Schlachter/*Laux,* § 2 Rn. 34.

30 Annuß/Thüsing/*Annuß,* TzBfG, § 2 Rn. 4; HK-TzBfG/*Joussen,* § 2 Rn. 23; Arnold/Gräfl/*Arnold,* TzBfG, § 2 Rn. 4 f., 10; *Sievers,* § 2 Rn. 22.

31 MHH, § 2 Rn. 14.

32 A.A. Laux/Schlachter/*Laux,* § 2 Rn. 34, die stets auf die höchste (vorrangig betriebliche, nachrangig tarifliche oder im Wirtschaftszweig übliche) Arbeitszeit abstellt.

33 So noch Arnold/Gräfl/*Imping,* 4. Aufl. 2016, TzBfG, § 2 Rn. 18 (unterhalb von 30 Stunden nur ausnw.).

34 BeckOK ArbR/*Bayreuther,* TzBfG, § 2 Rn. 8.

Zeitpunkt des Eintritts der Wirkung der Vertragsänderung bestehen. Ob der Arbeitnehmer in der Vergangenheit schon einmal in Vollzeit beschäftigt gewesen ist oder nicht, ist dabei ohne Belang.

2. Rechtliche Qualifikation und Wirkungen der Anzeige

Weitere Tatbestandsvoraussetzung des § 9 TzBfG ist die Anzeige des Verlängerungswunsches durch den teilzeitbeschäftigten Arbeitnehmer. Der Arbeitgeber muss diesen sodann bei der Besetzung eines Arbeitsplatzes bevorzugt berücksichtigen, sofern kein Ausschlussgrund vorliegt. Rechtsfolge des § 9 TzBfG ist damit ein Anspruch des Arbeitnehmers auf Änderung des Arbeitsvertrags.[35] Dies ist im Ergebnis unstreitig.

§ 9 TzBfG lässt das Verfahren zur Änderung des Arbeitsvertrags jedoch offen. Nach der allgemeinen Rechtsgeschäftslehre kommt ein (Änderungs-)Vertrag durch zwei korrespondierende Willenserklärungen, Angebot und Annahme gemäß §§ 145 ff. BGB, zustande. Nach dem Wortlaut ist unklar, ob diese gängige Rechtsgeschäftslehre im Rahmen des § 9 TzBfG durch das Tatbestandsmerkmal der „Anzeige" des Verlängerungswunsches auch Geltung beansprucht. Es ist nicht eindeutig, ob die Anzeige des Arbeitnehmers bereits eine Willenserklärung zur Änderung des Arbeitsvertrags darstellt oder ähnlich wie in § 7 Abs. 3 TzBfG als bloße Mitteilung bzw. unverbindliche Interessenbekundung zu verstehen ist. Auch wird nicht einheitlich beurteilt, welchen inhaltlichen Anforderungen die Anzeige des Arbeitnehmers genügen muss.

Zur Herbeiführung der Rechtsfolgen des Verlängerungsanspruchs bieten sich unter Zugrundelegung der Differenzierung zwischen Mitteilung und Angebot mehrere Möglichkeiten an, die auch Auswirkungen auf den geforderten Inhalt der Anzeige haben. Diese werden im Folgenden dargestellt und in einem zweiten Schritt bewertet.

a) Vier-Schritt-Modell des BAG

Nach dem BAG ist nicht nur eine „Anzeige" des Verlängerungswunsches erforderlich, sondern auch ein Angebot des Arbeitnehmers auf Änderung des

---

35 BAG v. 15.08.2006 – 9 AZR 8/06, NZA 2007, 255, Rn. 17 ff.; BAG v. 13.02.2007 – 9 AZR 575/05, Rn. 26; ErfK/*Preis*, TzBfG § 9 Rn. 2; BeckOK ArbR/*Bayreuther*, TzBfG, § 9 Rn. 13; Laux/Schlachter/*Laux*, § 9 Rn. 74; HK-TzBfG/*Boecken*, § 9 Rn. 33; MHH, § 9 Rn. 31; Annuß/Thüsing/*Jacobs*, TzBfG, § 9 Rn. 34; *Hanau*, NZA 2001, 1168, 1174.

Arbeitsvertrags.[36] Nach dieser Lesart ergibt sich, einschließlich der Reaktionen des Arbeitgebers auf Anzeige und Angebot des Arbeitnehmers, ein vierstufiger Aufbau des Verlängerungsanspruchs.

aa) Aufbau des Verlängerungsanspruchs

Der Arbeitnehmer muss seinen Verlängerungswunsch zunächst beim Arbeitgeber anzeigen. Hierdurch werden, so das BAG, auch im Rahmen des § 9 TzBfG nur die Rechtsfolgen des § 7 Abs. 3 TzBfG herbeigeführt.[37] Dem Arbeitgeber obliegt es, in einem zweiten Schritt über freie Arbeitsplätze zu informieren, die zu dem geäußerten Verlängerungswunsch des Arbeitnehmers passen.

Die Rechtsfolgen iSd. § 9 TzBfG werden mit der Anzeige allein mithin noch nicht ausgelöst. Nach höchstrichterlichem Verständnis ist der Arbeitgeber weder verpflichtet, dem Arbeitnehmer ein Angebot auf Vertragsänderung zu unterbreiten, noch handelt es sich bei der Anzeige um ein von dem Arbeitnehmer unterbreitetes Angebot auf Vertragsänderung, das der Arbeitgeber bei Vorliegen aller Voraussetzungen des § 9 TzBfG annehmen müsste.

Die Änderung seines Arbeitsvertrags muss der Arbeitnehmer vielmehr in einem dritten Schritt durch die Abgabe eines Angebots iSd. §§ 145 ff. BGB eigenständig initiieren. Ihm soll so die Entscheidung überlassen bleiben, ob er seine Arbeitszeit zu dem von dem Arbeitgeber vorgesehenen Termin und Umfang tatsächlich verlängern möchte. Der Arbeitgeber wiederum soll unabhängig von der Erfüllung seiner Informationspflicht den Zugang des Angebots abwarten können. Er ist nach § 9 TzBfG nur zur Annahme dieses Angebots des Arbeitnehmers verpflichtet, sofern keine Ausschlussgründe entgegenstehen.

In der Literatur wurde diese Auslegung erstmals von *Boewer* vertreten, der bereits aufzeigte, dass der Inhalt des angezeigten Verlängerungswunsches den Anforderungen des § 7 Abs. 3 TzBfG entspricht und auch nur dessen Rechtsfolgen herbeiführt. Es sei dann Sache des Arbeitnehmers, sich auf den gewünschten Arbeitsplatz zu bewerben.[38]

---

36 BAG v. 15.08.2006 – 9 AZR 8/06, NZA 2007, 255, Rn. 21 f.; ebenso: BAG v. 27.02.2018 – 9 AZR 167/17, NZA 2018, 1075, Rn. 26; BAG v. 23.03.2016 – 7 AZR 828/13, NZA 2016, 881, Rn. 23; BAG v. 01.06.2011 – 7 ABR 117/09, NZA 2011, 1435, Rn. 29, 32; zust.: HK-ArbR/*Ahrendt,* TZBfG § 9 Rn. 4 f.; HWK/*Schmalenberg*, TzBfG § 9 Rn. 4; MHH, § 9 Rn. 15; NK-GA/*Michels/Kortmann,* Bd. 3, TzBfG § 9 Rn. 5; HK-TzBfG/*Boecken*, § 9 Rn. 3, 6 f.; *Hamann*, FS Düwell, S. 134; *Gallner*, AE 2009, 307, 313.

37 BAG v. 01.06.2011 – 7 ABR 117/09, NZA 2011, 1435, Rn. 32.

38 *Boewer,* § 9 Rn. 10 f.; siehe auch HK-TzBfG/*Boecken*, § 9 Rn. 3, 6 f.

bb) Flankierend: Inhalt der Anzeige iSd. §§ 7 Abs. 3 und 9 TzBfG

Der erforderliche Inhalt der Anzeige richtet sich nach § 7 Abs. 3 TzBfG. Mangels Rechtsbindungswillens des Arbeitnehmers handelt es sich hierbei nicht um eine Willenserklärung.[39] Die Anforderungen an ihre Bestimmtheit sind also gering. Es ist ausreichend, dass der Arbeitnehmer seinen Wunsch nach einer Veränderung seiner Arbeitszeit mitteilt. Die Anzeige muss weder den Umfang noch Beginn der Änderungen enthalten.[40]

Sie ist Voraussetzung für den Anspruch nach § 9 TzBfG und dient nach dem Verständnis des BAG der Unterstützung und Vorbereitung des Vertragsangebots des Arbeitnehmers. Durch die erlangten Informationen soll dieser in die Lage versetzt werden, dem Arbeitgeber ein den Bestimmtheitsanforderungen der §§ 145 ff. BGB genügendes, konkretes Vertragsänderungsangebot unterbreiten zu können.

cc) Inhalt und Bestimmtheit des Angebots nach § 9 TzBfG

Das Angebot an den Arbeitgeber muss dem allgemeinen Bestimmtheitsgrundsatz, der für jede auf einen Vertragsabschluss oder eine Vertragsänderung gerichtete Willenserklärung gilt, gerecht werden und deswegen derart ausgestaltet sein, dass es durch ein bloßes „Ja" angenommen werden kann. Dies erfordert die Angabe von Umfang und Beginn der gewünschten Arbeitszeiterhöhung[41] sowie die Bewerbung auf einen konkreten Arbeitsplatz[42]. Das soll auch gelten, wenn der Arbeitgeber seine Obliegenheit nach § 7 Abs. 3 TzBfG nicht erfüllt und der Arbeitnehmer keine Informationen über konkrete Arbeitsplätze erhält.

b) Grundmodelle der Literatur

aa) Anlehnung an das Stufen-Modell des BAG

Die zuvor angeführten Urteile des BAG werden in Literatur und weiterer Rechtsprechung in zwei verschiedene Richtungen interpretiert. Einige Stimmen gehen davon aus, dass die „Anzeige des Verlängerungswunsches" wie in § 7 Abs. 3 TzBfG zu verstehen ist. Weitere Voraussetzung für den Verlängerungsanspruch sei dann ein Angebot des Arbeitnehmers als ungeschriebenes Tatbestandsmerkmal

---

39 MHH, § 7 Rn. 18; Laux/Schlachter/*Laux*, § 7 Rn. 46; BeckOK ArbR/*Bayreuther*, TzBfG § 7 Rn. 5; HK-TzBfG/*Boecken*, § 7 Rn. 26.

40 *Sievers*, § 7 Rn. 16.

41 BAG v. 13.02.2007 – 9 AZR 575/05, Rn. 20 f.; *Sievers*, § 9 Rn. 13.

42 BAG v. 16.09.2008 – 9 AZR 781/07, Rn. 19.

des § 9 TzBfG.[43] Dies entspricht dem soeben dargestellten Vier-Stufen-Modell. Andere verstehen unter der Anzeige des Verlängerungswunsches iSd. § 9 TzBfG bereits das Änderungsangebot des Arbeitnehmers.[44] Diese Meinung wird im Folgenden unter bb) dargestellt.

Der Meinungsstand erscheint insgesamt unübersichtlich, wobei die Begrifflichkeiten „Anzeige" iSd. § 7 Abs. 3 TzBfG, „Anzeige" iSd. § 9 TzBfG und „Angebot" miteinander vermengt werden. Dies führt zu einer missverständlichen Verwendung der Begriffe bzw. zumindest zu einem unterschiedlichen Begriffsverständnis.

Es ist jedoch festzustellen, dass der Begriff der Anzeige in § 7 Abs. 3 TzBfG und § 9 TzBfG mehrheitlich und im Einklang mit der Rechtsprechung des BAG bisher deckungsgleich verstanden wird. § 9 TzBfG erfordert dann neben der Anzeige des Verlängerungswunsches noch ein Angebot und damit eine Willenserklärung des Arbeitnehmers.[45] Dieses Änderungsangebot wird in § 9 TzBfG nach dem Verständnis des BAG nicht mit dem Begriff der „Anzeige" umschrieben, sondern als zusätzliche, mithin ungeschriebene Anspruchsvoraussetzung anerkannt.

bb) Anzeige als Bewerbung des Arbeitnehmers auf einen konkreten Arbeitsplatz

Nicht von einem vier-, sondern einem zweistufigen Anspruchsmodell gehen dagegen einige Literaturstimmen aus.[46] Sie verstehen unter der Anzeige iSd. § 9 TzBfG die interne, auf einen konkreten Arbeitsplatz bezogene Bewerbung des teilzeitbeschäftigten Arbeitnehmers im Sinne eines Vertragsänderungsangebots. Eines weiteren Tatbestandsmerkmals des Verlängerungsanspruchs, anders als bei der oben unter a) dargestellten Sichtweise des BAG, bedarf es daher nicht.

---

43 LAG Köln v. 19.05.2011 – 13 Sa 1567/10, juris-Rn. 24; *Sievers*, § 9 Rn. 9 ff.; HK-TzBfG/*Boecken*, § 9 Rn. 6; BeckOK ArbR/*Bayreuther*, TzBfG § 9 Rn. 14 f. (wenngleich krit. hinsichtlich des Formerfordernisses).

44 Vgl. etwa MHH, § 9 Rn. 15; HWK/*Schmalenberg*, TzBfG, § 9 Rn. 4; Laux/Schlachter/*Laux*, § 9 Rn. 15 f.

45 BAG v. 15.08.2006 – 9 AZR 8/06, NZA 2007, 255, Rn. 21 f.; Schaub ArbR-HdB/*Linck* § 43 Rn. 120; Arnold/Gräfen/*Vossen*, TzBfG, § 9 Rn. 19; HK-TzBfG/*Boecken*, § 9 Rn. 7; MHH, § 9 Rn. 15; Annuß/Thüsing/*Jacobs*, TzBfG, § 9 Rn. 8; HWK/*Schmalenberg*, TzBfG § 9 Rn. 4.

46 MHH, § 9 Rn. 15; HWK/*Schmalenberg*, TzBfG § 9 Rn. 4; *Pauly/Osnabrügge/Huth*, Teilzeitarbeit und geringfügige Beschäftigung, § 18 Rn. 32 ff., dazu auch im Folgenden.

Die inhaltlichen Anforderungen an die Bewerbung entsprechen denen des Angebots im Vier-Schritt-Modell des BAG. Arbeitnehmer können also ohne vorherige Anzeige ihres Verlängerungswunsches direkt eine Bewerbung auf einen konkreten und entsprechenden freien Arbeitsplatz an ihren Arbeitgeber richten und müssen daraufhin bei dessen Besetzung bevorzugt berücksichtigt werden.

Einige Stimmen weichen insofern von den Erfordernissen des BAG ab, als dass der Arbeitnehmer keinen konkreten Arbeitsplatz benennen muss.[47] *Laux* geht sogar noch einen Schritt weiter und bejaht ein Angebot iSd. §§ 145 ff. BGB bereits bei Nennung nur des gewünschten Umfangs der Arbeitszeitverlängerung. Auch ein konkretes Datum des Verlängerungsbeginns müsse der Arbeitnehmer nicht mitteilen.[48]

cc) Anzeige als Unterfall des § 7 Abs. 3 TzBfG und invitatio ad offerendum

Gänzlich auf das Erfordernis eines Angebots verzichtet *Moskalew*. Er sieht in der Anzeige des Arbeitnehmers im Regelfall kein Angebot iSd. §§ 145 ff. BGB, sondern lediglich einen Unterfall von § 7 Abs. 3 TzBfG. Die Anzeige muss nicht auf einen konkreten Arbeitsplatz bezogen sein und auch nicht den Umfang der gewünschten Arbeitszeitverlängerung beinhalten.[49] In diese Richtung argumentiert auch *Laux*, die für den beschriebenen Fall von einer invitatio ad offerendum ausgeht. Aber auch dann liege eine „Anzeige“ iSd. § 9 TzBfG vor und es entstünde daher die Pflicht des Arbeitgebers nach § 9 TzBfG auf bevorzugte Berücksichtigung des Arbeitnehmers bei der Besetzung eines entsprechenden, freien Arbeitsplatzes.[50] Offen bleibt dabei jedoch, wie die Vertragsänderung als Rechtsfolge des Verlängerungsanspruchs dann im Einzelnen herbeizuführen ist.

---

47 LAG Nürnberg v. 22.09.2017 – 8 TaBV 9/17, juris-Rn. 50; ArbG Mannheim v. 06.05.2008 – 8 Ca 313/07, juris-Rn. 28; ErfK/*Preis*, TzBfG § 9 Rn. 4.

48 Laux/Schlachter/*Laux*, § 9 Rn. 15 f.

49 AR/*Moskalew*, TzBfG, § 9 Rn 5 f., 24; s. auch MHdB ArbR/*Schüren*, § 50 Rn. 101, 105 (indes weniger deutlich); in diese Richtung auch: *Rudolf*, S. 110; TZA/*Buschmann*, TzBfG § 9 Rn. 15; KDZ/*Zwanziger*, KSchR, TzBfG § 9 Rn. 3.

50 Laux/Schlachter/*Laux*, § 9 Rn. 17.

c) *Alternative: Anzeige als Mitteilung des Arbeitnehmers und Vertragsangebot des Arbeitgebers*

Dogmatisch lässt sich die Vertragsänderung zudem auch noch auf anderem Wege herbeiführen. Denkbar ist es, die Anzeige als einen Unterfall des § 7 Abs. 3 TzBfG zu verstehen, der die Rechtsfolgen des § 9 TzBfG direkt auslöst. Die inhaltlichen Anforderungen an die Anzeige müssen dabei so ausgestaltet werden, dass dem Arbeitgeber eine Abgrenzung zur Anzeige nach § 7 Abs. 3 TzBfG rechtssicher möglich ist.[51] Das Erfordernis eines Angebotes auf Vertragsänderung durch den Arbeitnehmer unter Nennung eines konkreten Arbeitsplatzes entfällt dann.

In einem zweiten Schritt ist der Arbeitgeber für die Herbeiführung der Rechtsfolge des § 9 TzBfG verantwortlich.[52] Er ist verpflichtet, dem Arbeitnehmer ein konkretes Angebot auf Vertragsänderung zu unterbreiten und so den Arbeitnehmer „bevorzugt zu berücksichtigen". Dies schließt nicht aus, dass auch der Arbeitnehmer berechtigt ist, ein Änderungsangebot an den Arbeitgeber zu richten und dieser nach § 9 TzBfG zur Annahme verpflichtet ist.

aa) *Abgrenzung zur Anzeige nach § 7 Abs. 3 TzBfG*

Um eine Anzeige iSd. § 7 Abs. 3 TzBfG handelt es sich, wenn der Arbeitnehmer angibt, seine Arbeitszeit verlängern oder auch nur ändern zu wollen. Im Gegensatz hierzu muss eine Anzeige iSd. § 9 TzBfG so konkret ausgestaltet sein, dass es dem Arbeitgeber ermöglicht wird, sie von einer Anzeige nach § 7 Abs. 3 TzBfG abzugrenzen[53] und dem Arbeitnehmer ein passendes Vertragsangebot zu unterbreiten. Sie muss daher den gewünschten Beginn[54] und Umfang der Vertragsverlängerung enthalten. Dabei ist es ausreichend, wenn der Arbeitnehmer sich nicht abschließend präzise äußert. Es würde genügen, einen Stundenkorridor zu benennen oder eine Verlängerung zum „nächstmöglichen Zeitpunkt" zum Ausdruck zu bringen.

Der Arbeitgeber hat zudem zu beachten, dass die Anzeige als Willenserklärung der Auslegung zugänglich ist. Fehlen Angaben zu Beginn oder Umfang, muss ermittelt werden, ob es sich um eine Anzeige nach § 7 Abs. 3 TzBfG handelt oder um eine unvollständige Anzeige nach § 9 TzBfG, deren Lücken mittels einer Auslegung zu schließen sind. Daher ist es für den Arbeitnehmer ratsam, auch

---

51 Siehe zur Abgrenzung im Folgenden unter Teil 2, I. 1. e) bb).

52 Dagegen ausdrücklich: BAG v. 01.06.2011 – 7 ABR 117/09, NZA 2011, 1435, Rn. 29, 32.

53 So auch im Allgemeinen: ArbG Mannheim v. 06.05.2008 – 8 Ca 313/07, Rn. 28.

54 LAG Köln v. 06.12.2018 – 7 Sa 217/18, Rn. 74.

die begehrte Rechtsfolge mitzuteilen, bzw. umgekehrt für den Arbeitgeber empfehlenswert, ggf. durch Nachfrage für Klarheit zu sorgen. Beinhaltet die Anzeige keine Angaben zur Verteilung der gewünschten Arbeitszeit, kann der Arbeitgeber die zeitliche Lage im Rahmen seines Weisungsrechts nach § 106 GewO bestimmen.

bb) Mehrere freie Arbeitsplätze

Kommen für das Angebot des Arbeitgebers mehrere Arbeitsplätze in Betracht, kann der Arbeitgeber zur Vermeidung einer Mehrfachbindung die Angebote jeweils unter der Bedingung stellen, dass die anderen Angebote vom Arbeitnehmer nicht angenommen werden. Dies wird indes praktisch nicht nötig sein, da der Arbeitnehmer nicht im Stande sein wird, sämtliche korrespondierende Arbeitspflichten zu erfüllen. Bestehen mehrere Verlängerungswünsche nebeneinander, so ist der Arbeitgeber nur verpflichtet, demjenigen Arbeitnehmer ein Angebot zu unterbreiten, der die Voraussetzungen des § 9 TzBfG erfüllt, bzw. unter mehreren Bewerbern nach billigem Ermessen iSd. § 315 BGB auszuwählen.

d) Exkurs: Gerichtliche Durchsetzung

Korrespondierend zu dem gängigen Verständnis, dass § 9 TzBfG ein annahmefähiges Angebot des Arbeitnehmers an den Arbeitgeber voraussetzt, muss dieser seinen Anspruch mittels einer Leistungsklage gerichtlich geltend machen.[55] Diese ist gerichtet auf Verurteilung des Arbeitgebers auf Zustimmung zum angetragenen Vertragsangebot des Arbeitnehmers. Die Willenserklärung kann durch das Urteil fingiert werden, § 894 ZPO.

Bei einem anderen Verständnis des Zustandekommens der Vertragsänderung passt dieser Klageweg nicht mehr. Soll der Arbeitgeber in die Pflicht genommen werden, ein Vertragsangebot an den Arbeitnehmer zu richten, muss die Abgabe dieses Angebots das Ziel der gerichtlichen Durchsetzung darstellen. Es handelt sich immer noch um die Abgabe einer Willenserklärung des Arbeitgebers, die nun aber nicht mehr die Vertragsannahme, sondern das Vertragsangebot darstellt.

Schwierigkeiten ergeben sich für den Arbeitnehmer in der Prozessführung. Sein Antrag auf Verurteilung des Arbeitgebers zur Abgabe eines Vertragsänderungsangebots muss derart bestimmt sein, dass die Vollstreckbarkeit des Urteils gewährleistet und die Anforderungen des § 253 Abs. 2 Nr. 2 ZPO an die

---

55 Vgl. etwa: BeckOK ArbR/*Bayreuther*, TzBfG, § 9 Rn. 15; ErfK/*Preis*, TzBfG, § 9 Rn. 12.

Wirksamkeit des Klageantrags erfüllt sind.[56] Dem Arbeitnehmer müssten also Informationen über Umfang, Zeitpunkt und Anforderungsprofil eines freien Arbeitsplatzes vorliegen, um eine ausreichend bestimmte Klage erheben zu können. Dies aber deckt sich mit allen Angaben, die der Arbeitnehmer in Erfahrung bringen muss, um dem Arbeitgeber ein wirksames Angebot machen zu können. Fraglich bleibt daher der Mehrwert, wenn der Arbeitnehmer die gleichen Informationen statt als Angebot als Klageantrag in Richtung des Arbeitgebers artikulieren muss.

Eine andere Möglichkeit wäre es, den Arbeitgeber zur Zuteilung eines Arbeitsplatzes mit längerer Arbeitszeit an den Arbeitnehmer zu verurteilen.[57]

Damit sprechen die prozessualen Durchsetzungsmöglichkeiten des Arbeitnehmers zwar nicht gegen die Sichtweise, dass der Arbeitgeber verpflichtet wird, dem Arbeitnehmer auf dessen Verlängerungswunsch hin ein Vertragsänderungsangebot zu unterbreiten. Sie stellen aber auch keinen Vorteil für den Arbeitnehmer dar, weil sie im Vergleich zur anders gewandten Lösung eher schwierig zu handhaben sind und der Arbeitnehmer für das Verfassen einer zulässigen Klageschrift die gleichen Informationen benötigt wie für sein Angebot auf Vertragsänderung.

e) Eigene Auslegung

Welches Verständnis der „Anzeige“ vorzugswürdig ist, soll im Folgenden anhand einer Auslegung der Norm ermittelt werden.

aa) Begriffsbedeutung und Rechtsnatur der Anzeige

(1) Wortlaut

Der Begriff der Anzeige kann nach allgemeinem Sprachgebrauch sowohl im Sinne eines Angebots als auch einer bloßen Bekanntmachung verstanden werden[58] und deckt daher alle oben genannten Modelle gleichermaßen ab. Die Wortlautbetrachtung alleine hilft mithin nicht weiter.

---

56 MüKoZPO/*Gruber*, ZPO § 894 Rn. 11. § 253 Abs. 2 Nr. 2 ZPO findet über die Verweisung der §§ 46 Abs. 2 ArbGG, 495 ZPO im arbeitsgerichtlichen Urteilsverfahren Anwendung.

57 AR/*Moskalew*, TzBfG, § 9 Rn. 24. Diese Sichtweise ist konsequente Folge der Annahme, dass es sich bei der Anzeige nicht um ein Angebot iSd. §§ 145 ff BGB handelt. Denn dann kann der Anspruch des Arbeitnehmers nicht auf die Annahme des Vertragsänderungsangebotes durch den Arbeitgeber gerichtet sein.

58 https://www.duden.de/synonyme/Anzeige (Stand: 27.03.2021).

(2) Systematische Auslegung

Systematisch ist der Verlängerungsanspruch zunächst im Zusammenhang mit §§ 7, 8 und 9a TzBfG zu betrachten. Der Informationsanspruch des § 7 Abs. 3 TzBfG bildet die Vorstufe zu den folgenden Ansprüchen auf Veränderung der Arbeitszeit und dient ihrer Unterstützung und Vorbereitung von Seiten des Arbeitnehmers.[59] Der Anspruch auf Verlängerung der Arbeitszeit nach § 9 TzBfG wiederum stellt das Gegenstück zum Verringerungsanspruch nach § 8 TzBfG dar. Fraglich ist, ob und welche Schlüsse aus dem Zusammenhang der Vorschriften gezogen werden können.

Neben § 9 TzBfG beinhaltet auch § 7 Abs. 3 TzBfG das Tatbestandsmerkmal der Anzeige. Dort ist die Anzeige des Arbeitnehmers, mit der er seinen Wunsch nach einer Veränderung von Dauer und/oder Lage der vertraglich vereinbarten Arbeitszeit ausdrückt, Auslöser für die Informationspflicht des Arbeitgebers hinsichtlich entsprechender Arbeitsplätze, die im Betrieb oder Unternehmen besetzt werden sollen. Die Anzeige iSd. § 7 Abs. 3 TzBfG ist zweifelsfrei kein Angebot des Arbeitnehmers und auch keine sonstige Willenserklärung[60], weil sie keinen Rechtsbindungswillen enthält. Der Arbeitnehmer möchte sich bei einer Veränderung der Arbeitszeit noch nicht endgültig festlegen, sondern in einem ersten Schritt Informationen sammeln, um so eine Entscheidungsgrundlage für sein weiteres denkbares Vorgehen nach §§ 8, 9, 9a TzBfG zu schaffen. Hat er sich entschieden, wird sich der Arbeitnehmer mit einem konkreteren Wunsch an seinen Arbeitgeber wenden und diesen je nach Anspruchsgrundlage in die Pflicht nehmen wollen. Beide Begriffe könnten also gleichbedeutend sein.

Hierfür spricht zunächst, dass es sich beim TzBfG um ein kurzes Gesetz mit einer nur geringen Anzahl an Paragrafen, die sich mit dem Recht der Teilzeitarbeit befassen, handelt. Die Wahrscheinlichkeit eines Redaktionsversehens sowie einer bewusst doppeldeutigen Verwendung ein und desselben Begriffs ist bei einem derart kurzen Gesetz verhältnismäßig gering. Der Gesetzgeber wird eher ein einheitliches Begriffsverständnis im Sinn gehabt haben. Dies spricht dafür, dass es sich auch bei der Anzeige iSd. § 9 TzBfG um eine solche iSd. § 7 Abs. 3 handelt und von einem Vier-Schritt-Modell der Anspruchsverwirklichung auszugehen ist.

---

59 MHH, § 7 Rn. 16; *Sievers*, § 7 Rn. 1, 20; HK-TzBfG/*Boecken*, § 7 Rn. 23; Laux/Schlachter/*Laux*, § 7 Rn. 44.

60 HK-TzBfG/*Boecken,* § 7 Rn. 26; MHH, § 7 Rn. 18; Laux/Schlachter/*Laux,* § 7 Rn. 46; MüKoBGB/*Müller-Glöge,* TzBfG § 7 Rn. 5; Annuß/Thüsing/*Mengel,* TzBfG, § 7 Rn. 9.

Gegen ein gleiches Verständnis im Sinne einer Mitteilung spricht aber, dass in der Folge das Erfordernis des dann notwendigen arbeitnehmerseitigen Angebots nicht im Wortlaut des § 9 TzBfG verankert ist. Auch wenn das Angebot als ungeschriebenes Tatbestandsmerkmal des Verlängerungsanspruchs mehrheitlich angenommen wird, spricht hiergegen jedoch, dass das Ergänzen einer Tatbestandsvoraussetzung über die Wortlautgrenze hinaus und ohne Vorliegen einer relevanten Regelungslücke eine unzulässige Rechtsfortbildung darstellt.[61] Jedenfalls geht damit eine erhebliche Rechtsunsicherheit einher.

Beide Normen unterscheiden sich auch in ihren Rechtsfolgen, die nach dem jeweiligen Wortlaut allein durch die Anzeige des Arbeitnehmers ausgelöst werden. Hiervon abweichend nimmt das BAG an, dass auf die Anzeige des Arbeitnehmers nicht seine bevorzugte Berücksichtigung folgt, sondern stattdessen nur die Informationspflicht nach § 7 Abs. 3 TzBfG über entsprechende freie Arbeitsplätze.

Das aber wohl gewichtigste Argument gegen ein identisches Verständnis beider Normen ist das ausschließlich für Anzeigen iSd. § 9 TzBfG geltende Formerfordernis. Verfolgt man das Vier-Schritt-Modell, würde der Arbeitnehmer in der Konsequenz das Angebot auf Vertragsänderung formlos an den Arbeitgeber richten können. Dies stünde aber im Widerspruch zum telos von Formerfordernissen, die Warn- und Beweiszwecken dienen.[62] Diesem Zweck wäre bezogen auf die Anzeige nicht Genüge getan. Der Arbeitnehmer ist nach Ansicht des BAG auch bei einem Unterlassen der Information durch den Arbeitgeber verpflichtet, ein konkretes Angebot auf Vertragsänderung abzugeben. Verweigert der Arbeitgeber dem Arbeitnehmer den Anspruch, kommt es im ggf. anschließenden (Schadensersatz)Prozess maßgeblich auf den Beweis des Angebots an, nicht auf den der Anzeige. Das Formerfordernis allein für die Anzeige im Sinne einer Mitteilung, nicht jedoch für das Angebot, wäre sinnlos und spricht daher gegen ein gleiches Verständnis in § 7 Abs. 3 und § 9 TzBfG. Ob das Formerfordernis als weiteres ungeschriebenes Tatbestandsmerkmal auch für das Angebot gelten soll, ist, soweit ersichtlich, in der Rechtsprechung noch nicht entschieden.

---

61 *Fikentscher*, Methoden des Rechts IV, S. 294 ff.; *Larenz/Canaris*, Methodenlehre, S. 245 ff.; *Wank*, Methodenlehre, § 15 Rn. 12, 44; *Zippelius*, Methodenlehre, § 10 VI; *Preis*, FS Wank, S. 416 f.; zu Besonderheiten der Rechtsfortbildung im Arbeitsrecht allgemein: *Wank*, Auslegung und Rechtsfortbildung im Arbeitsrecht, S. 102 ff, 111 f.

62 S. im Allgemeinen nur Grüneberg/*Ellenberger*, BGB § 125 Rn. 2 ff; speziell zu § 9 TzBfG: s. BT-Drs. 19/3452 S. 12, 16.

Unabhängig davon bestehen allgemein Bedenken dagegen, Formerfordernisse über den Gesetzeswortlaut hinaus in eine Norm „hineinzulesen".

Unschädlich ist, dass der Terminus der Anzeige bei der Massenentlassung nach § 17 KSchG im Sinne einer Bekanntmachung Verwendung findet und § 9 TzBfG mit dem Begriff der Anzeige nicht auf die Ausdrucksweise der §§ 145 ff. BGB zurückgreift. Beide Begriffe sind jeweils in einen anderen Kontext eingeordnet, weshalb eine Vergleichbarkeit nicht gegeben ist.

Im Ergebnis spricht die Systematik gegen eine Ausgestaltung des Verlängerungsanspruchs als Vier-Schritt-Modell, bei dem die Anzeige iSd. § 7 Abs. 3 TzBfG auszulegen ist. Damit handelt es sich bei der Anzeige iSd. § 9 TzBfG um einen eigenständigen Begriff. Gleichermaßen möglich ist es, diesen im Sinne eines zweistufigen Aufbaus, bei dem die Anzeige das Angebot des Arbeitnehmers auf Vertragsänderung darstellt, zu verstehen, sowie andererseits im Sinne einer Mitteilung des Arbeitnehmers, auf die ein Angebot des Arbeitgebers folgt.

Anders als § 9 TzBfG sind § 8 Abs. 1 und 2 TzBfG dahingehend formuliert, dass der Arbeitnehmer eine Verringerung „verlangen kann" bzw. „geltend machen muss". Hierin wird ein Angebot des Arbeitnehmers auf Änderung des Arbeitsvertrags gesehen.[63] Dieses Ergebnis stützt auch § 8 Abs. 4 TzBfG, der als Rechtsfolge die Zustimmung des Arbeitgebers zur Verringerung der Arbeitszeit normiert. Diesem muss denklogisch ein entsprechend annahmefähiges Angebot des Arbeitnehmers vorausgegangen sein. § 9a TzBfG ergänzt ebenfalls §§ 8, 9 TzBfG und stellt darauf ab, dass der Arbeitnehmer eine Verringerung seiner Arbeitszeit „verlangen" kann. Er entspricht diesbezüglich § 8 Abs. 1 TzBfG und verweist zudem in Absatz 3 auf die Zustimmungsfiktion des § 8 Abs. 4 TzBfG.

Auffallend ist auch, dass die von §§ 8, 9, 9a TzBfG jeweils angestrebte Rechtsfolge, die Änderung des Arbeitsvertrags, unterschiedlich formuliert ist. Während §§ 8, 9a TzBfG auf eine Zustimmung des Arbeitgebers als Rechtsfolge abstellen, bewirkt § 9 TzBfG eine bevorzugte Berücksichtigung bei der Besetzung eines Arbeitsplatzes. Dem muss nicht zwingend ein zustimmungsfähiges Vertragsangebot des Arbeitnehmers vorausgehen, sodass es bei § 9 TzBfG systematisch möglich erscheint, eine andere Ausgestaltung als bei §§ 8, 9a TzBfG zu wählen. Alle drei Ansprüche zielen jedoch im Ergebnis, wie dargestellt, auf

---

63 BAG v. 20.01.2015 – 9 AZR 860/13, NZA 2015, 805, Rn. 19; BAG v. 18.02.2003 – 9 AZR 164/02, NZA 2003, 1392 unter B.II.2.a. der Gründe; BAG v. 18.02.2003 – 9 AZR 356/02, NZA 2003, 911 unter I.4. der Gründe; BeckOK ArbR/*Bayreuther*, TzBfG § 8 Rn. 14; MHdB ArbR/*Schüren*, § 50 Rn. 39, 43; HK-TzBfG/*Boecken*, § 8 Rn. 98; MHH, § 8 Rn. 32.

eine Änderung des Arbeitsvertrags ab. Die unterschiedliche Formulierung ist daher eher dadurch bedingt, dass ein Antrag auf Verringerung der Arbeitszeit (zumeist auch) auf dem bisherigen Arbeitsplatz möglich ist und anders als bei § 9 TzBfG in der Regel nicht zuerst ein geeigneter Arbeitsplatz gefunden werden muss. Hauptsächlicher Grund für die andersartige Formulierung wird aber sein, dass es beim Verlängerungsanspruch für den freien Arbeitsplatz noch andere Bewerber geben wird. Der Verringerungsanspruch auf dem „eigenen" Arbeitsplatz ist hingegen konkurrenzlos umsetzbar.

Für eine systematische Auslegung können aus der Teilzeit-RV keine Erkenntnisse gewonnen werden. Der Verlängerungsanspruch nach § 9 TzBfG dient zwar der Umsetzung von § 5 Abs. 3 lit. b) und c) der Teilzeit-RV.[64] Sie enthält jedoch in weiten Teilen nur unverbindliche Vorgaben, die die Mitgliedstaaten nicht zu einer Umsetzung verpflichten. So verhält es sich auch bei § 5 Abs. 3 lit. b) und c).[65]

Die systematische Auslegung verdeutlicht zusammenfassend, dass dem Arbeitnehmer, anders als bei § 7 TzBfG, daran gelegen sein dürfte, mit seiner Anzeige unmittelbar die Rechtsfolge des § 9 TzBfG herbeizuführen. Es spricht daher viel dafür, dass die Anzeige iSd. § 9 TzBfG eine private Willensäußerung ist, die unmittelbar auf das Herbeiführen eines rechtlichen Erfolges gerichtet ist, der nach der Rechtsordnung deswegen einritt, weil er gewollt ist.[66] Sie ist nach hiesiger Auffassung aus systematischen Gründen als eine empfangsbedürftige Willenserklärung anzusehen.

(3) Historische Auslegung

In den Gesetzesmaterialien zur Einführung eines Gesetzes über Teilzeitarbeit und befristete Arbeitsverträge findet sich keine Äußerung zur Rechtsnatur der Anzeige iSd. § 9 TzBfG. Wohl aber kann den Unterlagen der Hinweis entnommen werden, dass den Arbeitgeber eine Informationspflicht trifft, den teilzeitbeschäftigten Arbeitnehmer, der seine Arbeitszeit verlängern möchte, über freie Arbeitsplätze, für die der Arbeitnehmer nach seiner Ausbildung und Qualifikation geeignet ist, zu unterrichten. Weiter heißt es dort, dass der Arbeitgeber den „Wunsch" des rückkehrwilligen Arbeitnehmers bevorzugt zu berücksichtigen hat.[67] Insgesamt bieten die Gesetzgebungsmaterialien jedoch aufgrund ihrer Kürze und der fehlenden Präzision wenig Aufschluss.

---

64 BT-Drs. 14/4374, S. 16, 18.

65 Siehe dazu ausführlich oben Teil 1, III.

66 Mot. I 126.

67 BT-Drs. 14/4374, S. 18.

Mit der Änderung des TzBfG durch das Gesetz zur Weiterentwicklung des Teilzeitrechts sollte keine über die Verteilung der Beweislast hinausgehende Änderung des materiellen Rechts und der von der Rechtsprechung aufgestellten Grundsätze einhergehen.[68] Damit bestätigt der Gesetzgeber ausdrücklich die durch das BAG vorgenommene Auslegung des Verlängerungsanspruchs. Unklar bleibt, was genau der Gesetzgeber unter den Grundsätzen versteht oder ob er die Rechtsprechung des BAG damit womöglich (vollumfänglich) in seinen Willen aufgenommen hat. Direkt äußert sich der Gesetzgeber zu der Anzeige des Verlängerungswunsches nur, indem er den Wortlaut des § 9 TzBfG zusammenfasst. Er setzt sich aber durch die Einführung des Textformerfordernisses einem inneren Widerspruch aus, da dieser nicht mit der durch das BAG vorgenommenen Auslegung korreliert.

Insgesamt lassen sich damit, auch unter Beachtung des früheren Gesetzeswortlauts, keine eindeutigen Erkenntnisse aus der Entstehungsgeschichte der Norm ableiten.

(4) Teleologische Auslegung

Sinn und Zweck des § 9 TzBfG ist die (mittelbare) Förderung der Teilzeitarbeit dadurch, dass dem Arbeitnehmer die Angst vor der sog. „Teilzeitfalle“[69] genommen werden soll und dieser eine realistische Chance darauf hat, nicht sein gesamtes (weiteres) Erwerbsleben in einer Teilzeitbeschäftigung verbringen zu müssen. Hierfür sorgt die bevorzugte Berücksichtigung des Arbeitnehmers bei der Besetzung eines Arbeitsplatzes.

Sinn und Zweck des Anspruchs nach § 7 Abs. 3 TzBfG ist hingegen die Vorbereitung der Ansprüche aus §§ 8, 9, 9a TzBfG dadurch, dass der Arbeitnehmer Informationen über Veränderungsmöglichkeiten hinsichtlich Dauer und Lage seiner Arbeitszeit erhält.

---

68 BT-Drs. 19/3452, S. 16.

69 Der Begriff der „Teilzeitfalle“ hat sich mittlerweile als gängiger Ausdruck sowohl in der Rechtswissenschaft als auch in Gesellschaft und Presse etabliert. Siehe dazu bspw.: BT-Drs. 19/5097, S. 7; *Thüsing*, BB 2018, 1076; *Franzen*, SR 2019, 12, 16; Forderung des DGB nach einem Recht auf befristete Teilzeit unter dem Stichwort „Raus aus der Teilzeitfalle!“, einsehbar unter: https://www.dgb.de/dgb-zur-bundestagswahl-2017-jetzt-gerecht-du-hast-die-wahl (Stand 03.09.2020); FAZ online: „Frauen in der Teilzeitfalle“, abrufbar unter: https://www.faz.net/aktuell/wirtschaft/arbeit-und-familie-frauen-in-der-teilzeitfalle-1610865.html (Stand 03.09.2020); SZ online: „Raus aus der Teilzeitfalle“, abrufbar unter: https://www.sueddeutsche.de/wirtschaft/arbeitsmarkt-raus-aus-der-teilzeitfalle-1.3948803 (Stand 03.09.2020).

Bestandteil der teleologischen Auslegung ist es auch zu beurteilen, welcher Sinnzusammenhang zwischen Tatbestand („der Anzeige des Verlängerungswunsches durch den Arbeitnehmer") und Rechtsfolge („bevorzugte Berücksichtigung bei der Besetzung eines Arbeitsplatzes") besteht.[70] Auffällig ist hier, dass die Ausdrucksweise in § 9 TzBfG eine andere ist als bei §§ 8, 9a TzBfG, obwohl nach der höchstrichterlichen Auslegung alle drei Ansprüche nach demselben Muster aufgebaut sind: Auf das Angebot des Arbeitnehmers folgt sein Anspruch auf Zustimmung des Arbeitgebers zur gewünschten Vertragsänderung.[71] Im Gegensatz zu dem Anspruch auf Verringerung der Arbeitszeit ist dem Verlängerungsanspruch eine Konkurrenzsituation um den freien und zur Besetzung anstehenden Arbeitsplatz immanent und daher von Gesetzes wegen angelegt. Während der Anspruch nach § 8 TzBfG auch auf dem bisherigen Arbeitsplatz möglich ist, benötigt § 9 TzBfG immer einen anderen, neuen Arbeitsplatz, dessen Besetzung mit anderen Interessenten stets denkbar ist. Dieser Unterschied wird mit der gewählten Formulierung „ist bevorzugt zu berücksichtigen" anstatt „der Arbeitgeber hat zuzustimmen" zum Ausdruck gebracht. Die bevorzugte Berücksichtigung knüpft sprachlich an eine Anzeige und nicht an ein Angebot oder Verlangen des Arbeitnehmers an, weil diese Willenserklärung nicht den Bestimmtheitsanforderungen iSd. §§ 145 ff. BGB genügen muss.

Unter dem Gesichtspunkt der Effektivität der Regelung zeigt das Vier-Schritt-Modell Schwächen, weil der Arbeitnehmer auch ohne Reaktion des Arbeitgebers auf seine Anzeige hin ein konkretes Änderungsangebot abgeben muss. Zudem verlangsamt die Anzahl der zu durchlaufenden Schritte den Änderungsprozess.

Lebensnah betrachtet bietet sich zur weiteren Auslegung auch der Vergleich mit dem „normalen" Ablauf einer Einstellung eines Arbeitnehmers an. Denn § 9 TzBfG integriert sich in den üblichen Bewerbungs- und Einstellungsprozess, indem er die Auswahlfreiheit des Arbeitgebers unter mehreren Bewerbern einschränkt oder gar aufhebt. Mit seiner (Initiativ-)Bewerbung unterbreitet der potenzielle Arbeitnehmer seinem Arbeitgeber eine invitatio ad offerendum. Er hat gerade noch keinen Rechtsbindungswillen hinsichtlich des konkret ausgeschriebenen Arbeitsplatzes und häufig stehen auch noch nicht alle essentialia negotii und sonstige Vertragsparameter abschließend fest. Die lebensnahe Betrachtung spricht so für das Zwei-Schritt-Modell oder eine Verpflichtung des Arbeitgebers zur Abgabe eines Angebots.

---

70 Vgl. *Wank*, Methodenlehre, § 11 Rn. 16 ff.

71 BAG v. 23.11.2004 – 9 AZR 644/03, NZA 2005, 769; BAG v. 15.08.2006 – 9 AZR 8/06, NZA 2007, 255; LAG Düsseldorf v. 28.10.2020 – 12 Sa 450/20.

Die Anzeige muss, um dem telos des § 9 TzBfG zu genügen, kein Angebot an den Arbeitgeber auf Änderung des Arbeitsvertrags sein. Der Arbeitnehmer ist zwar berechtigt, ein Angebot auf Änderung des Arbeitsvertrags zu unterbreiten, hierzu aber nicht verpflichtet. Ein Angebot des Arbeitnehmers misst sich an den Voraussetzungen der §§ 145 ff. BGB und muss Umfang, zeitliche Lage und gewünschte Verteilung der verlängerten Arbeitszeit nennen. Die Anzeige nach § 9 TzBfG muss hingegen nur den gewünschten Umfang und Beginn der verlängerten Arbeitszeit benennen. So wird es dem Arbeitgeber ermöglicht, auf die Anzeige hin ein verbindliches Angebot zu unterbreiten.

(5) Zwischenergebnis der Auslegung

Die einzelnen Auslegungskriterien gelangen zu unterschiedlichen Ergebnissen und müssen daher untereinander gewichtet werden.[72]

Die grammatische Auslegung gelangt zu einem offenen Ergebnis und ist daher für sich genommen ein eher schwaches Argument. Nach der systematischen Auslegung ist das Verständnis des angezeigten Verlängerungswunsches als Angebot des Arbeitnehmers nicht zwingend und auch die historische Auslegung ist ergebnisoffen. Sinn und Zweck des angezeigten Verlängerungswunsches sprechen aber verstärkt für eine rechtliche Ausgestaltung der „Anzeige" als Angebot des Arbeitnehmers iSd. §§ 145 ff BGB. Die praktischen Argumente sprechen gegen eine bloße Mitteilung des Arbeitnehmers und ein zwingendes Vertragsänderungsangebot des Arbeitgebers.

bb) Inhalt und Bestimmtheit des Angebots

Sowohl den Interessen des Arbeitnehmers an einer effektiven Anspruchsverwirklichung als auch den Interessen des Arbeitgebers an der Vermeidung unnötiger Wiederholungen wird es gerecht, wenn man die Bestimmtheit des Angebots von der jeweiligen Kenntnis des konkreten Arbeitnehmers abhängig macht. Hat der Arbeitgeber den Arbeitnehmer durch die Erfüllung seiner Informationspflicht nach § 7 Abs. 3 TzBfG in die Lage versetzt, ein konkretes Vertragsangebot abgeben zu können, oder hat der Arbeitnehmer auf anderem Wege tatsächlich Kenntnis von freien Arbeitsplätzen erhalten, wird von ihm die Bewerbung auf einen konkreten Arbeitsplatz gefordert werden können. Fehlen ihm aber entsprechende Informationen, kann das Defizit bei der Geltendmachung des Verlängerungsanspruchs nicht durch etwaige Schadensersatzansprüche

72 *Wank*, Auslegung von Gesetzen, S. 73; *Larenz/Canaris*, Methodenlehre, S. 166 f.

ausgeglichen werden. Hierfür sprechen auch Sinn und Zweck der Informationsobliegenheit des Arbeitgebers, durch die dem Arbeitnehmer die Vorbereitung von Ansprüchen nach §§ 8 – 9a TzBfG ermöglicht werden soll.

Sinn und Zweck der Anzeige ist es, für den Arbeitgeber erkennbar zu machen, welche Änderungswünsche der Arbeitnehmer hat. Sie dient damit der Information des Arbeitgebers, sodass dieser die bevorzugte Berücksichtigung bei der Arbeitsplatzbesetzung realisieren kann. Zu der Erreichung dieses Ziels genügt es, wenn der Arbeitnehmer Beginn und Umfang der gewünschten Arbeitszeitverlängerung mitteilt. Eine „Bewerbung“ auf einen konkreten Arbeitsplatz ist mithin nicht erforderlich.

cc) Zwischenergebnis

Die Anzeige des Arbeitnehmers ist nicht mit einer Anzeige iSd. § 7 Abs. 3 TzBfG gleichzusetzen. Die Anzeige ist vielmehr eine Willenserklärung, da sie unmittelbar auf die Herbeiführung der Vertragsänderung gerichtet ist. Es handelt sich daher um ein Angebot nach §§ 145 ff. BGB. Der Arbeitnehmer muss, um dem Bestimmtheitserfordernis zu genügen, nicht nur seinen Wunsch nach einer Verlängerung der Arbeitszeit äußern, sondern auch Umfang und Beginn der Verlängerung angeben. Die zusätzliche Benennung eines konkreten Arbeitsplatzes ist nur bei Erfüllung der Informationspflicht nach § 7 Abs. 3 TzBfG durch den Arbeitgeber oder davon unabhängiger Kenntnis des Arbeitnehmers von freien Arbeitsplätzen erforderlich.

3. Gültigkeitsdauer eines angezeigten Verlängerungswunsches

Eine weitere, durch § 9 TzBfG nicht geregelte Frage ist die Gültigkeitsdauer der einmal seitens des Arbeitnehmers getätigten Anzeige. Findet sich kein passender Arbeitsplatz mit längerer Arbeitszeit, wird der Arbeitgeber dem Arbeitnehmer vorläufig oder endgültig eine Absage erteilen müssen. Fraglich ist, ob mit diesem Negativbescheid die Anzeige erloschen und hinsichtlich des Verlängerungsanspruchs sodann bereits Erfüllung eingetreten ist oder die Anzeige vielmehr so lange wirksam bleibt bis eine Änderung des Arbeitsvertrags tatsächlich zu Stande gekommen ist.

a) Erlöschen des Angebots nach §§ 145 ff. BGB

Nach der allgemeinen zivilrechtlichen Rechtsgeschäftslehre erlischt gemäß § 146 BGB ein wirksam abgegebenes Angebot, wenn es entweder abgelehnt oder nicht rechtzeitig nach §§ 147 – 149 BGB angenommen wird. Da im Rahmen des § 9 TzBfG die Annahme für den Arbeitgeber verpflichtend ist, wenn alle Anspruchsvoraussetzungen vorliegen, kommt es auf den Zeitpunkt der Annahme im Sinne einer Rechtzeitigkeit nicht an. Der Arbeitgeber kann das Angebot zudem aufgrund der verpflichtenden Annahme nicht ablehnen. Das Erlöschen des Angebots kann sich daher wegen der Rechtsfolge des § 9 TzBfG nicht nach §§ 146 ff. BGB richten.

b) Situation bei § 7 Abs. 3 TzBfG

Zumeist wird die Problematik einer fortlaufenden Informationspflicht des Arbeitgebers im Rahmen von § 7 TzBfG diskutiert. Setzt man die Anzeige nach § 9 TzBfG derjenigen nach § 7 TzBfG gleich oder sieht erstere als Unterfall der letzteren, erscheint die Annahme des Wirksambleibens der Anzeige nur folgerichtig. Aber auch, wenn man die Anzeige nach § 9 TzBfG als eigenständiges Merkmal einordnet, können die Ergebnisse der bisherigen Diskussion zu § 7 TzBfG Berücksichtigung finden.

aa) Erlöschen nach einmaliger Information oder bestimmter Zeitdauer

Mehrheitlich wird vertreten, dass der Arbeitgeber seine Pflicht nach § 7 Abs. 3 TzBfG durch eine einmalige Information des Arbeitnehmers erfüllt[73], da eine Speicherung des Wunsches und eine fortlaufende Information unzumutbar wären und überdies diese Arbeitgeberpflichten dem Gesetz nicht zu entnehmen sind.

Zu Recht weist *Hanau* darauf hin, dass dem Gesetz gegenteilig aber auch keine zeitliche Begrenzung der Wirksamkeit der Äußerung des Wunsches entnommen werden kann[74], sodass dieses Argument wegen seiner Doppeldeutigkeit in der Sache nicht ausschlaggebend sein kann. Die sodann von *Hanau* gewählte Lösung, dass der Arbeitnehmer seinen Veränderungswunsch jährlich wiederholen muss, erschient nichtsdestotrotz zu beliebig, um abschließend zu überzeugen.

bb) Dauerverpflichtung

Ferner wird vertreten, dass es sich bei der Informationspflicht nach § 7 Abs. 3 TzBfG um eine dauerhafte Verpflichtung des Arbeitgebers handelt. Nach Sinn

---

73 LAG Rheinland-Pfalz v. 23.05.2017 – 8 Sa 483/16, Rn. 52; TZA/*Buschmann*, TzBfG, § 7 Rn. 25; *Caamaño Rojo*, S. 201; *Hromadka*, NJW 2001, 400, 401.

74 *Hanau*, NZA 2001, 1168, 1168; ebenso: ArbG Cottbus v. 05.03.2019 – 3 Ca 608/18, Rn. 30.

und Zweck der Norm erlösche der Informationsanspruch erst mit Eintritt der vom Arbeitnehmer gewünschten Änderung der Arbeitszeit bzw. zu dem Zeitpunkt, in dem dieser von seinem Wunsch Abstand nimmt.[75]

cc) Erlöschen nach den konkreten Umständen des Einzelfalls

Nach *Moskalew* ist das Verhalten der Beteiligten im Rahmen des § 7 Abs. 3 TzBfG der entscheidende Faktor. Der Verlängerungswunsch des Arbeitnehmers behält seine Gültigkeit jedenfalls bis zu einer Information durch den Arbeitgeber. Reagiert der Arbeitnehmer dann nicht weiter, könne der Arbeitgeber von der Erfüllung seiner Pflicht ausgehen. Anders liege es, wenn der Arbeitnehmer die Stelle unter Angabe einer Begründung nicht endgültig ablehnt. Dieses Verhalten indiziere weiteres Interesse an einer Verlängerung der Arbeitszeit und der Arbeitgeber müsse entsprechend weiter informieren.[76]

c) Beurteilung im Rahmen des § 9 TzBfG

Recht ähnlich hat die 7. Kammer des LAG Köln zu einer Anzeige nach § 9 TzBfG entschieden und auf die konkreten Umstände des Einzelfalls abgestellt.[77] Maßgebend sei, wie der „redlich denkende Arbeitgeber nach dem objektiven Empfängerhorizont vor dem Hintergrund des begleitenden Gesamtverhaltens des Arbeitnehmers dessen Wunsch auf Aufstockung der Arbeitszeit verstehen muss".[78]

Im Grundsatz ist dem zuzustimmen. Die Anzeige des Arbeitnehmers bleibt so lange gültig bis eine Vertragsänderung zustande gekommen ist (Erfüllung, § 362 BGB) oder der Arbeitnehmer den Wunsch nach einer Verlängerung seiner Arbeitszeit zurückzieht oder von vornherein bis zu dem Ablauf eines bestimmten

---

75 ArbG Cottbus v. 05.03.2019 – 3 Ca 608/18, juris-Rn. 29; Küttner/*Poeche*, Personalbuch 2021 Teilzeitbeschäftigung, Rn. 13; HK-ArbR/*Ahrendt*, TzBfG § 7 Rn. 8; HWK/*Schmalenberg*, TzBfG, § 7 Rn. 12; *Hanau*, NZA 2001, 1168, 1168.

76 AR/*Moskalew*, TzBfG, § 7 Rn. 19.

77 LAG Köln v. 06.12.2018 – 7 Sa 217/18, Rn. 61 ff.; zust.: *Pfalzgraf*, ArbRAktuell 2019, 336. Das BAG lässt diese Frage in seinem Urteil vom 21.01.2021 – 8 AZR 195/19 zwar für den konkret zu entscheidenden Sachverhalt offen. Es positioniert sich dennoch eindeutig im Sinne einer Einzelfallentscheidung dahingehend, dass eine Negativauskunft die Pflicht nach § 7 Abs. 3 TzBfG in der Regel nicht erfülle. Etwas anderes solle dann gelten, wenn die Anzeige des Arbeitnehmers erkennbar nur für einen bestimmten Zeitraum gedacht war.

78 LAG Köln v. 06.12.2018 – 7 Sa 217/18, Rn. 63.

Zeitpunkts begrenzt. Die Anzeige erlischt nicht bereits bei einer mangels Vorhandenseins eines zu besetzenden Arbeitsplatzes ablehnenden Antwort des Arbeitgebers.[79] Durch einen Negativbeschied kann der Arbeitgeber seine Pflicht nach § 9 TzBfG nicht erfüllen, da vom Arbeitnehmer nicht gefordert werden kann, permanent Wünsche nach Verlängerung der Arbeitszeit „ins Blaue hinein" anzuzeigen. Dies wird zum einen von dem Gesetz nicht verlangt und würde zum anderen vielmehr seinem Ziel, Teilzeitarbeit zu erleichtern und zu fördern, widersprechen und kann daher nicht Sinn und Zweck der §§ 9, 7 Abs. 3 TzBfG sein. Denkbar ist es, das Wirksambleiben der Anzeige auch aus § 241 Abs. 2 BGB oder § 242 BGB zu folgern.

Umgekehrt erscheint es für den Arbeitgeber nicht unzumutbar, einen Verlängerungswunsch des Arbeitnehmers auf längere Zeit im Blick zu behalten. Wenn es sich um einen so kleinen Betrieb handelt, dass eine händische Erfassung auch in anderen Bereichen üblich und zumutbar ist (Personalakten und dergleichen), stellt dieser Aspekt ohnehin kein Problem dar.[80] Bei größeren Betrieben kann insoweit auf elektronische Hilfsmittel zurückgegriffen werden. Gerade die Nutzung automatisierter Personalinformationssysteme, die ein wesentliches Instrument zur Durchführung der Personalplanung sind, erleichtert dem Arbeitgeber die dauerhafte Speicherung des Wunsches. Diese Systeme beinhalten üblicherweise Daten zu Personalstand, Fluktuation, Aufbau der Belegschaft, Ausbildung und Qualifikation der Arbeitnehmer und können sogar so weitreichend sein, dass sie die Personalplanung bis hin zur personellen Einzelmaßnahme ermöglichen.[81]

Anderes muss gelten, wenn der Arbeitnehmer die Verlängerung lediglich (bis) zu einem bestimmten Zeitpunkt begehrt und der Arbeitgeber zu dieser Zeit keine geeigneten Arbeitsplätze anbieten kann. Der Arbeitgeber ist dann nicht verpflichtet, auch noch nach dem angegebenen Zeitpunkt gleichsam „auf Verdacht" weiter über Verlängerungsmöglichkeiten zu informieren und/oder Vertragsangebote zu unterbreiten.

d) Zeitpunkt der Berücksichtigungsfähigkeit durch den Arbeitgeber

Der Arbeitgeber muss die Anzeige des Arbeitnehmers bis zu dem Ende der internen Bewerbungsabläufe berücksichtigen. Dies ist regelmäßig der Zeitpunkt, in dem er sich nach Durchlaufen des üblichen Auswahlprozesses für

---

79 Küttner/*Poeche*, Personalbuch 2021 Teilzeitbeschäftigung, Rn. 58.

80 LAG Köln v. 06.12.2018 – 7 Sa 217/18, Rn. 75 ff.

81 *Fitting*, § 92 Rn. 24; DKW/*Homburg*, BetrVG, § 92 Rn. 38.

einen Stellenbewerber entschieden hat und diesem ein bindendes Angebot auf Abschluss des Arbeitsvertrags übermittelt.[82]

Ein Abstellen auf den Abschluss der internen Willensbildung des Arbeitgebers[83] wäre daneben ebenso denkbar wie der Zeitpunkt des Eingangs der Anzeige beim Arbeitgeber im Hinblick auf die für alle Stellenbewerber geltende Bewerbungsfrist. Beides ist abzulehnen. Es ist dem Arbeitgeber zu beiden Zeitpunkten und insbesondere auch nach Durchsicht aller Bewerbungsunterlagen und Durchführung der Vorstellungsgespräche weiterhin zumutbar, die Anzeige des teilzeitbeschäftigten Arbeitnehmers aus dem eigenen Betrieb oder Unternehmen zu prüfen und ggf. zu berücksichtigen. Denn zu diesem Zeitpunkt unterliegt der Arbeitgeber noch keinen vertraglichen Bindungen mit anderen Stellenbewerbern und auch die anfallenden Kosten des mit dem Bewerbungsverfahren verbundenen Personalaufwand dürften aus Sicht des Arbeitgebers tragbar sein.

4. Form, Erklärungsgegner

Der Arbeitnehmer muss seinen Wunsch nach einer Verlängerung seiner Arbeitszeit in Textform anzeigen.[84] Hierzu ist es erforderlich, dass die Erklärung in Schriftzeichen lesbar auf einem dauerhaften Datenträger abgegeben wird. Dem Formerfordernis genügt damit der Zugang der Erklärung als (Computer-) Fax, Kopie, E-Mail, SMS oder mobile Instant-Messenger sowie über soziale Netzwerke.[85]

Die Anzeige ist an den Arbeitgeber oder eine vertretungsberechtigte Person zu richten. Hierzu zählen alle Personen, die zur Einstellung bzw. Kündigung von Arbeitnehmern berechtigt sind, nicht aber jedweder Vorgesetzte, weil es sich bei § 9 TzBfG um einen Anspruch auf eine Vertragsänderung handelt.[86] Die Berechtigung, eine Vertragsänderung vorzunehmen, ist regelmäßig an die Befugnis

---

82 MHH, § 9 Rn. 13; Laux/Schlachter/*Laux*, § 9 Rn. 20; Arnold/Gräfl/*Vossen*, TzBfG, § 9 Rn. 13; *Rudolf*, S. 111.

83 AR/*Moskalew*, TzBfG, § 9 Rn. 6.

84 Schriftform für die Anzeige fordert: *Straub*, NZA 2001, 919, 921.

85 Vgl. Begr. RegE, BT-Drs. 14/4987, S. 19, 20; BeckOK BGB/*Wendtland*, BGB, § 126b Rn. 8; MüKoBGB/*Einsele*, BGB, § 126b Rn. 11; Grüneberg/*Ellenberger*, BGB § 126b Rn. 3; *Preis/Schwarz*, NJW 2018, 3673, 3675.

86 Laux/Schlachter/*Laux*, § 8 Rn. 63; *Straub*, NZA 2001, 919, 921; a.A. TZA/*Buschmann*, TzBfG § 8 Rn. 20; LAG Düsseldorf v. 23.06.2006 – 5 (3) Sa 13/06, LS 1 (Adressierung der Anzeige an den zuständigen Fachvorgesetzten).

geknüpft, Personalentscheidungen im Namen des Arbeitgebers treffen zu dürfen. Anderes kann nur dann gelten, wenn der Arbeitgeber den Arbeitnehmer ausdrücklich auf einen zuständigen Vorgesetzten verweist.

5. Zusammenfassung

Der Begriff der Anzeige ist im Rahmen des Verlängerungsanspruchs anders als in § 7 Abs. 3 TzBfG zu verstehen und muss ein Angebot des Arbeitnehmers auf Änderung des Arbeitsvertrags sein. Die Anforderungen an die Bestimmtheit des Angebots richten sich im Einzelfall nach der Erfüllung der Informationspflicht des § 7 Abs. 3 TzBfG durch den Arbeitgeber bzw. der Kenntnis des Arbeitnehmers von entsprechenden freien Arbeitsplätzen.

Das Angebot des Arbeitnehmers behält seine Gültigkeit grundsätzlich bis zu einer erfolgreichen Änderung des Arbeitsvertrags. Es erlischt erst mit der (positiven) Erfüllung des Anspruchs. Anderes gilt, wenn der Arbeitnehmer sein Angebot auf Vertragsänderung zeitlich begrenzt ausgesprochen hat oder zurückzieht.

Das Angebot ist in Textform an den Arbeitgeber oder eine vertretungsberechtigte Person mit der Befugnis zu Personalentscheidungen zu richten. Es muss vom Arbeitgeber bis zu dem Abschluss der internen Bewerbungsabläufe berücksichtigt werden.

II. Fehlen eines entsprechenden freien Arbeitsplatzes, § 9 S. 1 Nr. 1 TzBfG

Der Arbeitgeber kann dem Verlängerungswunsch des Arbeitnehmers entgegenhalten, dass kein entsprechender freier Arbeitsplatz vorhanden sei. Vor der Änderung des § 9 TzBfG durch das Gesetz zur Weiterentwicklung des Teilzeitrechts[87] waren diese Merkmale als positive Anspruchsvoraussetzungen formuliert. Nunmehr handelt es sich um Einwände des Arbeitgebers, für die er die Darlegungs- und Beweislast trägt. Dies gilt einheitlich auch für die weiteren Ausschlussgründe des § 9 S. 1 TzBfG.[88]

---

87 Gesetz zur Weiterentwicklung der Teilzeitarbeit – Einführung einer Brückenteilzeit v. 11.12.2018, BGBl. I 2018, 2384.

88 *Bayreuther*, NZA 2018, 566, 567; *Benkert*, NJW-Spezial 2018, 306, 307; *Boeckert/Hackenbroich*, DB 2018, 956, 959; *Löwisch*, BB 2018, 3061, 3062; *Preis/Schwarz*, NJW 2018, 3673, 3678; *Thüsing*, BB 2018, 1076, 1078.

1. Definition: Arbeitsplatz

Der Begriff des „Arbeitsplatzes" wird im TzBfG selbst nicht bestimmt. Zwar wird er außer in Art. 12 Abs. 1 GG auch in einigen spezifisch arbeitsrechtlichen Bestimmungen verwendet. Indes fehlt auch dort eine Definition, wie beispielsweise in § 99 BetrVG, § 156 SGB IX sowie § 3 Nr. 1 BGleiG. So ergibt sich die Notwendigkeit einer durch Rechtsprechung und Literatur gebildeten Begriffsbestimmung.

Sprachliche Synonyme sind beispielsweise ein zum Arbeiten bestimmter Platz, Arbeitsstätte, Stellung, (berufliche) Beschäftigung.[89] In der Zusammenschau wird ein Arbeitsplatz durch eine örtlich-räumliche Komponente (die Arbeitsumstände und die Einordnung in den Arbeitsablauf des Betriebs) sowie eine funktional-organisatorische Dimension (die Art der Tätigkeit und der Inhalt der Arbeitsaufgabe) gekennzeichnet.[90] In diesem Sinne hatte auch das BAG in seinem Urteil zu § 2 Nr. 5 Abs. 2 MTV Massa entschieden. Bei dieser Tarifnorm handelt es sich um einen mit § 9 TzBfG vergleichbaren Anspruch auf Arbeitszeitverlängerung. Die mit dem Arbeitsplatz vergleichbare „Stelle" wurde vom BAG als durch Art, Ort und Umfang der Tätigkeit bestimmt definiert.[91]

2. Bezugsgröße: Unternehmen oder Betrieb

Der entsprechende freie Arbeitsplatz muss im Unternehmen vorliegen.[92] Eine Beschränkung auf den Betrieb ist dem Gesetz nicht zu entnehmen und stünde zudem im Widerspruch zu dem Gesetzeszweck der Förderung von Teilzeitarbeit durch Erleichterung des Wechsels von einer Teil- zu einer Vollzeitbeschäftigung.

Rudolf wendet gegen diese Sichtweise den Wortlaut des § 9 TzBfG sowie systematische Überlegungen im Zusammenhang mit §§ 2 und 8 TzBfG ein.[93] Richtig ist, dass die entgegenstehenden dringenden Gründe schon nach ihrem Wortlaut

---

89 https://www.duden.de/rechtschreibung/Arbeitsplatz (Stand: 25.03.2021).

90 Grundlegend: BAG v. 30.11.1983 – 4 AZR 374/81 unter 6.c. der Gründe = juris-Rn. 48; Richardi/*Thüsing*, § 99 Rn. 113, 115; *Fitting*, § 99 Rn. 124; ähnlich, wenngleich der im GG verwendete Begriff nicht im arbeitsrechtlichen Sinne zu verstehen ist: NK-GA/*Hanau*, GG, Art. 12 Rn. 32; HK-ArbR/*Lakies*, GG, Art. 12 Rn. 13.

91 BAG v. 25.10.1994 – 3 AZR 987/93, juris-Rn. 24.

92 BAG v. 17.10.2017 – 9 AZR 192/17, NZA 2018, 174, Rn. 39; BAG v. 15.08.2006 – 9 AZR 8/06, NZA 2007, 255 unter I.4.b.dd.(2) der Gründe; TZA/*Buschmann*, TzBfG, § 9 Rn. 20; BeckOK ArbR/*Bayreuther*, TzBfG § 9 Rn. 4; ErfK/*Preis*, TzBfG, § 9 Rn. 5a; Laux/Schlachter/*Laux*, § 9 Rn. 31; *Schüren*, AuR 2001, 321, 323; a.A. *Rudolf*, S. 105.

93 *Rudolf*, S. 105 f.

unmissverständlich betriebsbezogen sind. Ein Unternehmen ist eine organisatorische Einheit, die durch den wirtschaftlichen oder ideellen Zweck bestimmt wird, dem ein Betrieb oder mehrere organisatorisch verbundene Betriebe dienen.[94] Der Betrieb ist eine Untereinheit des Unternehmens. Forderte man nun dringende unternehmerische Gründe, müssten diese sich auf das gesamte Unternehmen erstrecken und nicht nur entweder im abgebenden oder aufnehmenden Betrieb des Unternehmens vorliegen. Dies dürfte nahezu unerfüllbar sein. Daher ist es, im Einklang mit der jetzigen Formulierung, ausreichend, dass sowohl Gründe im abgebenden als auch im aufnehmenden Betrieb dem Verlängerungswunsch des Arbeitnehmers entgegenstehen können. Dies schließt eine unternehmensweite Berücksichtigung des Verlängerungswunsches des Arbeitnehmers jedoch nicht aus.

Der Vergleich mit § 8 TzBfG geht insoweit fehl, als dieser von seinem Grundkonzept her davon ausgeht, dass der Arbeitnehmer seinen Arbeitsplatz inhaltlich vollumfänglich behalten und nur die Arbeitszeit verringern kann, wenn er dies möchte.[95] Er muss, anders als das bei § 9 TzBfG der Fall ist, gerade keinen zusätzlichen Arbeitsplatz mit einem entsprechend geringeren Arbeitsvolumen vorweisen können. Daher stellt sich hier die Frage nach der Betriebs- oder Unternehmensbezogenheit des Arbeitsplatzes überhaupt nicht, sodass auch keine Rückschlüsse daraus gezogen werden können.

Als letztes Argument führt *Rudolf* den Begriff des teilzeitbeschäftigten Arbeitnehmers in § 2 Abs. 1 S. 1 - 3 TzBfG ins Feld. Aufgrund der Betriebsbezogenheit des Begriffs könne es vorkommen, dass Arbeitnehmer in ihrem Einsatzbetrieb als Teilzeitbeschäftigte anzusehen sind, während sie in anderen Betrieben des Unternehmers als Vollzeitbeschäftigte gelten. Dies hätte zur Konsequenz, dass der teilzeitbeschäftigte Arbeitnehmer in einem dritten Betrieb des Unternehmens bevorzugt zu berücksichtigen wäre, im Gegensatz zu dem vollzeitbeschäftigten Arbeitnehmer, obwohl beide über das gleiche Stundenvolumen verfügen. Hierin sieht *Rudolf* einen Wertungswiderspruch. Diesen mag man zugestehen. Doch überzeugt eine nur betriebsbezogene bevorzugte Berücksichtigung des Arbeitnehmers trotzdem nicht. Lässt man § 2 TzBfG, als vom Gesetzgeber in seiner Betriebsbezogenheit vorgegeben, unberührt, würde keinem der Arbeitnehmer aus dem obigen Beispiel ein Anspruch zustehen. Dies verengt den

94 Vgl. zum Begriff des Unternehmens: ErfK/*Preis*, BGB § 611a Rn. 196; Schaub ArbR-HdB/*Linck*, § 17 Rn. 9 m.w.N.

95 Laux/Schlachter/*Laux*, § 8 Rn. 47; a.A. BAG v. 13.11.2012 – 9 AZR 259/11, NZA 2013, 373, Rn. 28.

Anwendungsbereich des Verlängerungsanspruchs stark und widerspricht damit dem Gesetzeszweck. Auch wäre es ein nicht aufzulösender Widerspruch, dass der Arbeitgeber seinen Informationspflichten nach § 7 Abs. 3 TzBfG unternehmensbezogen nachkommen muss, wenn der Arbeitnehmer hieraus keinen Vorteil gegenüber (betriebs-)externen Bewerbern erlangen kann.

3. Vorliegen eines freien Arbeitsplatzes

Der Arbeitnehmer kann seinen Anspruch aus § 9 TzBfG nur bei Vorliegen eines freien Arbeitsplatzes verwirklichen. Mit dem Gesetz zur Weiterentwicklung der Teilzeitarbeit[96] wurde erstmals eine Definition des Tatbestandmerkmals in § 9 S. 2 TzBfG aufgenommen. Ein freier Arbeitsplatz kann demnach, jeweils basierend auf einer Organisationsentscheidung des Arbeitgebers, entweder durch Neuschaffung oder durch Neubesetzung entstehen. Das Tatbestandsmerkmal des freien Arbeitsplatzes steht damit in engem Zusammenhang mit der unternehmerischen Organisationsfreiheit. Die bereits zuvor von der Rechtsprechung gebildete Definition stellt auf einen Arbeitsplatz ab, den der Arbeitgeber rechtlich besetzen kann und tatsächlich besetzen will.[97] Sie zeigt sich als inhaltlich weitgehend identisch mit der nachträglich vom Gesetzgeber eingefügten Definition.[98]

a) Reichweite der unternehmerischen Organisationsfreiheit

Die Reichweite der unternehmerischen Organisationsfreiheit bildet die Grundlage für die Organisationsentscheidung des Arbeitgebers zur Schaffung oder Neubesetzung eines freien Arbeitsplatzes. Ihre Reichweite bestimmt somit maßgeblich den Einwand des Arbeitgebers und damit auch den Anwendungsbereich des Verlängerungsanspruchs.

Die Freiheit der unternehmerischen Betätigung wird als Bestandteil der Berufsfreiheit durch Art. 12 Abs. 1 GG geschützt.[99] Der Arbeitgeber kann

---

96 Gesetz zur Weiterentwicklung der Teilzeitarbeit – Einführung einer Brückenteilzeit v. 11.12.2018, BGBl. I 2018, 2384.

97 BAG v. 08.05.2007 – 9 AZR 874/06, NZA 2007, 1349, Rn. 20; BAG v. 17.10.2017 – 9 AZR 192/17, NZA 2018, 174, Rn. 29.

98 Ebenso: HK-TzBfG/*Boecken*, § 9 Rn. 2.

99 BVerfG v. 01.03.1979 – 1 BvR 532/77, 1 BvR 533/77, 1 BvR 419/78, 1 BvL 21/78, juris-Rn. 173; HK-ArbR/*Lakies*, GG Art. 12 Rn. 11; AR/*Pessinger*, GG, Art. 12 Rn. 6; *Müller*, S. 26; a.A. *v. Hoyningen-Huene*, FS Birk, S. 217, 219 (Art. 2 Abs. 1, 12 Abs. 1, 14 Abs. 1 GG gemeinsam); ausführlich zum Schutz der unternehmerischen Freiheit: *Lieske*, S. 53 ff.

zum einen den Unternehmensgegenstand als solchen sowie zum anderen Art, Umfang, Zeit und Ort der Erbringung der Arbeitsleistung bestimmen.[100] Dazu gehört auch die Festlegung, ob Arbeitsplätze durch Einstellungen geschaffen oder beispielsweise mittels betriebsbedingter Kündigungen abgebaut werden, sowie die Frage nach dem „Ob" und dem „Wie" der Arbeitgeber auf einen aktuellen Beschäftigungsbedarf reagieren möchte. Hierunter fällt insbesondere die freie Entscheidung, mit welcher Anzahl an Arbeitnehmern auf welchen Arbeitsplätzen er das gestiegene Arbeitsvolumen abdeckt[101] oder ob er vielmehr keine Veränderungen vornimmt und auf zusätzlichen Umsatz und ggf. Gewinn verzichten möchte.

Den Gerichten ist eine Überprüfung der unternehmerischen Organisationsfreiheit nur in engen Grenzen möglich. Sie muss sich an den kollidierenden Grundrechtspositionen messen. Sowohl der Arbeitgeber als auch der Arbeitnehmer wird durch die Berufsfreiheit geschützt. Insbesondere die Privatautonomie des Arbeitgebers und die soziale Schutzbedürftigkeit des Arbeitnehmers geraten häufig in Konflikt miteinander. Die unternehmerische Entscheidung darf grundsätzlich nicht im Sinne einer Zweckmäßigkeitskontrolle überprüft werden,[102] sondern beschränkt sich auf eine reine Missbrauchskontrolle. Ausnahmen gibt es vor allem im Bereich der betriebsbedingten Kündigung, so etwa, wenn sich die Organisationsentscheidung des Arbeitgebers nahezu deckungsgleich mit dem daraus folgenden Kündigungsvorhaben zeigt. Dann können von dem Arbeitgeber weitere Angaben zu seiner Entscheidung verlangt werden, um eine missbräuchliche Umgehung des Kündigungsschutzes zu verhindern.[103] Auch im Rahmen der Teilzeitarbeit findet eine Überprüfung der unternehmerischen Entscheidung dahingehend statt, ob für sie arbeitsplatzbezogene Sachgründe vorliegen.[104] Das scheint auf den ersten Blick weitergehender zu sein als die Überprüfung nach reiner Willkür und sich einer Zweckmäßigkeitsprüfung anzunähern.[105]

---

100 BAG v. 15.08.2006 – 9 AZR 8/06, NZA 2007, 255, Rn. 35.

101 BAG v. 13.02.2007 – 9 AZR 575/05, NZA 2007, 807, Rn. 26.

102 BAG v. 20.02.1986 – 2 AZR 212/85, juris-Rn. 27.

103 BAG v. 17.06.1999 – 2 AZR 522/98, Rn. 14; BAG v. 17.06.1999 – 2 AZR 141/99, Rn. 13 ff.

104 BAG v. 15.08.2006 – 9 AZR 8/06, NZA 2007, 255, Rn. 36; BAG v. 13.02.2007 – 9 AZR 575/05, Rn. 26; BAG v. 01.06.2011 – 7 ABR 117/09, NZA 2011, 1435, Rn. 30.

105 *Hamann*, FS Düwell, S. 138; *Mühlhausen*, NZA 2007, 1264, 1265; *Schmidt*, RdA 2008, 41, 44; a.A.: *Schmalenberg*, AP TzBfG § 9 Nr. 1 unter II.2; siehe auch unten Teil 2, V. 1.

b) Neuschaffung von Arbeitsplätzen

Der Anwendungsbereich des § 9 TzBfG ist immer dann eröffnet, wenn der Arbeitgeber neue Arbeitsplätze einrichtet. Auf deren stundenmäßigen Umfang kommt es nicht an. Aufgrund seiner unternehmerischen Organisationsfreiheit ist der Arbeitgeber nicht verpflichtet, andere als die von ihm angedachten Arbeitsplätze zu schaffen.[106] Ebenso wenig muss er zu diesem Zweck Arbeitsplätze umgestalten oder auf die Wünsche der Arbeitnehmer zuschneiden.[107]

aa) Erhöhung der Arbeitszeit anderer teilzeitbeschäftigter Arbeitnehmer

Der Arbeitgeber kann zunächst frei entscheiden, die Arbeitszeit von bereits in Teilzeit beschäftigten Arbeitnehmern zu erhöhen. Hier entsteht nicht die für § 9 TzBfG charakteristische Konkurrenzsituation zu externen Bewerbern, sodass der Anwendungsbereich der Norm nicht eröffnet ist. Der Arbeitgeber kann frei entscheiden, welchen Arbeitnehmern er eine Vertragsänderung anbietet,[108] solange er dabei den allgemeinen Gleichbehandlungsgrundsatz beachtet und Diskriminierungen, insbesondere nach dem AGG, vermeidet. § 315 BGB findet in diesem Rahmen keine Anwendung[109], weil es nicht um die Ausübung des Weisungsrechts nach § 106 GewO, sondern um eine Änderung des Arbeitsvertrags geht.

bb) Einsatz freier Mitarbeiter

Ebenfalls von der unternehmerischen Freiheit umfasst ist die Entscheidung des Arbeitgebers, einen Arbeitskräftebedarf zukünftig durch freie Mitarbeiter zu decken.[110] Freie Mitarbeiter unterliegen mangels persönlicher Abhängigkeit nicht dem arbeitsrechtlichen Weisungsrecht des Vertragspartners und sind daher keine Arbeitnehmer.[111] Durch § 9 TzBfG kann ein Arbeitgeber nicht

---

106 *Preis/Gotthardt*, DB 2000, 2065, 2068; *Rolfs*, RdA 2001, 129, 140.

107 BAG v. 25.10.1994 – 3 AZR 987/93, juris-Rn. 23, 25; BAG v. 15.08.2006 – 9 AZR 8/06, NZA 2007, 255, Rn. 25 ff.; LAG Nürnberg v. 22.09.2017 – 8 TaBV 9/17, Rn. 54.

108 BAG v. 13.02.2007 – 9 AZR 575/05, Rn. 29; BAG v. 17.10.2017 – 9 AZR 192/17, Rn. 30, 33; LAG Düsseldorf v. 27.10.2016 – 13 Sa 460/16, Rn. 42; BT-Drs. 19/3452, S. 17.

109 BAG v. 13.02.2007 – 9 AZR 575/05, Rn. 29; BAG v. 17.10.2017 – 9 AZR 192/17, Rn. 36; NK-GA/*Michels/Kortmann*, TzBfG, § 9 Rn. 3; HK-TzBfG/*Boecken*, § 9 Rn. 16; MHH, § 9 Rn. 19.

110 LAG Köln v. 19.05.2011 – 13 Sa 1567/10, Rn. 32; LAG Bremen v. 11.03.2010 – 3 TaBV 24/09, Rn. 84, 85.

111 BAG v. 21.11.2017 – 9 AZR 117/17, NZA 2018, 448, Rn. 23 ff; Schüren/*Hamann*, AÜG, § 1 Rn. 53.

gezwungen werden, in dieser Eigenschaft mit all ihren (sozial)versicherungs- und arbeitsrechtlichen Konsequenzen zu verbleiben, wenn er das Verhältnis zu seinen Mitarbeitern in Zukunft auf eine werk- oder dienstvertragliche Basis als freie Mitarbeiter stellen möchte. Ein solcher Eingriff verstieße gegen die negative Berufsfreiheit des Arbeitgebers, denn Art. 12 GG schützt auch diesen darin, einen Beruf aufzugeben oder von einer Erwerbstätigkeit abzusehen. Insbesondere können Arbeitgeber nicht gegen ihren Willen verpflichtet werden, Unternehmerrisiken im Interesse der Arbeitnehmer dauerhaft zu übernehmen.[112]

cc) Neuschaffung durch Überstundenabbau

§ 9 TzBfG gibt keinen Anspruch auf die Umwandlung von dauerhaft anfallenden Überstunden in eine verlängerte Arbeitszeit.[113] Die Norm soll nicht Überstunden verfestigen, sondern Teilzeit fördern. Insofern ist zwar das Argument, das TzBfG diene nicht der Verfestigung von Überstunden, bedeutungslos, wenn sich diese schon zeitlich fest etabliert haben. Einen praktischen Unterschied zur Schaffung einer neuen Teilzeitstelle gibt es insoweit, als dass der Arbeitgeber die Anordnung von Überstunden für die Zukunft stets einseitig ändern kann, die vertraglich vereinbarte Arbeitszeit hingegen nicht. Dem Arbeitgeber soll diese Dispositionsfreiheit durch § 9 TzBfG nicht genommen werden.

c) Neubesetzung eines unbesetzten Arbeitsplatzes

Dem Arbeitgeber steht es frei, einen Arbeitsplatz nicht wieder zu besetzen. Dies folgt aus seiner unternehmerischen Organisationsfreiheit. Entschließt er sich jedoch zur Neubesetzung eines unbesetzten Arbeitsplatzes, ist der Anwendungsbereich des § 9 TzBfG eröffnet.

aa) Unbesetzter Arbeitsplatz

Das Gesetz führt dabei den Begriff des unbesetzten Arbeitsplatzes nicht aus. Ein solcher liegt immer dann vor, wenn im Zeitpunkt der Anzeige des Verlängerungswunsches oder zu einem späteren Zeitpunkt, zu dem die Anzeige des Arbeitnehmers noch gültig ist, auf Dauer tatsächlich keine Arbeitsleistung

---

112 *Hergenröder*, ZfA 2002, 355, 359.

113 BAG v. 18.07.2017 – 9 AZR 259/16, NZA 2017, 1401, Rn. 20; KDZ/*Zwanziger*, KSchR, TzBfG, § 9 Rn. 12; BeckOK ArbR/*Bayreuther*, TzBfG, § 9 Rn. 4; Arnold/Gräfl/*Vossen*, TzBfG, § 9 Rn. 21; *Boewer*, § 9 Rn. 18; HK-TzBfG/*Boecken*, § 9 Rn. 14; Küttner/*Poeche*, Personalbuch 2021 Teilzeitbeschäftigung, Rn. 59; a.A. *Schlegel*, AiB 2011, 465.

erbracht werden würde, würde der Arbeitgeber den Arbeitsplatz nicht einem Arbeitnehmer zuteilen. Entscheidendes Abgrenzungskriterium ist also die nach dem Willen des Arbeitgebers dauerhaft angestrebte Besetzung des Arbeitsplatzes, weil dieser mit einem entsprechend andauernden Arbeitsanfall rechnet.

bb) Befristet zu besetzender Arbeitsplatz

Fraglich ist in diesem Kontext, ob befristet zu besetzende Arbeitsplätze freie Arbeitsplätze sind. Befristete Arbeitsverträge kann der Arbeitgeber zum einen nach § 14 Abs. 1 TzBfG bei Vorliegen eines Sachgrundes vornehmen. Das Gesetz nennt hierzu acht Regelbeispiele, die unterschiedliche Auswirkungen auf das Vorliegen eines freien Arbeitsplatzes haben können. Zum anderen erlaubt § 14 Abs. 2, Abs. 2a, Abs. 3 TzBfG eine sachgrundlose Befristung, wenn die jeweiligen Voraussetzungen erfüllt sind. Dies macht eine Differenzierung nach dem Grund der Befristung notwendig.

(1) Insbesondere: Vertretungsbefristung

Der Bedarf an einer nach § 14 Abs. 1 S. 1, 2 Nr. 3 TzBfG zulässigen Vertretungsbefristung kann sich für den Arbeitgeber beispielsweise dann ergeben, wenn ein Arbeitnehmer wegen Krankheit, Zeiten des Mutterschutzes, Eltern- oder Pflegezeit ausfällt. Hierzu zählen auch Freistellungen von Betriebsratsmitgliedern nach § 37 Abs. 2 BetrVG und solche aufgrund von individualvertraglichen Vereinbarungen.

Gemeinsam ist den Vertretungsfällen, dass der Stammarbeitnehmer vorübergehend von seiner Pflicht zur Erbringung der Arbeitsleistung befreit ist, weil entweder die beiderseitigen Hauptleistungspflichten aus dem Arbeitsverhältnis suspendiert sind[114] oder der Arbeitnehmer für die Zeit der Freistellung einen Anspruch auf Arbeitsbefreiung unter Fortzahlung des Arbeitsentgelts hat[115]. Im Krankheitsfall kann der Arbeitnehmer seine Arbeitsleistung wegen persönlicher Verhinderung nicht erbringen. Das Arbeitsverhältnis wird in allen genannten Situationen in seinem Bestand nicht berührt. Nach Ablauf des Vertretungsgrundes hat der Arbeitnehmer einen Anspruch auf Wiedereinstellung zu den vorherigen Bedingungen, allerdings nicht immer in dem Sinne, dass er verlangen kann, wieder an genau „seinen" alten Arbeitsplatz zurückzukehren.[116]

---

114 BeckOK ArbR/*Dahm*, MuSchG, § 3 Rn. 7; ErfK/*Gallner*, BEEG, § 15 Rn. 25; BeckOK ArbR/*Joussen*, PflegeZG, § 3 Rn. 11.

115 *Fitting*, BetrVG, § 37 Rn. 93; Richardi/*Thüsing*, § 37 Rn. 27.

116 *Buchner/Becker*, BEEG, Vor §§ 15 – 21 Rn. 44.

Nichtsdestotrotz handelt es sich nur um einen vorübergehenden Arbeitskräftebedarf, weil der Arbeitsplatz nicht dauerhaft frei[117], sondern nur „temporär unbesetzt“ ist[118]. Folglich kann kein Raum für einen Anspruch auf unbefristete Verlängerung der Arbeitszeit gegeben sein.

(2) Andere Befristungsgründe

Bei den weiteren Befristungsgründen und der sachgrundlosen Befristung wird der Arbeitsplatz spätestens mit Auslaufen der Befristung frei.[119] Hier besteht gerade kein Rückkehranspruch eines anderen Arbeitnehmers. Der vormals befristet beschäftigte Arbeitnehmer ist bei unbefristeter Besetzung der Stelle als externer Bewerber anzusehen, sodass die § 9 TzBfG zugrunde liegende Konkurrenzsituation entsteht.[120] Anders kann sich die Situation lediglich bei der Erprobungsbefristung nach § 14 S. 1, 2 Nr. 5 TzBfG darstellen. Hier besteht die Möglichkeit, dass der Arbeitgeber schon eine Zusage auf eine unbefristete Übernahme für den Fall gemacht hat, dass sich der Arbeitnehmer in der Erprobungszeit bewährt. Dann ist der Arbeitsplatz auch nach Ablauf der Befristung ausnahmsweise nicht frei.[121]

d) Freies Arbeitszeitvolumen

Unklar ist, ob der Arbeitgeber auch verpflichtet sein könnte, dem Arbeitnehmer freies Arbeitszeitvolumen anzubieten, wenn dieses nach seinem Willen keinen eigenständigen Arbeitsplatz bildet.

aa) Auslegung des § 9 TzBfG

Ob freies Arbeitszeitvolumen erfasst ist, ist anhand einer Auslegung des § 9 TzBfG zu ermitteln.

Nach dem eindeutigen Normwortlaut („Arbeitsplatz“) ist der Arbeitgeber nicht verpflichtet, verlängerungsinteressierten Teilzeitbeschäftigten ein freies

---

117 LAG Schleswig-Holstein v. 26.08.2008 – 5 TaBV 18/08, Rn. 60; LAG Hessen v. 31.01.2017 – 13 Sa 573/16, Rn. 43; ErfK/*Preis*, TzBfG, § 9 Rn. 5a; MüKoBGB/*Müller-Glöge*, TzBfG, § 9 Rn. 6.

118 LAG Schleswig-Holstein v. 26.08.2008 – 5 TaBV 18/08, Rn. 60.

119 LAG Berlin v. 02.12.2003 – 3 Sa 1041/03, Rn. 56; MHdB ArbR/*Schüren*, § 50 Rn. 109; Laux/Schlachter/*Laux*, § 9 Rn. 27; *Düwell/Pakirnus* in: jurisPK-Familie und Beruf, Kap. 7.6 Rn. 21; Annuß/Thüsing/*Jacobs*, TzBfG, § 9 Rn. 13.

120 LAG Berlin v. 02.12.2003 – 3 Sa 1041/03, Rn. 56.

121 MHdB ArbR/*Schüren*, § 50 Rn. 109; Laux/Schlachter/*Laux*, § 9 Rn. 27.

Arbeitszeitvolumen anzubieten, auch wenn dies durch die Normüberschrift („Verlängerung der Arbeitszeit“) suggeriert wird.[122]

Gleichwohl wird in Teilen der Literatur davon ausgegangen, dass diesem Ergebnis Sinn und Zweck eines Verlängerungsanspruchs entgegenstünde, weil es bei diesem in der Sache um die Verteilung freien Arbeitsvolumens und nicht eines Arbeitsplatzes iSv. § 2 Abs. 4 ArbStättV geht.[123] Diese Sichtweise wird durch § 5 Abs. 3 lit. b) der von den europäischen Sozialpartnern geschlossene Rahmenvereinbarung über Teilzeitarbeit gestützt.[124] Arbeitgeber sollten demgemäß nach Möglichkeit Anträge von Teilzeitbeschäftigten auf Wechsel in ein Vollzeitarbeitsverhältnis oder auf Erhöhung ihrer Arbeitszeit berücksichtigen. Anders als bei § 5 Abs. 3 lit. a) und c) der Teilzeit-RV kommt es dabei gerade nicht darauf an, dass das Arbeitsverhältnis bzw. der Arbeitsplatz bereits im Betrieb zur Verfügung stehen. Es geht also vordergründig um freies Arbeitsvolumen. § 9 TzBfG dient der Umsetzung dieser Vorschrift und könnte daher richtlinienkonform auszulegen sein. Allerdings enthält § 5 Abs. 3 lit. b) der Teilzeit-RV nach überwiegender Meinung nur einen unverbindlichen Appell, hingegen keine Umsetzungsverpflichtung für die Mitgliedstaaten.[125] Anders könnte dies vor dem Hintergrund gesehen werden, dass der EuGH in der Rs. *Michaeler* für § 5 Abs. 1 lit. a) der Teilzeit-RV eine Umsetzungsverpflichtung der Mitgliedsaaten ausgeurteilt hat, obwohl auch hier der Wortlaut für eine unverbindliche Vorgabe spricht.[126] Es ist aber weder dort noch bei § 5 Abs. 3 lit. b) der Teilzeit-RV ein zwingender Grund erkennbar, von dem eindeutigen Wortlaut der Vorschriften und dem Willen der Vertragsschließenden abzuweichen. Zudem verweist § 5

---

122 Ebenso: *Brügge*, S. 316 f.

123 Stellungnahme der Sachverständigen *Pfarr* in Ausschuss-Drs. 19 (11)149, S. 7; zust. *Preis/Schwarz*, NJW 2018, 3673, 3678.

124 Die Umsetzung erfolgte durch die Richtlinie 97/81/EG des Rates vom 15. Dezember 1997 zu der von UNICE, CEEP und EGB geschlossenen Rahmenvereinigung über Teilzeitarbeit, ABl. v. 20.1.1998, Nr. L 14 S. 9; berichtigt: ABl. v. 30.4.1998, Nr. L 128 S. 71. §§ 1 - 13 TzBfG beruhen auf dieser Richtlinie.

125 EuArbR/*Kietaibl*, RL 97/81/EG § 5 Rn. 2; *Riesenhuber*, EuArbR, § 19 Rn. 34; *Kreimer-de-Fries*, AuR 1997, 314, 316; *Preis/Gotthardt*, DB 2000, 2065, 2066; *Treber*, ZTR 1998, 250, 252; leicht anders: TZA/*Dieball*, 2. Aufl. 2001, RL zur RV über Teilzeitarbeit, Rn. 41: „beschränkten verpflichtenden Charakter“; a.A. *Ulber* in: Europ. Arbeits- und SozialR, § 14 Rn. 92, 99.

126 EuGH v. 24.4.2008 – C-55/07 u. C-56/07 (Michaeler), Rn. 23; krit.: *Franzen*, EuZA 2010, 306, 317; *Runggaldier*, ZESAR 9/08, 394, 399; *Balze*, EAS, Gesamtausgabe, 160. Aktualisierung Febr. 2011, B 3100 Rn. 268, 270.

Abs. 1 lit. a) der Teilzeit-RV, anders als Abs. 3, auf den in § 4 der Teilzeit-RV normierten und als Verpflichtung vorgesehenen Grundsatz der Nichtdiskriminierung und stellt sich so als eine Art Annex dar. Dieser Zusammenhang fehlt bei Abs. 3 lit. b). Daher bleibt es bei einer nur unverbindlichen Empfehlung ohne Umsetzungszwang, die keine richtlinienkonforme Interpretation verlangt.

Als Ergebnis ist festzuhalten, dass aufgrund des eindeutigen Wortlauts und diesem nicht zwingend entgegenstehender systematischer und teleologischer Erwägungen allein das Vorhandensein freien Arbeitszeitvolumens den Anspruch aus § 9 TzBfG nicht auszulösen vermag.

bb) Einfluss der Fürsorgepflicht des Arbeitgebers nach § 242 BGB

W. Hinrichs[127] gelangt trotz Verneinung eines freien Arbeitsplatzes zu einer verpflichtenden Zuteilung freien Arbeitszeitvolumens, indem er mit Verweis auf § 5 Abs. 3 der Teilzeit-RV einen solchen Anspruch aus der allgemeinen Fürsorgepflicht des Arbeitgebers ableitet. Dieser weitergehende Verlängerungsanspruch bestehe immer dann, wenn es dem Arbeitgeber ohne größere Schwierigkeiten möglich sei, das Arbeitszeitvolumen des Arbeitnehmers zu erhöhen, und der Arbeitnehmer gewichtige und verständliche Gründe vorweisen könne. Der Arbeitgeber müsse dann ggf. auch umorganisieren. Dieser Weg erscheint reichlich kompliziert und unbestimmt, sodass er gegenüber der hier gewählten weiten Auslegung des § 9 TzBfG nicht überzeugt.

e) Leiharbeitnehmer

Problematisch kann das Verhältnis des Anspruchs nach § 9 TzBfG zum Einsatz von Leiharbeitnehmern sein. Dabei ist zu unterscheiden zwischen der Arbeitgeberentscheidung, einen Arbeitsbedarf zukünftig mit Leiharbeitnehmern zu decken, und den Auswirkungen eines angezeigten Verlängerungsbergehrens auf einen bereits in dem Unternehmen mit einem Leiharbeitnehmer besetzten Arbeitsplatz.

aa) Zukünftiger Einsatz von Leiharbeitnehmern

Die Entscheidung, künftig Leiharbeitnehmer auf einem freien Arbeitsplatz zu beschäftigen, weist keine Besonderheiten auf. Der externe Leiharbeitnehmer konkurriert nach § 9 TzBfG mit dem Arbeitnehmer, der seinen Verlängerungswunsch angezeigt hat. Anders stellt sich die Sachlage dar, wenn der Arbeitgeber

127 *Hinrichs*, AiB 2001, 65, 72.

nur ein freies Arbeitszeitvolumen zu verteilen hat, das er wegen wirtschaftlicher Unsicherheiten zunächst nur mit Leiharbeitnehmern besetzen möchte.[128] Der Leiharbeitnehmer besetzt dann keinen Stammarbeitsplatz. Somit fehlt es an dem Merkmal der Dauerhaftigkeit der Besetzung nach dem Willen des Arbeitgebers. Anders als nach § 1 Abs. 1 S. 4, Abs. 1b S. 1 AÜG ist die Dauerhaftigkeit der Besetzung arbeitsplatzbezogen zu beurteilen, um zu verhindern, dass der Arbeitgeber den Verlängerungsanspruch des § 9 TzBfG umgehen kann.

bb) Bereits beschäftigte Leiharbeitnehmer

Fraglich ist, ob auch im Zeitpunkt der Anzeige des Verlängerungswunsches bereits mit Leiharbeitnehmern besetzte Arbeitsplätze „freie Arbeitsplätze" sein können. Das AÜG ermöglicht es, einen Arbeitsplatz dauerhaft mit Leiharbeitnehmern zu besetzen, wenn diese vor dem Überschreiten der Überlassungshöchstdauer ausgewechselt werden. Ob im Rahmen der Leiharbeit eine nur vorübergehende Überlassung vorliegt, ist nicht arbeitsplatz-, sondern arbeitnehmerbezogen zu beurteilen. Daher kommt es nicht darauf an, ob der Arbeitgeber einen dauerhaften Arbeitsbedarf decken möchte, sondern nur auf die Einsatzdauer des konkreten Leiharbeitnehmers bei demselben Entleiher.[129] Grenzen ergeben sich also nur für den Einsatz des einzelnen Leiharbeitnehmers anhand der starren Überlassungshöchstdauer von 18 Monaten nach § 1 Abs. 1 S. 4, Abs. 1b S. 1 AÜG. Dies ermöglicht es de facto, einen Arbeitsplatz dauerhaft mit (verschiedenen) Leiharbeitnehmern zu besetzen. Dieses Ergebnis steht nicht nur im Widerspruch zu der Wertung des § 9 TzBfG, sondern auch zu dem mit dem AÜG verfolgten Zweck, Leiharbeit „auf ihre Kernfunktion hin zu orientieren" und den „Unternehmen Möglichkeiten zur begrenzten Deckung von Auftragsspitzen und kurzfristigen Personalbedarfen" zu geben. Die Funktion der Arbeitnehmerüberlassung liegt in der „zeitlich begrenzten Deckung eines Arbeitskräftebedarfs".[130] Berücksichtigt man diese gesetzlichen Wertungen, ist ein mit einem Leiharbeitnehmer besetzter Arbeitsplatz daher ein freier Arbeitsplatz.[131] Der Arbeitgeber muss den Überlassungsvertrag zum nächstmöglichen Termin kündigen. Ansonsten macht er sich schadensersatzpflichtig.[132] Der

---

128 *Hamann*, NZA 2010, 1211, 1212.

129 Schüren/*Hamann*, AÜG, § 1 Rn. 321; Thüsing/*Waas*, AÜG, § 1 Rn. 152; *Ulrici*, AÜG, § 1 Rn. 91.

130 BR-Drs. 294/16, S. 1.

131 Laux/Schlachter/*Laux*, § 9 Rn. 27; *Hamann*, FS Düwell, S. 138; *ders.*, NZA 2010, 1211, 1212.

132 *Hamann*, FS Düwell, S. 139.

Arbeitsplatz eines Leiharbeitnehmers wird nicht erst frei, wenn der Überlassungsvertrag planmäßig endet.[133] Dafür spricht vor allem, dass der Vertrag zwischen Verleiher und Entleiher gerade keiner zeitlichen Beschränkung durch eine gesetzliche Mindest- oder Höchstdauer unterliegt.

f) Rechtliche Hindernisse

Basierend auf der von der Rechtsprechung entwickelten Definition des freien Arbeitsplatzes, wie sie vor der Einfügung des § 9 S. 2 TzBfG bestand, können auch rechtliche Hindernisse das Vorliegen eines freien Arbeitsplatzes hindern. Diese Annahme wird vielfach auf die Neufassung der Vorschrift übertragen.

Als rechtliche Hindernisse, die einem Anspruch entgegenstehen können, werden der Weiterbeschäftigungsanspruch im Fall einer betriebsbedingten Kündigung, der Anspruch Auszubildender auf Übernahme in ein Arbeitsverhältnis nach § 78a BetrVG sowie die Zustimmungsverweigerung des Betriebsrats nach § 99 Abs. 1 BetrVG zur Einstellung eines Bewerbers diskutiert. Neben der Einordnung als Hinderungsgrund für das Vorliegen eines freien Arbeitsplatzes[134] kommt es in Betracht, diese Fälle als entgegenstehende betriebliche Gründe zu klassifizieren.[135]

Anders als in den Fällen, in denen Arbeitnehmer nach einem Ruhen ihres Arbeitsverhältnisses einen Rückkehranspruch haben, ist der Arbeitsplatz (bzw. das zum ruhenden Arbeitsverhältnis gehörende Arbeitszeitvolumen) nicht mehr einem bestimmten Arbeitnehmer zugeteilt. Es handelt es sich um einen unbesetzten Arbeitsplatz, weil ohne die Zuweisung an einen „neuen“ Arbeitnehmer dauerhaft keine Arbeitsleistung mehr erbracht werden würde. Kommt hinzu, dass der Arbeitgeber die Organisationsentscheidung getroffen hat, den unbesetzten Arbeitsplatz neu zu besetzen, liegt nach der Definition des § 9 S. 2 TzBfG ein freier zu besetzender Arbeitsplatz vor. Der Arbeitgeber kann bezüglich dieses freien Arbeitsplatzes aber keine Auswahlentscheidung treffen, denn er darf den Arbeitsplatz rechtlich nur mit einem bestimmten Arbeitnehmer besetzen. Dies hindert indes nicht die Annahme eines freien Arbeitsplatzes, weil

---

133 A.A.: *Schüren*, AuR 2001, 321, 322; MHdB ArbR/*Schüren*, § 50 Rn. 108; Annuß/Thüsing/*Jacobs*, TzBfG, § 9 Rn. 13.

134 HK-TzBfG/*Boecken*, § 9 Rn. 17; *Rudolf*, S. 141 ff.

135 LAG München v. 04.05.2006 – 2 Sa 1164/05; *Rolfs*, § 9 Rn. 6; BeckOK ArbR/*Bayreuther*, TzBfG § 9 Rn. 10; ErfK/*Preis*, TzBfG, § 9 Rn. 8; Laux/Schlachter/*Laux*, § 9 Rn. 56; Annuß/Thüsing/*Jacobs*, TzBfG, § 9 Rn. 26; *Pielenz*, Der Personalrat 2016, 36, 39; *Merkel/Steinat*, DB 2018, 3118, 3126.

es nach dem Wortlaut der neu eingefügten Definition nicht auf das rechtliche Dürfen des Arbeitgebers ankommt.[136] Daher ist von einem betrieblichen Hindernis auszugehen.

g) Endgültige, anderweitige Besetzung des Arbeitsplatzes

Trotz des geäußerten Verlängerungswunsches des Arbeitnehmers kann es vorkommen, dass der Arbeitgeber den freien Arbeitsplatz zu Unrecht mit einem anderen Arbeitnehmer besetzt. Welche Folgen dies für den Anspruch des teilzeitbeschäftigten Arbeitnehmers hat, ist unklar.

aa) Unmöglichkeit der Anspruchserfüllung

Besetzt der Arbeitgeber den freien Arbeitsplatz mit einem anderen als dem anspruchsberechtigten Arbeitnehmer, könnte dessen Primäranspruch untergehen. Dies ist Konsequenz der Sichtweise, dass Rechtsfolge des § 9 TzBfG nur die Übertragung des durch das Angebot des Arbeitnehmers konkretisierten Arbeitsplatzes, nicht aber eines Arbeitszeitvolumens an sich oder eines anderen Arbeitsplatzes sein kann. Ist der konkretisierte Arbeitsplatz endgültig anderweitig vergeben, ist er nicht mehr „frei" und es tritt Unmöglichkeit ein.[137] Das gilt unabhängig davon, ob der Arbeitgeber den Anspruch bewusst vereitelt hat.[138] Dem Arbeitnehmer stehen dann ggf. Schadensersatzansprüche zu, wenn er nachweisen kann, dass der Arbeitgeber das zur Unmöglichkeit führende Verhalten zu vertreten hat und ihm gegenüber anderen Bewerbern der Vorzug gebührt hätte. Dieser Nachweis wird nicht immer einfach zu führen sein. Auf diese Weise wird dem Arbeitgeber keine Pflicht zur Schaffung eines neuen freien Arbeitsplatzes durch die Hintertüre auferlegt, da die vertragliche Bindung zu dem Drittarbeitnehmer nicht ohne Weiteres auflösbar sein wird. Den Interessen des übergangenen Arbeitnehmers wird durch den Anspruch auf Schadensersatz ausreichend Rechnung getragen.[139] Dieser kann jedoch nicht auf Naturalrestitution gerichtet sein, damit er in seiner Rechtsfolge nicht über § 9 TzBfG hinausgeht.[140]

---

136 Anders noch *Rudolf*, S. 141 zur vorherigen Fassung des § 9 TzBfG.

137 BAG v. 16.09.2008 – 9 AZR 781/07, Rn. 43; BAG v. 18.07.2017 – 9 AZR 259/16, Rn. 18 m.w.N.; LAG Hamm v. 10.12.2015 – 18 Sa 1307/15, Rn. 36; LAG Köln v. 12.08.2015 – 11 Sa 115/15, Rn. 19; a.A. LAG Hamm v. 25.02.2014 – 14 Sa 1174/13, Rn. 42 ff; Laux/Schlachter/*Laux*, § 9 Rn. 91.

138 Krit. *Kamppeter*, DB 2017, 2998.

139 LAG Hamm v. 10.12.2015 – 18 Sa 1307/15, Rn. 36.

140 LAG Hamm v. 10.12.2015 – 18 Sa 1307/15, Rn. 39.

Auch unternehmerische Organisationsentscheidungen des Arbeitgebers können dazu führen, dass der Arbeitnehmer mangels Vorliegens eines freien Arbeitsplatzes seinen Anspruch aus § 9 TzBfG nicht realisieren kann, obwohl es an sich freies Arbeitszeitvolumen durch den Arbeitgeber zu verteilen gäbe. Dies kann etwa dann geschehen, wenn der Arbeitgeber beschließt, neue Teilzeitarbeitsplätze ohne höhere Arbeitszeit einzurichten, statt vorhandene Teilzeitarbeitsplätze verlängerungswilliger Arbeitnehmer aufzustocken oder ausschließlich Teilzeitstellen mit einem ganz bestimmten Stundenmaß zur Verfügung zu stellen. Unternehmerische Entscheidungen des Arbeitgebers bergen so die Gefahr, dass Ansprüche aus § 9 TzBfG vollkommen gegenstandlos werden, wenn sie die Existenz entsprechender freier Arbeitsplätze unmöglich werden lassen. Hierin liegt ein enormes Missbrauchs- und Umgehungspotenzial, das in deutlichem Widerspruch zu der nach § 22 TzBfG geltenden Unabdingbarkeit des Verlängerungsanspruchs steht.

Der Arbeitgeber kann sein betriebliches Organisationskonzept trotz des Anspruchs aus § 9 TzBfG frei gestalten. Es ist grundsätzlich ihm überlassen, ob er freie Arbeitsplätze schaffen möchte, die im Umfang dem Wunsch des Arbeitnehmers entsprechen. Erst wenn das vorgegebene betriebliche Organisationskonzept Ansprüche nach § 9 TzBfG vollständig verhindern würde, müssen der Entscheidung des Arbeitgebers dann arbeitsplatzbezogene Sachgründe zu Grunde liegen. Deshalb kann er nicht ohne Weiteres in dem gesamten Betrieb ausschließlich Teilzeitstellen zur Verfügung stellen oder weitere Teilzeitstellen ohne höhere Arbeitszeit einrichten, statt die Arbeitszeit verlängerungswilliger Arbeitnehmer aufzustocken.[141]

Das BAG fordert daher, wie soeben geschildert, in Fällen, in denen die Organisationsentscheidung des Arbeitgebers den Anspruch nach § 9 TzBfG leer laufen lässt, arbeitsplatzbezogene Sachgründe für die Entscheidung.[142] Diese beziehen sich auf den zeitlichen Zuschnitt des Arbeitsplatzes und unterscheiden sich hierin von den dringenden betrieblichen Gründen, die ausschließlich die personelle Auswahlentscheidung des Arbeitgebers betreffen und das Vorhandensein eines freien Arbeitsplatzes voraussetzen.[143] In dieser durch das BAG

---

141 BAG v. 15.08.2006 – 9 AZR 8/06, NZA 2007, 255; BAG v. 13.02.2007 – 9 AZR 575/05, NZA 2007, 807.

142 BAG v. 15.08.2006 – 9 AZR 8/06, NZA 2007, 255, Rn. 36; BAG v. 13.02.2007 – 9 AZR 575/05, NZA 2007, 807, Rn. 26; LAG Köln v. 22.03.2013 – 9 Sa 828/12, Rn. 22.

143 BAG v. 15.08.2006 – 9 AZR 8/06, NZA 2007, 255, Rn. 27, 31; BAG v. 08.05.2007 – 9 AZR 874/06, NZA 2007, 1349, Rn. 34; a.A. Laux/Schlachter/*Laux*, § 9 Rn. 30, 65; ausf. *Mühlhausen*, NZA 2007, 1264, 1266 ff.

vorgenommenen Auslegung des Tatbestandsmerkmals der dringenden betrieblichen Gründe liegt zugleich auch die Notwendigkeit begründet, die ungeschriebene Voraussetzung der arbeitsplatzbezogenen Sachgründe zu erfinden, um unbillige Konstellationen zu korrigieren. Das so gefundene Ergebnis ist zweifelsohne richtig. Die unternehmerische Entscheidung kann und darf nicht zu einem Leerlaufen des Anspruchs nach § 9 TzBfG führen, insbesondere weil sie nur sehr eingeschränkt der gerichtlichen Kontrolle unterliegt. Dennoch liegt ein argumentativer Widerspruch vor. Die Begrenzung der betrieblichen Gründe wurde unter anderem mit der Freiheit der unternehmerischen Organisationsentscheidung begründet. Der Arbeitgeber soll keines Rechtfertigungszwangs hinsichtlich des zeitlichen Zuschnitts seiner Arbeitsplätze unterliegen. Genau dieser Überprüfungsmaßstab wird dann aber durch das Erfordernis der arbeitsplatzbezogenen Sachgründe ausgelöst.[144] Somit spricht auch viel für ein alternatives Verständnis der dringenden betrieblichen Gründe, ähnlich wie es auch bei § 8 TzBfG zu finden ist.

Alternativ ist auch eine Lösung über § 162 BGB analog, § 242 BGB denkbar, um rechtsmissbräuchlichem Verhalten des Arbeitgebers zu begegnen.

bb) Wiedereinstellungs- bzw. Wiederherstellungsanspruch

Gegen eine Übertragung der Voraussetzungen des Wiedereinstellungsanspruchs bei der betriebsbedingten Kündigung[145] und auch gegen einen Anspruch auf Erhöhung der Arbeitszeit durch einen Wiederherstellungsanspruch entsprechend der für die Konkurrentenklage im öffentlichen Dienst entwickelten Grundsätze[146] spricht, dass beide Ansätze nicht mit § 9 TzBfG vergleichbare Situationen betreffen. Im Rahmen der betriebsbedingten Kündigung hat der Arbeitgeber eine Prognoseentscheidung über den zukünftigen Beschäftigungsbedarf anzustellen. Die damit einhergehenden Unsicherheiten rechtfertigen das Korrektiv durch den Wiedereinstellungsanspruch, sollte sich die Prognose ex post als falsch herausstellen. Während die Konkurrentenklage im öffentlichen Dienst verfassungsrechtlich durch Art. 33 Abs. 2, 19 Abs. 4 GG garantiert ist, fehlt ein solches Schutzkonzept für Arbeitnehmer in der Privatwirtschaft. Private Arbeitgeber müssen als Ausfluss ihrer durch Art. 12 GG geschützten

---

144 Dazu krit.: *Hamann*, FS Düwell, S. 137; *Schmalenberg*, FS Bauer, S. 948 f.; *Mühlhausen*, NZA 2007, 1264, 1267; *Schmidt*, RdA 2008, 41, 43.

145 So MHH, § 9 Rn. 35.

146 LAG Thüringen v. 26.01.2012 – 6 Sa 393/10, Rn. 35; dagegen BAG v. 18.07.2017 – 9 AZR 259/16, Rn. 28 ff. (mit Argumenten im Einzelnen).

Vertragsabschlussfreiheit gerade keine bestimmten Verfahrensschritte und Fristen beachten, um sicherzustellen, dass der Arbeitnehmer die Durchsetzung seines Rechts auf bevorzugte Berücksichtigung nach § 9 TzBfG bewerkstelligen kann, bevor der freie Arbeitsplatz endgültig anderweitig besetzt ist. Eine andere Frage ist, ob dem Arbeitgeber dennoch ausnahmsweise nach dem Rechtsgedanken des § 162 BGB die Berufung auf die bewusst rechtswidrige anderweitige Besetzung des Arbeitsplatzes verwehrt ist. Dies ist eine Frage der Umgehung des § 9 TzBfG.

cc) Fortbestehen des Anspruchs

Denkbar ist auch, dass der Erfüllungsanspruch fortbesteht[147] und der Arbeitgeber in der Folge zwei Arbeitnehmer zu den gleichen Bedingungen beschäftigen muss. Im eigenen Interesse wird der Arbeitgeber dann versuchen, den zu Unrecht eingestellten Arbeitnehmer anderweitig zu beschäftigen oder aus dem Arbeitsverhältnis zu entlassen. In Betracht kommen eine Versetzung, eine (Änderungs-)Kündigung oder der Abschluss eines Aufhebungsvertrags.

dd) Anspruch auf Freikündigung

Eine weitere Möglichkeit, die anderweitige Besetzung des Arbeitsplatzes zu Gunsten des übergangenen Arbeitnehmers zu korrigieren, ist es, diesem einen Anspruch auf Freikündigung einzuräumen.[148] Dies ist zumindest solange tatsächlich umsetzbar, wie für den neu eingestellten Arbeitnehmer (noch) kein Kündigungsschutz besteht, beispielsweise weil die sechsmonatige Frist des § 1 Abs. 1 KSchG nicht verstrichen ist oder es sich um einen Kleinbetrieb handelt, § 23 Abs. 1 KSchG. So entstünde wieder ein freier Arbeitsplatz, der erneut besetzt werden könnte.

Allerdings müssten dabei auch wieder neue Bewerber berücksichtigt werden, sodass das Auswahlverfahren nach § 9 TzBfG erneut durchlaufen werden müsste und der übergangene Arbeitnehmer durch die Freikündigung keineswegs eine gesicherte Rechtsposition erhalten würde. Auch der Schadensersatz kann wegen der vorliegenden Neubesetzung nicht auf Besetzung der konkreten Stelle gerichtet sein.[149]

---

147 *Düwell/Pakirnus* in: jurisPK-Familie und Beruf, Kap. 7.6 Rn. 46; einschränkend: Arnold/Gräfl/*Vossen*, TzBfG, § 9 Rn. 44, der für die Vergangenheit einen Schadensersatzanspruch, nach Freiwerden des Arbeitsplatzes einen Erfüllungsanspruch annimmt.

148 *Ihlenfeld/Kles*, Rn. 55; a.A.: Arnold/Gräfl/*Vossen*, TzBfG, § 9 Rn. 44; Laux/Schlachter/*Laux*, § 9 Rn. 88.

149 *Gotthardt*, NZA 2001, 1183, 1189.

Des Weiteren würde diese Lösung zu Lasten des Drittarbeitnehmers gehen, der aber auch durch Art. 12 GG vor einem sachlich ungerechtfertigten Verlust seines Arbeitsplatzes geschützt ist. Weniger einschneidend für den Drittarbeitnehmer wäre die Verpflichtung des Arbeitgebers, eine Versetzung anzuordnen oder das Angebot auf Abschluss eines Aufhebungsvertrags zu unterbreiten. Letzteres könnte sich in der Praxis als reine Formalität erweisen, da kaum ein Arbeitnehmer freiwillig ausscheiden würde bzw. nur unter für den Arbeitgeber unzumutbaren Bedingungen (wie einer hohen Abfindungssumme).

ee) Ergebnis

Besetzt der Arbeitgeber den freien Arbeitsplatz mit einem anderen Arbeitnehmer, führt dies zur Unmöglichkeit der Erfüllung des Anspruchs nach § 9 TzBfG. Auch der Sonderfall der treuwidrigen Vereitelung der Besetzung des freien Arbeitsplatzes mit dem anspruchsberechtigten Arbeitnehmer verlangt keine andere Beurteilung, da dem Arbeitnehmer dann immerhin Schadensersatzansprüche zustehen.

4. Vorliegen eines entsprechenden Arbeitsplatzes

Das Adjektiv „entsprechend" könnte sich nach dem Wortlaut des § 9 TzBfG sowohl auf den angezeigten Verlängerungswunsch des Arbeitnehmers als auch auf andere, in der Norm nicht benannte Merkmale beziehen. Dass der freie Arbeitsplatz mit dem Wunsch des Arbeitnehmers übereinstimmen muss, ist im Grundsatz unstreitig. Offen bleibt aber, welcher Grad an Übereinstimmung erreicht werden muss. Darüber hinaus steht im Raum, dass der begehrte freie Arbeitsplatz mit dem vorherigen Arbeitsplatz des Arbeitnehmers vergleichbar sein muss[150] bzw. der Arbeitnehmer die für den freien Arbeitsplatz nötige Eignung aufweisen muss.

a) Bezugspunkt: Verlängerungswunsch des Arbeitnehmers

Das Ziel der Flexibilisierung des Arbeitsverhältnisses in zeitlicher Hinsicht macht nur Sinn, wenn der Arbeitnehmer auf den Umfang der Veränderung im Vorfeld der Vertragsänderung Einfluss nehmen kann. Deshalb muss der freie

---

150 BAG v. 08.05.2007 – 9 AZR 874/06, NZA 2007, 1349, Rn. 20; *Sievers*, § 9 Rn. 14 ff.; MHH, § 9 Rn. 20; HK-TzBfG/*Boecken*, § 9 Rn. 19; *Pauly/Osnabrügge*, Teilzeitarbeit, § 16 Rn. 22; a.A. TZA/*Buschmann*, TzBfG, § 9 Rn. 19; Laux/Schlachter/*Laux*, § 9 Rn. 34; in der Tendenz ebenfalls: *Hamann*, FS Düwell, S. 140.

Arbeitsplatz zu dem von dem Arbeitnehmer geäußerten Verlängerungswunsch passen. Die entscheidende Frage ist, ob sich beide Arbeitsplätze in ihrem Umfang exakt entsprechen müssen oder ob nicht auch eine Übereinstimmung anhand einer Gesamtbetrachtung mehrerer Arbeitsplätze ausreichen könnte.

Überwiegend wird darauf abgestellt, dass der zeitliche Umfang des zu besetzenden Arbeitsplatzes exakt mit dem zeitlichen Zuschnitt des angezeigten Verlängerungswunsches übereinstimmen muss.[151] Hieraus folgt, dass der Arbeitgeber nicht verpflichtet ist, Arbeitsplätze an die Wünsche des teilzeitbeschäftigten Arbeitnehmers anzupassen.[152] Bei auch nur minimal höherem oder niedrigerem Stundenvolumen des freien Arbeitsplatzes besteht daher nach herrschender Meinung der Anspruch nach § 9 TzBfG nicht.[153] Möchte bspw. ein Arbeitnehmer, der 20 Stunden in der Woche beschäftigt ist, seine wöchentliche Arbeitszeit auf 30 Stunden erhöhen, bräuchte es nach herrschender Auffassung einen freien Arbeitsplatz mit 30 Stunden.

Diese Sichtweise ist indes nicht zwingend. Alternativ könnte eine Zusammenschau von bisherigem und freiem zu besetzendem Arbeitsplatz zu einer Übereinstimmung mit dem angezeigten Wunsch des Arbeitnehmers führen. Denn dieser wird sinngemäß darauf gerichtet sein, lediglich im Ergebnis ein bestimmtes Stundenvolumen zu erreichen, während der genaue Weg dorthin nur eine untergeordnete Rolle spielen dürfte. Der tatsächliche Anwendungsbereich des § 9 TzBfG könnte dadurch deutlich erweitert werden, weil der Arbeitnehmer nicht auf einen einzigen freien Arbeitsplatz warten muss, sondern sein angestrebtes Stundenvolumen auf andere, flexiblere Weise kombinieren kann. In dem eben genannten Beispiel würde es also ausreichen, wenn ein Arbeitslatz mit 10 Stunden in der Woche frei werden würde. In der Summe wären dann 30 Wochenstunden erreicht.

Für den Arbeitgeber würden sich im Vergleich zum jetzigen Verständnis keine Nachteile ergeben, wenn man den Einwand der entgegenstehenden dringenden betrieblichen Gründe nach § 9 S. 1 Nr. 4 TzBfG auch für den zeitlichen Zuschnitt der Arbeitsplätze gelten lassen würde und nicht nur hinsichtlich der personellen Auswahlentscheidung für einschlägig hielte.[154] Der Arbeitgeber

---

151 BAG v. 08.05.2007 – 9 AZR 874/06, NZA 2007, 1349, Rn. 30; HK-TzBfG/*Boecken*, § 9 Rn. 18; MHH, § 9 Rn. 20; BeckOK ArbR/*Bayreuther*, TzBfG, § 9 Rn. 7; Annuß/Thüsing/*Jacobs*, TzBfG, § 9 Rn. 15; HK-ArbR/*Ahrendt*, TzBfG, § 9 Rn. 8.

152 BAG v. 08.05.2007 – 9 AZR 874/06, NZA 2007, 1349, Rn. 31.

153 *Bayreuther*, NZA 2018, 566, 567; *Merkel/Steinat*, DB 2018, 3118, 3125.

154 TZA/*Buschmann*, TzBfG § 9 Rn. 26; Laux/Schlachter/*Laux*, § 9 Rn. 51, 54; a.A. BAG v. 08.05.2007 – 9 AZR 874/06, NZA 2007, 1349, Rn. 34.

könnte dann etwa erfolgreich einwenden, dass aus organisatorischen Gründen beide Arbeitsplätze jeweils die gleichzeitige Anwesenheit eines Mitarbeiters etwa am Vormittag erfordern.

b) Tätigkeitsbezogene Vergleichbarkeit

Neben der vollständigen Übereinstimmung mit dem Verlängerungswunsch des Arbeitnehmers muss der freie Arbeitsplatz nach der Rechtsprechung des BAG auch mit der bisherigen Tätigkeit des Arbeitnehmers vergleichbar sein.

aa) Arbeitsplatzbezogene Vergleichbarkeit

Das Erfordernis der Vergleichbarkeit begründete das BAG grundlegend erst in seiner Entscheidung vom 16.09.2008.[155] Zwar äußere sich die Gesetzesbegründung, so das BAG, weder zu einer tätigkeits- und arbeitsvertragsbezogenen Vergleichbarkeit noch zur Gleichwertigkeit der Arbeitsplätze. Der Gesetzeswortlaut spreche aber für diese Erfordernisse. Die Voraussetzung des entsprechenden Arbeitsplatzes stehe gleichrangig neben dem Erfordernis der gleichen Eignung. Könne der Arbeitgeber dem änderungswilligen Arbeitnehmer den gewünschten Arbeitsplatz im Wege des Direktionsrecht nach § 106 S. 1 GewO zuweisen, liege ein hinreichender Anhaltspunkt für die Vergleichbarkeit der beiden Arbeitsplätze vor. Dabei wird in diesem Zusammenhang zur Bestimmung einer gleichwertigen Tätigkeit auch auf die Kriterien des § 1 Abs. 3 KSchG zurückgegriffen.[156]

Ein entsprechender Arbeitsplatz liegt in Anlehnung an § 2 Abs. 1 S. 3 TzBfG immer dann vor, wenn die jeweils arbeitsvertraglich geschuldete Tätigkeit gleich oder zumindest ähnlich ist sowie die gleichen Anforderungen an die Eignung der Arbeitnehmer gestellt werden. Hierbei ist allein die arbeitsplatzbezogene Vergleichbarkeit entscheidend; sonstige arbeitsvertragliche Inhalte bleiben außer Betracht. Insbesondere geht es nicht darum, ob der Arbeitnehmer die für den Arbeitsplatz erforderliche Eignung tatsächlich aufweist.

Dieses Ergebnis stützt das BAG zum einen auf den Wortlaut des § 9 TzBfG, der von einem entsprechenden Arbeitsplatz, nicht aber von einem entsprechenden Arbeitsvertrag spreche. Auch ein Vergleich mit § 7 Abs. 3 TzBfG, der den identischen Wortlaut aufweist, bestätige diese Auslegung. Der Arbeitgeber müsse danach nur über solche Arbeitsplätze informieren, für die der Arbeitnehmer auf

155 BAG v. 16.09.2008 – 9 AZR 781/07, Rn. 22 f.

156 LAG Rheinland-Pfalz v. 23.05.2017 – 8 Sa 483/16, Rn. 59; LAG Hessen v. 16.01.2015 – 14 Sa 522/14, Rn. 37; BeckOK ArbR/*Bayreuther*, TzBfG, § 9 Rn. 5.

Grund seiner Eignung und Wünsche in Frage kommt.[157] Da § 7 Abs. 3 TzBfG auch der Vorbereitung und Verwirklichung eines Anspruchs nach § 9 TzBfG diene, seien beide Normen identisch zu verstehen. Im Zusammenhang mit § 8 TzBfG bezwecke § 9 TzBfG die Flexibilisierung der individuellen Arbeitszeit innerhalb eines ansonsten unverändert fortbestehenden Arbeitsverhältnisses[158], weswegen ausschließlich Umfang und gegebenenfalls Verteilung der Arbeitszeit verändert werden. Die Vergütung werde lediglich nach dem pro-rata-temporis Grundsatz angepasst, nicht aber durch eine Änderung des Arbeitsvertrags herbeigeführt.[159] Zudem stehe der Inhalt des Arbeitsvertrages erst mit Vertragsschluss endgültig fest und könne daher nicht ausschlaggebend für die zeitlich vorgelagerte Informationspflicht nach § 7 Abs. 3 TzBfG sowie die bevorzugte Berücksichtigung nach § 9 TzBfG sein.[160]

Darüber hinaus steht als weiterer Bezugspunkt der bisherige Arbeitsplatz im Raum. Der angestrebte Arbeitsplatz müsse eine inhaltliche Vergleichbarkeit zu dem bisherigen Arbeitsplatz aufweisen, die im Regelfall vorliege, wenn der zu besetzende Arbeitsplatz dem vertraglich vereinbarten Tätigkeitsbereich und der dafür notwendigen Eignung und Qualifikation entspricht. Hinreichender Anhaltspunkt hierfür sei die Möglichkeit, den Arbeitnehmer durch Ausübung des Weisungsrechts nach § 106 GewO auf den neuen Arbeitsplatz versetzen zu können.[161] In der Folge könne der Arbeitnehmer über den Anspruch nach § 9 TzBfG keine berufliche Beförderung realisieren.[162]

Grammatisch überschreitet dieses Verständnis nicht die Grenzen des üblichen Wortsinns. Nichtsdestotrotz ist es keineswegs zwingend. Weder Gesetz noch Gesetzesmaterialien erwähnen eine solche Vergleichbarkeit mit dem bisherigen Arbeitsplatz. Der Gesetzgeber verwendet aber in §§ 2 Abs. 1, 4 Abs. 1 TzBfG explizit das Wort „vergleichbar“. Im Umkehrschluss weist dies darauf hin,

---

157 Beschlussempfehlung und Bericht des Ausschusses für Arbeit und Sozialordnung, BT-Drs. 14/4625, S. 20.

158 So bereits: BAG v. 15.08.2006 – 9 AZR 8/06, NZA 2007, 255, Rn. 19.

159 BAG v. 08.05.2007 – 9 AZR 874/06, NZA 2007, 1349, Rn. 26 f.

160 BAG v. 08.05.2007 – 9 AZR 874/06, NZA 2007, 1349, Rn. 28.

161 BAG v. 08.05.2007 – 9 AZR 874/06, NZA 2007, 1349, Rn. 20, 23; BAG v. 16.09.2008 – 9 AZR 781/07, NZA 2008, 1285, Rn. 21, 23.

162 Zust.: ErfK/*Preis*, TzBfG, § 9 Rn. 6; BeckOK ArbR/*Bayreuther*, TzBfG, § 9 Rn. 5; *Sievers*, § 9 Rn. 16 ff.; MHH, § 9 Rn. 20; HK-TzBfG/*Boecken*, § 9 Rn. 19; *Pauly/Osnabrügge*, Teilzeitarbeit, § 16 Rn. 22; im Ergebnis auch: *Boewer*, § 9 Rn. 29; a.A. TZA/*Buschmann*, TzBfG, § 9 Rn. 19; Laux/Schlachter/*Laux*, § 9 Rn. 34; *Hamann*, FS Düwell, S. 140.

dass er sich der unterschiedlichen Bedeutung durchaus bewusst war. Zudem wird in der Ausschussbegründung für den Begriff des „entsprechenden Arbeitsplatzes“ in § 7 Abs. 3 TzBfG klargestellt, dass der Arbeitgeber nur über solche Arbeitsplätze informieren müsse, für die der Arbeitnehmer aufgrund seiner Eignung und seiner Wünsche in Frage käme. Das bedeutet jedoch nicht, dass es sich um gleichartige Tätigkeiten handeln muss.[163]

Einen tragenden Grund, dies bei § 9 TzBfG anders zu sehen, gibt es nicht. Zwar ist es richtig, dass Sinn und Zweck des Verlängerungsanspruchs nicht ein beruflicher Auf- oder Umstieg des Arbeitnehmers ist und erst recht keine Möglichkeit zur Beförderung durch die „Hintertüre“ geschaffen werden sollte. Dennoch ist nicht erkennbar, warum die Verlängerung der Arbeitszeit nicht auch in einem anderen Tätigkeitsbereich oder einer anderen Hierarchiestufe stattfinden kann, wenn der Arbeitnehmer aufgrund seiner Eignung gesichert auch dort in der Lage ist, qualitativ die geschuldete Arbeitsleitung zu erbringen. Der berufliche Wechsel ist dabei nicht Sinn und Zweck des Verlängerungsanspruchs, sondern mittelbare Folge der geschuldeten Arbeitszeitverlängerung.

Der entsprechende Arbeitsplatz muss daher kein mit dem bisherigen Arbeitsplatz vergleichbarer Arbeitsplatz sein, sondern lediglich für den Arbeitnehmer aufgrund seiner Eignung und Wünsche in Betracht kommen.[164]

bb) Ausnahme: Selbstbindung des Arbeitgebers

Durch das von der Rechtsprechung aufgestellte Erfordernis der arbeitsplatzbezogenen Vergleichbarkeit entfällt für den Arbeitnehmer die Möglichkeit, einen beruflichen Auf- oder Umstieg mittels eines Anspruchs nach § 9 TzBfG zu realisieren.[165] Eine Ausnahme erkennt die Rechtsprechung nur bei einer Selbstbindung des Arbeitgebers an.[166] Diese liege immer dann vor, wenn das betriebliche

---

163 ErfK/*Preis*, TzBfG, § 7 Rn. 7; TZA/*Buschmann*, TzBfG § 7 Rn. 22; MüKoBGB/*Müller-Glöge*, TzBfG § 7 Rn. 9; AR/*Moskalew*, TzBfG, § 7 Rn. 18; HWK/*Schmalenberg*, TzBfG § 7 Rn. 11; a.A. *Boewer*, TzBfG, § 7 Rn. 36 f.; *Sievers*, § 7 Rn. 24; MHH/*Heyn*, § 7 Rn. 23.

164 Ebenso: Laux/Schlachter/*Laux*, § 9 Rn. 35; *Ihlenfeld/Kles*, Rn. 46; TZA/Buschmann, TzBfG, § 9 Rn. 19; im Ansatz wohl auch: Annuß/Thüsing/*Jacobs*, TzBfG, § 9 Rn. 16, der aber dennoch eine Beförderungsmöglichkeit unter dem Gesichtspunkt der Eignung ablehnt sowie *Boewer*, TzBfG, § 9 Rn. 26, der eine Beförderungsmöglichkeit wegen Sinn und Zweck des Verlängerungsanspruchs ablehnt.

165 Gegen einen Anspruch auf Zuweisung einer höherwertigeren Tätigkeit schon: LAG Berlin v. 02.12.2003 – 3 Sa 1041/03, Rn. 51. Hierzu krit. *Pielenz*, AuR 2004, 469.

166 BAG v. 16.09.2008 – 9 AZR 781/07, Rn. 25 ff; gegen eine solche Ausnahme: *Worzalla*, SAE 2009, 257, 259.

Organisationskonzept des Arbeitgebers Teilzeitarbeit ausschließlich auf einer niedrigeren Hierarchieebene als der bisher durch den Arbeitnehmer eingenommenen zulasse. Die Grenze zwischen den Hierarchieebenen würde dann für den Fall einer späteren Arbeitszeitverlängerung durchlässig werden, sodass der Arbeitnehmer auch höherwertige Arbeitsplätze in seinem vorherigen Arbeitsbereich beanspruchen könne. Dies setze aber zwingend die zuvor dargelegte und ggf. bewiesene sowie noch andauernde persönliche und fachliche Eignung des Arbeitnehmers voraus.

Die Ausnahme ist auf den Gesetzeszweck der §§ 1, 6 und 9 TzBfG zurückzuführen. Arbeitnehmer sollen nicht aus der Befürchtung heraus, ihrem beruflichen Fortkommen zu schaden, von der Aufnahme einer Teilzeitbeschäftigung abgehalten werden. Lässt sich der Arbeitnehmer aufgrund der vorgegebenen Personalorganisation auf eine Verringerung seiner Arbeitszeit in einer niedrigeren Hierarchieebene ein, bliebe ihm nur die Chance, durch freiwillige Vereinbarung zu seiner vormals höherwertigeren Funktion zurückzukehren. Dies widerspricht der gesetzgeberischen Intention der Flexibilisierung der individuellen Arbeitszeit.

Ob hingegen auch ausnahmsweise ein Anspruch auf Berücksichtigung in einer niedrigeren Hierarchiestufe bestehen kann, hatte die Rechtsprechung noch nicht zu entscheiden.[167] Dagegen könnte sprechen, dass weniger qualifizierte Bewerber so ins Hintertreffen geraten könnten. Jedoch bestimmt der Arbeitgeber das Anforderungsprofil für den freien Arbeitsplatz in der niedrigeren Hierarchiestufe. Die Frage nach der gleichen Eignung hat sich dabei nur an diesem Profil zu orientieren, sodass höher qualifizierten Arbeitnehmern nicht all ihre zusätzlichen Fähigkeiten bei der konkreten Stelle weiterhelfen werden. Damit muss es nicht gleichsam automatisch zu einer steten Verdrängung nach unten kommen.

c) Kritische Überprüfung der Ansicht der herrschenden Meinung

Ob das enge Verständnis in Rechtsprechung und Literatur tragfähig ist, soll im Folgenden anhand der Auslegung des Tatbestandsmerkmals „Vorliegen eines entsprechenden Arbeitsplatzes“ hinterfragt werden.

---

167 Ausdrücklich offen gelassen von: LAG Berlin v. 02.12.2003 – 3 Sa 1041/03, Rn. 51.

aa) Grammatische Auslegung

Nach dem Gesetzeswortlaut bleibt offen, welchen Anknüpfungspunkt der Gesetzgeber für den entsprechenden Arbeitsplatz vorsehen wollte. Wie bereits dargelegt, kommt sowohl eine Entsprechung mit dem angezeigten Verlängerungswunsch als auch mit dem bisherigen Tätigkeitsfeld des Arbeitnehmers in Betracht.

(1) Arbeitnehmerwunsch

Das Merkmal des entsprechenden Arbeitsplatzes bezieht sich unzweifelhaft auf den Wunsch des Arbeitnehmers und erfordert eine Übereinstimmung mit diesem. Hierbei bleibt jedoch offen, welcher Grad an Übereinstimmung erreicht werden muss. Der neue Arbeitsplatz könnte einerseits für sich alleine genommen exakt dem Arbeitnehmerwunsch entsprechen müssen.[168] Alternativ könnte es ausreichend sein, wenn er im Ergebnis zusammen mit dem alten Arbeitsplatz gemeinsam zu einer Übereinstimmung mit dem angezeigten Wunsch des Arbeitnehmers führt. Dann müsste der alte „plus" der neue Arbeitsplatz in der Summe dem Wunsch des Arbeitnehmers entsprechen.

(2) Arbeitsplatz

Denkbar wäre zudem, dass sich das Entsprechen noch auf weitere, nicht genannte Komponenten bezieht, die mangels expliziter Nennung mittels einer Auslegung der Norm zu erforschen sind. In diesem Zusammenhang könnte man unter dem Adjektiv „entsprechend" einen vergleichbaren, betreffenden, einschlägigen, passenden oder infrage kommenden Arbeitsplatz verstehen. Unterschiede können sich bei alleiniger Betrachtung des Wortsinns insofern ergeben, als ein vergleichbarer Arbeitsplatz engere Voraussetzungen aufweisen würde als ein passender oder infrage kommender Arbeitsplatz. Denn Bezugspunkt eines vergleichbaren Arbeitsplatzes kann denklogisch nur der alte Arbeitsplatz des Arbeitnehmers sein, während bei einem passenden oder in Frage kommenden Arbeitsplatz die Eignung des Arbeitnehmers den sprachlichen Bezugspunkt bilden würde. Der Wortlaut deckt beide Alternativen gleichermaßen ab. Es bleibt daher offen, ob es sich um einen vergleichbaren oder infrage kommenden Arbeitsplatz handelt und welcher Maßstab anzusetzen ist.

Anderer Ansicht ist insofern *Laux*, die den Wortlaut ausschließlich dahingehend versteht, dass auf die bisherigen Grenzen der arbeitsvertraglichen

168 BAG v. 08.05.2007 – 9 AZR 874/06, NZA 2007, 1349, Rn. 30 ff.

Vereinbarung keine Rücksicht zu nehmen ist.[169] Man kann dem Gesetzgeber zwar eine ungenaue Gesetzesformulierung vorwerfen. Eine Auslegung als vergleichbarer Arbeitsplatz geht jedoch, wie aufgezeigt, nicht über den üblichen Wortsinn hinaus, auch wenn sie keineswegs zwingend ist.[170] Gegen einen Bezug zu der Eignung des Arbeitnehmers spricht aber eindeutig das Vorhandensein des Ausschlussgrundes in § 9 Nr. 2 TzBfG, nach der eine mindestens gleiche Eignung mit anderen Bewerbern vorliegen muss.

bb) Systematische Auslegung

Neben § 9 TzBfG stellt auch § 7 Abs. 3 TzBfG das Erfordernis des entsprechenden Arbeitsplatzes auf. § 7 Abs. 3 TzBfG entspricht im Wesentlichen seiner Vorgängerregelung des Art. 1 § 3 BeschFG 1985. Bereits dort gingen die Meinungen zu dem Verständnis des entsprechenden Arbeitsplatzes auseinander.[171] Während einerseits wie bei § 9 TzBfG eine arbeitsplatzbezogene Vergleichbarkeit gefordert wurde[172], stellten andere darauf ab, dass der Arbeitsplatz zwar aufgrund der Eignung und der Arbeitszeitwünsche des Arbeitnehmers in Betracht kommen müsste. Dies bedeutete aber keineswegs, dass es sich um eine gleichartige Tätigkeit handeln müsste.[173] *Rudolf* zweifelte in diesem Zusammenhang sogar an einer Vergleichbarkeit beider Normen.[174] Der Schluss des BAG, dass aufgrund der vorbereitenden Funktion des § 7 TzBfG beide Normen identisch zu verstehen sind, ist nicht zwingend und wird, wie bereits am Merkmal der Anzeige beschrieben, auch von der Rechtsprechung nicht konsequent für die gesamte Vorschrift eingehalten.[175] Zudem weist § 9 TzBfG zusätzlich noch die Voraussetzung der mindestens gleichen Eignung des Arbeitnehmers auf und geht damit über die Voraussetzungen des § 7 TzBfG hinaus. Hierin könnte der entscheidende

---

169 Ebenso: TZA/*Buschmann*, TzBfG § 9 Rn. 19, *Worzalla*, Teilzeitarbeit und befristete Arbeitsverträge, B § 9 TzBfG Rn. 4.

170 Ebenso: *Hamann*, FS Düwell, S. 139 f.

171 Siehe exemplarisch: GK-TZA Lipke/*Mikosch*, Art. 1 § 3 BeschFG Rn. 14 („nach bisheriger Tätigkeit und Verlängerungswunsch in Betracht kommende, aber nicht gleichartige Tätigkeit"); *Rosenfelder*, Art. 1 BeschFG § 3, S. 51 („geeignete Arbeitsplätze").

172 *Boewer*, § 7 Rn. 36 f.; *Sievers*, § 7 Rn. 24; MHH, § 7 Rn. 23.

173 ErfK/*Preis*, TzBfG § 7 Rn. 7; TZA/*Buschmann*, TzBfG § 7 Rn. 22; MüKoBGB/*Müller-Glöge*, TzBfG § 7 Rn. 7; AR/*Moskalew*, TzBfG, § 7 Rn. 18; HWK/*Schmalenberg*, TzBfG § 7 Rn. 11.

174 *Rudolf*, S. 89.

175 Siehe oben: Teil 2, I.2.

Unterschied zwischen den beiden Vorschriften liegen, was dazu führen könnte, dass das Entsprechens-Erfordernis nicht einheitlich auszulegen ist.

Der Gesetzgeber verwendet zudem in §§ 2 Abs. 1 und 4 Abs. 1 TzBfG explizit das Wort „vergleichbar". Im Umkehrschluss weist dies darauf hin, dass er sich einer unterschiedlichen Bedeutung der beiden Begriffe durchaus bewusst war und bei § 9 TzBfG auf das Erfordernis der Vergleichbarkeit verzichtet hat.[176]

cc) Historische Auslegung

Eingang fand das Merkmal des „entsprechenden" Arbeitsplatzes erstmals in § 7 Abs. 3 TzBfG. Dort dient es auf Anraten des Ausschusses für Arbeit und Sozialordnung der Klarstellung dahingehend, dass der Arbeitgeber nur über solche Arbeitsplätze informieren muss, die für den Arbeitnehmer aufgrund seiner Eignung und Wünsche in Frage kommen.[177] Ob dies auch für § 9 TzBfG gelten soll, bleibt dagegen offen. Eine Vergleichbarkeit der Arbeitsplätze wird dort jedoch nicht erwähnt. Im Gegensatz zu § 7 Abs. 3 TzBfG beinhaltete § 9 TzBfG von Anfang an das Merkmal des entsprechenden Arbeitsplatzes, sodass es sich bei der nachträglichen Einfügung in § 7 Abs. 3 TzBfG um eine Anpassung an § 9 TzBfG handeln könnte. Hiergegen wendet *Rudolf* ein, dass das bloße Abstellen auf die Eignung des Arbeitnehmers das Merkmal der gleichen Eignung überflüssig werden lasse. Es erlange vielmehr erst bei der Auswahl zwischen mehreren Bewerbern Bedeutung. Einen Rückschluss für die Auslegung lasse das Einfügen des Entsprechens-Merkmals daher nicht zu.[178]

Erst im Rahmen des Entwurfs eines Gesetzes zur Weiterentwicklung des Teilzeitrechts äußert sich der Gesetzgeber eingehender. Voraussetzung für einen entsprechenden Arbeitsplatz ist demnach, dass auf diesem die gleiche oder zumindest eine vergleichbare Tätigkeit auszuüben ist. Dies ist der Fall, wenn dieselben Anforderungen an die persönliche und fachliche Eignung des Arbeitnehmers gestellt werden.[179] Der Gesetzgeber versteht unter einem entsprechenden Arbeitsplatz also – zumindest im Nachhinein – einen nach seiner Tätigkeit vergleichbaren Arbeitsplatz und bestätigt somit die Rechtsprechung des BAG aus der Entscheidung vom 08.05.2007. Ob dies auch der Wille des Gesetzgebers bei Schaffung des TzBfG war, lässt sich diesem Umstand nicht entnehmen.

---

176 So im Ergebnis auch: *Ihlenfeld/Kles*, Rn. 46.
177 BT-Drs. 14/4625, S. 20.
178 *Rudolf*, S. 89.
179 BT-Drs. 19/3452, S. 17.

dd) Teleologische Auslegung

Sinn und Zweck des Merkmals des entsprechenden Arbeitsplatzes ist, dass der Arbeitgeber den Arbeitnehmer nicht bei der Besetzung sämtlicher freier Arbeitsplätze berücksichtigen muss, sondern nur bei solchen, die mit dem angezeigten Veränderungswunsch des Arbeitnehmers übereinstimmen. Außerdem muss der Arbeitnehmer eine realistische Chance haben, seine Leistungspflichten erfüllen zu können. Hierfür ist es zumindest nötig, dass er für den avisierten Arbeitsplatz nach seinen fachlichen und persönlichen Fähigkeiten geeignet ist.[180]

Ob darüber hinaus ein noch strengerer Maßstab im Sinne einer Vergleichbarkeit beider Arbeitsplätze anzulegen ist,[181] erscheint unter Berücksichtigung von Sinn und Zweck des Tatbestandsmerkmals zweifelhaft. Entscheidend ist unter anderem, inwiefern mit § 9 TzBfG (auch) ein beruflicher Auf-/Um- oder Abstieg ermöglicht werden soll.[182]

(1) Übertragung des Maßstabes der betriebsbedingten Kündigung

Mit dem Merkmal der Vergleichbarkeit zeichnet das BAG seine zu § 1 Abs. 2 S. 2, Abs. 3 KSchG entwickelte Rechtsprechung[183] nach und überträgt sie auf die Anwendung des § 9 TzBfG.[184] Diese Übertragung geht jedoch in der Sache fehl, weil es an einer Vergleichbarkeit der Interessenlage fehlt. Das KSchG sichert das Bestandsschutzinteresse des Arbeitnehmers an der Aufrechterhaltung seines Arbeitsverhältnisses, indem es unter anderem die Kündigungsfreiheit des Arbeitgebers einschränkt. Die gesetzlichen Vorgaben des § 1 Abs. 2 und Abs. 3 KSchG beeinflussen zu diesem Zweck die Auswahlentscheidung des Arbeitgebers und bewirken damit einen Eingriff in seine Vertragsfreiheit, die sowohl die Freiheit, eine rechtliche Bindung einzugehen, als auch die Freiheit, sich uneingeschränkt von dieser Bindung zu lösen, umfasst. Gerechtfertigt wird der Eingriff

---

180 Für eine weite Auslegung: *Ihlenfeld/Kles*, Rn. 46; KDZ/*Zwanziger*, KSchR, § 9 TzBfG Rn. 4; *Hamann*, FS Düwell, S. 140; *Pielenz*, AuR 2004, 469, 469; *Brügge*, S. 330; *Opitz*, S. 226.

181 Eine restriktive Auslegung befürworten: *Rolfs*, § 9 Rn. 3; *ders.*, RdA 2001, 129, 139; BeckOK ArbR/*Bayreuther*, TzBfG, § 9 Rn. 5; HK-TzBfG/*Boecken*, § 9 Rn. 12, 18 ff.; ErfK/*Preis*, TzBfG, § 9 Rn. 6; NK-GA/*Michels/Kortmann*, TzBfG, § 9 Rn. 3; *Sievers*, § 9 Rn. 16 ff.; MHH, § 9 Rn. 20.

182 Siehe auch unten Teil 2, II. 4. d).

183 BAG v. 07.02.1985 – 2 AZR 91/84, Rn. 42 ff.; BAG v. 29.03.1990 – 2 AZR 369/89, Rn. 62 ff., 70.

184 Ebenso: *Rudolf*, S. 90 ff.; *Caamaño Rojo*, S. 236.

durch das strukturelle Ungleichgewicht zwischen dem wirtschaftlich schwächeren Arbeitnehmer und seinem Vertragspartner.[185]

Auch das TzBfG greift in die Vertragsabschlussfreiheit des Arbeitgebers ein und schränkt seine Auswahlfreiheit bei der Einstellung von Arbeitnehmern ein. § 9 TzBfG bewirkt insoweit einen einseitigen Kontrahierungszwang. Sinn und Zweck der durch das Gesetz mittelbar vorgegebenen Auswahlentscheidung ist dabei nicht der Schutz des Arbeitnehmers vor einem ungerechtfertigten Verlust seines Arbeitsplatzes, sondern die Steigerung der Attraktivität und Förderung von Teilzeitarbeit. Diese unterschiedliche Interessenlage übersieht *Rudolf*, wenn er von einer strukturellen Ähnlichkeit zwischen § 1 Abs. 3 KSchG und § 9 TzBfG ausgeht. Zwar betreffen beide Normen die nähere Ausgestaltung einer Auswahlentscheidung, sie verfolgen dabei jedoch nicht vergleichbare Ziele.[186] Während § 1 Abs. 3 KSchG für die Mehrzahl der Arbeitnehmer auf den Erhalt des status quo abzielt, geht es bei § 9 TzBfG in der Sache darum, dem Arbeitnehmer ein „Mehr" an Möglichkeiten zu eröffnen, indem er seine Arbeitszeit an seine momentane Lebenswirklichkeit anpassen kann. Hierzu kann auch eine Änderung des Arbeitsvertrags anlässlich eines beruflichen Auf- oder Umstiegs zur Zielerreichung in Betracht kommen. Anders als im Falle der betriebsbedingten Kündigung würde dies nicht zu einem „Verdrängungswettbewerb nach unten"[187] zwischen den bereits in einem Arbeitsverhältnis stehenden Arbeitnehmern führen, sondern es wären lediglich externe Bewerber von der bevorzugten Berücksichtigung betroffen. Diese unterfallen aber nicht dem Schutzzweck und der Förderungsabsicht des TzBfG.

Eine Übertragung des Maßstabs aus § 1 Abs. 2, Abs. 3 KSchG ist mithin abzulehnen.

(2) Zusammenhang mit § 7 Abs. 3 TzBfG

Beachtenswert ist auch der Zusammenhang mit § 7 Abs. 3 TzBfG. Nach der Gesetzesbegründung bedeutet der entsprechende Arbeitsplatz, dass dieser aufgrund der Eignung und Wünsche des Arbeitnehmers in Frage kommen muss,

---

185 DDZ/*Deinert*, KSchR, Einl. Rn. 11 f., § 1 KSchG Rn. 1, 3; Linck/Krause/Bayreuther/*Krause*, Einl. Rn. 61, 69, 75, 79; KR/*Rachor*, KSchG § 1 Rn. 15 ff., 34.

186 A.A. *Rudolf*, S. 103, der bei § 1 Abs. 3 KSchG nicht auf den Bestandsschutz, sondern nur auf eine sozial gerechte Auswahl zwischen den zu kündigenden Arbeitnehmern als Regelungsziel abstellt und daher zu einer strukturellen Ähnlichkeit beider Normen gelangt.

187 BAG v. 07.02.1985 – 2 AZR 91/84, Rn. 50.

um die Informationspflicht auszulösen. Dies ist unzweifelhaft weniger als ein vergleichbarer Arbeitsplatz. Der Informationsanspruch dient der Vorbereitung der Ansprüche nach §§ 8, 9 TzBfG. Die Konsequenz wäre, dass der Arbeitgeber über alle „geeigneten" Arbeitsplätze informieren müsste, eine bevorzugte Berücksichtigung könnte der Arbeitnehmer jedoch nur bei den „vergleichbaren" Arbeitsplätzen erreichen. Das ist nicht stimmig und zweckwidrig.

(3) Das Verbot der Diskriminierung von Teilzeitbeschäftigten

Nach *Pielenz*[188] sprechen zudem das allgemeine Diskriminierungsverbot des § 4 Abs. 1 TzBfG und das besondere Diskriminierungsverbot des § 10 TzBfG gegen eine enge Auslegung des entsprechenden Arbeitsplatzes. Teilzeitbeschäftigte Arbeitnehmer müssen ebenso wie Vollzeitkräfte die Chance haben, an der beruflichen Entwicklung teilzunehmen. Diese Möglichkeit zeigt sich unter anderem in der Realisierung eines beruflichen Aufstiegs durch die bevorzugte Berücksichtigung bei Vorliegen der gleichen Eignung.

(4) Flexibilisierung der Arbeitszeit und weitere Zielsetzungen des Gesetzgebers

Laux[189] befürwortet ebenfalls eine möglichst weitgehende Auslegung und bezieht das Entsprechens-Merkmal daher allein auf den Verlängerungswunsch des Arbeitnehmers, da Sinn und Zweck eine möglichst weitreichende Flexibilisierung der Arbeitszeit sei. Letzteres räumt auch das BAG hinsichtlich der Dauer und der Verteilung der Arbeitszeit generell für §§ 8, 9 TzBfG mit der Begründung ein[190], dass ausweislich § 1 TzBfG das Gesetz den Zweck der Förderung von Teilzeitarbeit verfolgt. Die Gesetzesbegründung[191] ergänzt dies um die Zielsetzungen der Beschäftigungssicherung und des Beschäftigungsaufbaus, der Vereinbarkeit von Beruf und Familie sowie der Berücksichtigung der unterschiedlichen Lebensentwürfe der Arbeitnehmer. § 1 TzBfG stellt dabei zwar keine eigenständige Anspruchsgrundlage dar[192], die genannten Zielsetzungen sind jedoch im Rahmen der Auslegung insbesondere im Bereich der unbestimmten Rechtsbegriffe von Bedeutung[193]. Generell ist zu beachten, dass der Wechsel

188 *Pielenz*, AuR 2004, 469, 470.

189 Laux/Schlachter/*Laux*, § 9 Rn. 34; a.A. *Rudolf*, S. 90, der hierin sogar einen Verstoß gegen die Grundsätze einer verfassungskonformen Auslegung sieht.

190 BAG v. 08.05.2007 – 9 AZR 874/06, NZA 2007, 1349, Rn. 26.

191 BT-Drs. 14/4374, S. 17.

192 *Preis/Gotthardt*, DB 2000, 2065, 2066.

193 Arnold/Gräfl/*Rambach*, TzBfG, § 1 Rn. 13.

von einem Vollzeit- in ein Teilzeitarbeitsverhältnis oder umgekehrt erleichtert werden soll.[194] Im Zweifel sind die Normen des TzBfG daher nicht restriktiv zu Lasten des „wechselwilligen" Arbeitnehmers auszulegen, sondern vielmehr so weitgehend, dass dem Gesetzeszweck bestmöglich Rechnung getragen wird, also „teilzeitfreundlich".[195]

Die Frage der Eignung des Arbeitnehmers ordnet *Laux* dem Tatbestandsmerkmal der „mindestens gleichen Eignung" zu[196]. Hiergegen könnte aber sprechen, dass es selbstverständlich erscheint, dass der Arbeitnehmer nur bei solchen Arbeitsplätzen zu berücksichtigen ist, die mit seinem angezeigten Wunsch übereinstimmen. Der eigenständigen Ausgestaltung als Tatbestandsmerkmal hätte es also nicht bedurft. Dennoch dient auf den ersten Blick Selbstverständliches stets auch der Klarstellung und bewirkt oftmals eine Vereinfachung der Rechtsanwendung, insbesondere für den juristisch nicht versierten Rechtsanwender. Entgegen *Rudolf* verstößt diese Sichtweise auch nicht gegen die Grundsätze einer verfassungskonformen Auslegung. Es ist anerkannt, dass der Arbeitgeber als Ausdruck seiner unternehmerischen Entscheidungsfreiheit das Anforderungsprofil für den freien Arbeitsplatz autonom festlegen kann.[197] Im Zusammenhang mit dem Merkmal der „mindestens gleichen Eignung" folgt hieraus, auch ohne dass es sich um einen vergleichbaren Arbeitsplatz handeln muss, dass der Arbeitgeber nicht verpflichtet ist, den freien Arbeitsplatz mit einem ungeeigneten Bewerber zu besetzen. Das gilt auch, wenn es außer diesem betriebsinternen Teilzeitbeschäftigten keine weiteren Interessenten gibt oder diese ebenfalls nicht dem Anforderungsprofil entsprechen.[198]

Worzalla[199] äußert sich dagegen zu einer weiten Auslegung kritisch. § 9 TzBfG gehe bereits über die Teilzeit-RL hinaus und sei im Zusammenhang mit § 8 TzBfG auf eine Flexibilisierung der Arbeitszeit lediglich im gleichen Arbeitsbereich gerichtet. Hiergegen spricht aber, dass es bei § 8 TzBfG zumindest umstritten ist,

---

194 BT-Drs. 19/3452, S. 11, 18.

195 *Ulber* in: Europ. Arbeits- und SozialR, § 14 Rn. 116; *Hinrichs*, AiB 2001, 65, 65; Annuß/Thüsing/*Annuß*, TzBfG § 1 Rn. 1; KDZ/*Zwanziger*, KSchR, TzBfG § 1 Rn. 1; Laux/Schlachter/*Schlachter*, § 1 Rn. 1; TZA/*Buschmann*, TzBfG § 1 Rn. 3.

196 Laux/Schlachter/*Laux*, § 9 Rn. 34, a.A. *Rudolf*, S. 90, 109 f.

197 BAG v. 07.11.1996 – 2 AZR 811/9, Rn. 22; BAG v. 05.10.1995 – 2 AZR 269/95, Rn. 32; BAG v. 10.11.1994 – 2 AZR 242/94, juris-Rn. 21; ErfK/*Preis*, TzBfG, § 9 Rn. 7; Annuß/Thüsing/*Jacobs*, TzBfG § 9 Rn. 16; Laux/Schlachter/*Laux*, § 9 Rn. 37.

198 Anders wohl *Rudolf*, S. 90. Näher zum Einwand der „gleichen Eignung", siehe unten Teil 2, III.

199 *Worzalla*, SAE 2009, 257, 257.

ob die Reduzierung der Arbeitszeit auf dem ursprünglichen Arbeitsplatz realisiert werden muss oder nicht auch ein anderer geeigneter Arbeitsplatz in Frage kommt.[200]

d) Auswirkungen auf einen beruflichen Auf- oder Umstieg

Ohne das enge Erfordernis der arbeitsplatzbezogenen Vergleichbarkeit ergibt sich für den Arbeitnehmer die Möglichkeit, mittels § 9 TzBfG einen beruflichen Auf- oder Umstieg zu realisieren.[201]

Den berechtigten Interessen des Arbeitgebers wird im Fall eines im Raum stehenden Auf- oder Umstiegs durch das Erfordernis der mindestens gleichen Eignung ausreichend Rechnung getragen, da dadurch die Kompetenz des Arbeitnehmers bezüglich der Anforderungen an die Tätigkeit in einer höheren Hierarchieebene sichergestellt ist. Der Unterschied zu der von dem BAG gewählten Lösung liegt zugegebenermaßen darin, dass der Arbeitnehmer dort bereits zuvor bewiesen hat, dass er in der Lage ist, die höherwertigere Tätigkeit auszuüben. Zu diesem Zweck kann der Arbeitgeber jedoch eine Probezeit mit dem Arbeitnehmer vereinbaren. Dem Arbeitgeber bleibt es außerdem unbenommen, die Stelle doch nicht zu besetzen, wenn es keinen geeigneten Bewerber geben sollte. Denn die Anforderungen an die Stelle legt allein der Arbeitgeber fest. Er ist dabei nur durch offensichtliche Unvernunft und Willkür begrenzt.

Etwas schwieriger scheint die Beurteilung eines Wechsels hin zu einer niedrigeren Qualifikationsebene. Zum einen steht im Raum, dass geringer qualifizierte Bewerber verdrängt werden könnten. Dem ist entgegenzuhalten, dass es für die Frage der Eignung ausschließlich auf das Anforderungsprofil des Arbeitgebers ankommen kann und etwaige nicht tätigkeitsrelevante Zusatzqualifikationen daher keine bedeutende Rolle spielen. Ein Wechsel hin zu einer niedrigeren

---

200 Die Entscheidung für oder gegen eine Realisierung des § 8 TzBfG ausschließlich auf dem ursprünglichen Arbeitsplatz ist abhängig von dem Verständnis der entgegenstehenden betrieblichen Gründe. Bestimmt man diese nicht arbeitsplatz-, sondern betriebsbezogen, müssen auch andere (freie) Arbeitsplätze zugeteilt werden und der Arbeitgeber muss ggf. weitergehende organisatorische Maßnahmen zur Ermöglichung der Teilzeitbeschäftigung treffen (z.B. Ringtausch von Arbeitnehmern). Für ein betriebsbezogenes Verständnis: BAG v. 13.11.2012 – 9 AZR 259/11, NZA 2013, 373; Laux/Schlachter/*Laux*, § 8 Rn. 154; HWK/*Schmalenberg*, TzBfG § 8 Rn. 22; HK-TzBfG/*Boecken*, § 8 Rn. 38; *Salomon/Reuße*, NZA 2013, 865, 867; a.A. *Hanau*, NZA 2001, 1168, 1169; MHH, § 8 Rn. 50 f.; Annuß/Thüsing/*Mengel*, TzBfG § 8 Rn. 153.

201 A.A. *Boewer*, § 9 Rn. 28 f., der einen Beförderungsanspruch nach Sinn und Zweck (Verlängerung der Arbeitszeit) des § 9 TzBfG verneint.

Qualifikationsstufe zeigt also Auswirkungen auf die arbeitgeberseitige Auswahlentscheidungen zwischen mehreren Verlängerungsbegehren ebenso wie auf die Bewerbung externer Dritter. Nur bei Letzteren kann es zu einer Verdrängung kommen, da das Korrektiv der mindestens gleichen Eignung nicht eingreift. Sie unterfallen jedoch auch nicht dem privilegierten Schutz des TzBfG, das gerade eine bevorzugte Berücksichtigung bereits beschäftigter Arbeitnehmer gegenüber externen Bewerbern zum Gegenstand hat.

Der Einfluss auf die Auswahlentscheidung des Arbeitgebers wird an folgendem Beispiel deutlich: Arbeitnehmer 1 (Tätigkeitsstufe 1) und Arbeitnehmer 2 (Tätigkeitsstufe 2) bewerben sich auf einen Arbeitsplatz in Stufe 1. Anhand welcher Kriterien muss nun der Arbeitgeber die „mindestens gleiche Eignung" der beiden Arbeitnehmer beurteilen? Die Fähigkeit MS Office hilft etwa bei der Bedienung einer Schleifmaschine nicht weiter und ist daher in Anbetracht des Anforderungsprofils für den freien Arbeitsplatz außen vor zu lassen. Führt dies eventuell sogar zu einer generellen Verneinung der Möglichkeit, einen Verlängerungsanspruch in einer niedrigeren Hierarchieebene zu realisieren? All dies sind Fragen, die richtigerweise erst im Rahmen des Tatbestandsmerkmals der mindestens gleichen Eignung aufzuwerfen sind.[202]

e) Zusammenlegen von Arbeitsplätzen

Andererseits könnte der Arbeitgeber aber verpflichtet werden, den ursprünglichen Arbeitsplatz des anspruchsberechtigten Arbeitnehmers zu erweitern, etwa durch Zusammenlegung mit einem anderen freien Arbeitsplatz. Ein solcher könnte dadurch entstehen, dass ein anderer Arbeitnehmer seine Arbeitszeit nach § 8 TzBfG reduzieren möchte oder der Arbeitgeber einen dauerhaften Mehrbedarf feststellt, den er aber einem zusätzlichen freien Arbeitsplatz zuordnen möchte.

Anders beurteilt sich der Fall, wenn sich der Arbeitgeber für die Berücksichtigung externer Bewerber entscheidet. Dann kommt es darauf an, ob das Zusammenlegen mit einem anderen Teilzeitarbeitsplatz einem freien Arbeitsplatz gleichzusetzen ist.

Der Wortlaut spricht gegen eine Berücksichtigung. Gleichwohl drückt sich der Gesetzgeber unklar aus, wenn er einerseits die Pflicht zur Zusammenlegung von Arbeitsplätzen ausschließt, aber zugleich eröffnet, dass sich der

202 Siehe ausführlich unten Teil 1, III.

Verlängerungswunsch auch auf einen Arbeitsplatz zusätzlich zum bestehenden Arbeitsplatz beziehen kann.[203] Es bleiben systematische und teleologische Erwägungen.

Ziel der Vorschrift ist es, Teilzeitarbeit attraktiver zu gestalten, indem Arbeitnehmer die Gewissheit haben, nicht für immer in Teilzeit verbleiben zu müssen, wenn sich eine geeignete Gelegenheit im Unternehmen zur Arbeitszeitverlängerung ergibt. Dies wird auch bei näherer Betrachtung der zugrundeliegenden Rahmenvereinbarung deutlich. § 5 Abs. 3b der Teilzeit-RV spricht von einem „Wechsel in ein Vollzeitarbeitsverhältnis oder auf Erhöhung der Arbeitszeit". Aus einem Vergleich mit § 5 Abs. 3a Teilzeit-RV ergibt sich, dass dieses gerade nicht im Betrieb zur Verfügung stehen muss. Die Richtlinie verzichtet also auf das Erfordernis eines bereits im Betrieb zur Verfügung stehenden freien Arbeitsplatzes und verwendet ausschließlich den Begriff Arbeitsverhältnis, nicht aber Arbeitsplatz. Auch wenn die Teilzeit-RV nur eine Soll-Vorschrift darstellt, wollte der Gesetzgeber sie doch umsetzten. Zwar ist er dabei über das unionsrechtlich Erforderliche hinausgegangen und kann daher die Anspruchsvoraussetzungen enger fassen, als es die Richtlinie vorschlägt. Dennoch sollte der von der Teilzeit-RL möglichst umfassend gewollte Anwendungsbereich eines Verlängerungsanspruchs nicht außer Acht gelassen werden, sodass auch das Zusammenlegen von Arbeitsplätzen von § 9 TzBfG erfasst wird.[204] Aufgrund des eindeutigen Wortlauts bleibt aber kein Raum für eine Zuteilung freien Arbeitszeitvolumens. Durch den Ablehnungsgrund der entgegenstehenden dringenden betrieblichen Gründe wird der Arbeitgeber weiter mit dem Einwand gehört, beide Arbeitsplätze müssten gleichzeitig besetzt werden. Nur so bleibt für diesen Ablehnungsgrund ein einigermaßen bedeutungsvoller Anwendungsbereich.[205] Konkrete Aussagen darüber, dass der freie Arbeitsplatz alleine exakt dem Verlängerungswunsch entsprechen muss, sind von Seiten des Gesetzgebers nicht vorhanden. Dies kann der freie Arbeitsplatz vielmehr auch zusammen mit dem ursprünglichen Arbeitsplatz. Daher liegt ein entsprechender Arbeitsplatz auch dann vor, wenn dem Verlängerungswunsch des Arbeitnehmers durch ein Zusammenlegen von Arbeitsplätzen entsprochen werden kann.[206]

---

203 BT-Drs. 19/3452, S. 17. Letzteres erwähnt auch *Oberthür*, ArbRB 2018, 239, 241.

204 Noch weitergehender für die Berücksichtigung auch freien Arbeitszeitvolumens: TZA/*Buschmann*, TzBfG § 9 Rn. 2, 22; a.A. *Schmidt*, RdA 2008, 41, 42.

205 KDZ/*Zwanziger*, KSchR, TzBfG, § 9 Rn. 10; Laux/Schlachter/*Laux*, § 9 Rn. 30.

206 ArbG Nürnberg v. 13.05.2005 – 10 Ca 8711/04, Rn. 28, 30; *Schüren*, AuR 2001, 321, 323; *Hanau*, NZA 2001, 1168, 1174; *Clasvorbeck*, AuR 2018, 116, 118; KDZ/*Zwanziger*, KSchR, TzBfG, § 9 Rn. 10; Laux/Schlachter/*Laux*, § 9 Rn. 30; *Sievers*, § 9

Schlussendlich greift auch noch ein praktisches Argument. Verneint man die Pflicht des Arbeitgebers zur Zusammenlegung von Stellen, muss in der Konsequenz immer ein freier Arbeitsplatz vorhanden sein, der exakt dem Verlängerungswunsch des Arbeitnehmers entspricht.[207] Das dürfte in der betrieblichen Praxis nicht allzu häufig vorkommen und bedeutet daher eine „gravierende Einschränkung der Wirksamkeit" des Anspruchs.[208]

Zu einem anderen Ergebnis gelangt man mit dem BAG[209], wenn man das Verhältnis des freien Arbeitsplatzes und der entgegenstehenden dringenden betrieblichen Gründe anders definiert. Eine Bindung des Arbeitgebers besteht nur, soweit es um die personelle Auswahl zwischen mehreren Bewerbern geht. Ausschließlich hierauf bezieht sich auch der Ausschlussgrund der entgegenstehenden dringenden betrieblichen Gründe, die nur auf Umstände gestützt werden können, die mit dem zeitlichen Zuschnitt des Arbeitsplatzes nichts zu tun haben. Dies ergibt ein Vergleich mit § 8 TzBfG. Bei einem Anspruch auf Übernahme eines zusätzlichen Arbeitsplatzes müsste der Arbeitgeber im Rahmen der dringenden betrieblichen Gründe darlegen, weshalb ausschließlich der von ihm gewählte zeitliche Zuschnitt des Arbeitsplatzes richtig ist. Hiergegen führt das BAG wenig überzeugend an, dass § 9 TzBfG als Berücksichtigungsgebot formuliert ist, obwohl die Norm dem Arbeitnehmer einen durchsetzbaren Anspruch verschafft. Des Weiteren weicht die Rechtsprechung den soeben aufgestellten Grundsatz dadurch wieder auf, dass der Arbeitgeber für seine Entscheidung, ausschließlich Teilzeitstellen im Betrieb einrichten zu wollen, der Rechtfertigung durch arbeitsplatzbezogene Sachgründe bedarf. Ein Anhaltspunkt für dieses Erfordernis findet sich im Gesetz nicht. Zudem geht das BAG damit über den allgemeinen Grundsatz hinaus, dass Entscheidungen des Arbeitgebers, die seine unternehmerische Freiheit betreffen, nur einer Kontrolle hinsichtlich Unsachlichkeit, Unvernunft oder Willkür unterliegen.[210] Zugestehen muss man, dass es sich hier um einen besonderen Fall handelt, der zu einem vollständigen Ausschluss des Verlängerungsanspruchs führen würde. So muss der Arbeitgeber

---

Rn. 27; Stellungnahme des Deutschen Gewerkschaftsbundes in Ausschuss-Drs. 19 (11)149, S. 31.

207 *Merkel/Steinat*, DB 2018, 3118, 3125; *Bayreuther*, NZA 2018, 556, 567.

208 *Kocher u.a.*, Recht auf eine selbstbestimmte Erwerbsbiografie, S. 301; zweifelnd auch *Bayreuther*, NZA 2018, 556, 567.

209 BAG v. 15.08.2006 – 9 AZR 8/06, NZA 2007, 255, Rn. 30 ff.; BAG v. 17.10.2017 – 9 AZR 192/17; *Schmalenberg*, FS Bauer, S. 948 ff.

210 *Hamann*, FS Düwell, S. 137; Die Einschränkung deshalb gänzlich ablehnend: *Mühlhausen*, NZA 2007, 1264, 1267.

nur das betriebliche Teilzeit-Konzept in seiner Gesamtheit, nicht aber bei jedem freien Arbeitsvolumen den zeitlichen Zuschnitt der einzelnen für den Verlängerungswunsch des Arbeitnehmers in Frage kommenden Stelle rechtfertigen. Diese Einschränkung seiner unternehmerischen Freiheit ist dem Arbeitgeber vor dem Hintergrund des Gesetzeszwecks aber zuzumuten und nicht zwingend weitreichender als die Rechtfertigung des gesamten betrieblichen Organisationskonzepts, wie es durch eine Überprüfung anhand arbeitsplatzbezogener Sachgründe vorgenommen wird.

f) Zusammenfassung

Ein entsprechender Arbeitsplatz liegt vor, wenn der neue Arbeitsplatz von seinem zeitlichen Umfang her vollständig mit dem angezeigten Wunsch des Arbeitnehmers korrespondiert. Entgegen der Rechtsprechung kann das Erfordernis des Entsprechens auch durch eine Kombination mehrerer freier Arbeitsplätze miteinander oder mit dem alten Arbeitsplatz erfüllt werden.

Eine Vergleichbarkeit der Arbeitsplätze nach den tätigkeitsbezogenen Inhalten des Arbeitsvertrags ist nicht erforderlich. Damit kann der Arbeitnehmer einen Arbeitsplatz sowohl in einer höheren als auch einer niedrigeren Qualifikationsebene beanspruchen.

Die Frage nach der für die neue Tätigkeit notwendigen Eignung ist im Rahmen des Tatbestandsmerkmals der „mindestens gleichen Eignung" nach § 9 S. 1 Hs. 2 Nr. 2 TzBfG zu diskutieren.[211] Nichtsdestotrotz muss der Arbeitnehmer aber unstreitig geeignet sein.[212] Durch die sprachliche Neufassung des § 9 TzBfG ist der Arbeitgeber unabhängig von der Einordnung als negatives Tatbestandsmerkmal oder Einwand des Arbeitgebers für das Nichtvorliegen der Eignung darlegungs- und beweisbelastet.[213]

---

211 Siehe auch: Laux/Schlachter/*Laux*, § 9 Rn. 34 (u.U. aber widersprüchlich dazu in Rn. 35 – Wunsch und Eignung); KDZ/*Zwanziger*, KSchR, TzBfG, § 9 Rn. 4; TZA/*Buschmann*, § 9 Rn. 19, § 7 Rn. 22; a.A. *Ihlenfeld/Kles*, Rn. 46; *Hamann*, FS Düwell, S. 140; *Rudolf*, S. 109.

212 *Ihlenfeld/Kles*, Rn. 46; *Hamann*, FS Düwell, S. 140.

213 *Boecken/Hackenbroich*, DB 2018, 956, 959; *Benkert*, NJW-Spezial 2018, 306, 307; *Düwell*, jurisPR-ArbR 26/2018 Anm. 1; *Löwisch*, BB 2018, 3061, 3062; *Preis/Schwarz*, NJW 2018, 3673, 3678; *Talkenberg*, PuR Sonderheft 2019, 21, 24.

III. Fehlende mindestens gleiche Eignung, § 9 S. 1 Nr. 2 TzBfG

Der Arbeitnehmer kann nur solche Arbeitsplätze sinnvoll besetzen, für die er „geeignet“ ist, d.h. für die er nach seiner Ausbildung und Qualifikation in Frage kommt und auf denen er die geschuldete Arbeitsleitung auch tatsächlich erbringen kann. Zusätzlich muss er mindestens so geeignet sein wie ein anderer von dem Arbeitgeber bevorzugter Bewerber („mindestens gleich“). Da der unbestimmte Rechtsbegriff der mindestens gleichen Eignung im TzBfG selbst nicht definiert ist, ist er nach allgemeinen Grundsätzen zu beurteilen.

1. Kriterien für die Eignung des Arbeitnehmers

Die Frage nach der Eignung des Arbeitnehmers ist implizite Voraussetzung der mindestens gleichen Eignung. Grundlage für die Feststellung der Eignung ist zunächst das Anforderungsprofil des zu besetzenden Arbeitsplatzes, das der Arbeitgeber aufgrund seiner unternehmerischen Organisationsfreiheit autonom festlegen kann.[214] Grenzen sind ihm dabei nur hinsichtlich einer rechtsmissbräuchlichen Umgehung des § 9 TzBfG gesetzt. Er muss sich bei der Festlegung des Anforderungsprofils von sachlichen Erwägungen, die aber weit zu fassen sind, leiten lassen. Da die Anforderungen mithin einen sachlichen Bezug zu der Tätigkeit aufweisen müssen,[215] sind Willkür und das Zuschneiden der Stellenbeschreibung auf einen vom Arbeitgeber bevorzugten Bewerber ausgeschlossen.

Die Kriterien des Art. 33 Abs. 2 GG können zur näheren Bestimmung des Rechtsbegriffs nicht herangezogen werden, weil dieser tatbestandlich schon nicht einschlägig ist. Eine Erhöhung der Arbeitszeit, die nicht mit einem beruflichen Umstieg verbunden ist, stellt keinen Zugang zu einem öffentlichen Amt dar. Es handelt sich vielmehr nur um eine Modifikation der Beschäftigungsbedingungen.[216] Deshalb ist Art. 33 GG für den öffentlichen Arbeitgeber und erst recht auch für den privaten Arbeitgeber nicht anwendbar. Aber auch in Konstellationen, in denen der Anwendungsbereich des Art. 33 GG eröffnet sein sollte, sprechen die systematischen Unterschiede gegen eine Übertragung. Auswahlentscheidungen privater Arbeitgeber können mangels Anwendbarkeit des

---

214 LAG Berlin v. 02.12.2003 – 3 Sa 1041/03; *Lakies*, DZWIR 2000, 1, 6.

215 BAG v. 13.02.2007 – 9 AZR 575/05, Rn. 26; LAG Schleswig-Holstein v. 19.09.2011 – 3 Sa 71/11, juris-Rn. 20; Laux/Schlachter/*Laux*, § 9 Rn. 37; *Hamann*, FS Düwell, S. 145; *Gallner*, AE 04/2009, 307, 316.

216 BAG v. 17.10.2017 – 9 AZR 192/17, Rn. 23; zust.: HK-TzBfG/*Boecken*, § 9 Rn. 24.

Art. 19 Abs. 4 GG nicht umfassend kontrolliert werden. Ihre unternehmerische Entscheidungsfreiheit ist weitreichender und kann nicht durch die staatlichen Arbeitsgerichte ersetzt werden, da diese weder für die wirtschaftlichen noch rechtlichen Folgen der Auswahlentscheidung einstehen.[217]

Ein innerbetriebliches Instrument zur Kodifizierung der Eignungskriterien stellen für die Arbeitgeber Stellenbeschreibungen und betriebliche Auswahlrichtlinien nach § 95 BetrVG oder § 76 Abs. 2 Nr. 8 BPersVG dar. Für die Feststellung der gleichen Eignung können auf diesem Weg etwa Verfahrensregeln aufgestellt oder die anzuwendenden Auswahlkriterien präzisiert werden.[218]

Eine gleiche Eignung liegt immer dann vor, wenn der Teilzeitbeschäftigte im Vergleich zum Mitbewerber über insgesamt (mindestens) dieselben persönlichen und fachlichen Fähigkeiten, theoretischen und praktischen Kenntnisse, Erfahrungen und Fertigkeiten verfügt und im bisherigen Berufsleben dieselben Leistungen erbracht hat.[219] Für die Bestimmung der Eignung des Arbeitnehmers ist zwischen der fachlichen und persönlichen Eignung zu unterscheiden.

a) Fachliche Eignung

Fachliche Eignung des Arbeitnehmers bedeutet dabei eine objektive Eignung nach Ausbildung und Qualifikation für den angestrebten Arbeitsplatz.[220] Hierzu zählen u.a. Abschlüsse, abgelegte Prüfungen, bisheriger beruflicher Werdegang und Erfahrungswissen.[221]

b) Persönliche Eignung

Die persönliche Eignung beurteilt demgegenüber subjektive Eigenschaften des Teilzeitbeschäftigten wie Zuverlässigkeit, medizinische Eignung, Teamfähigkeit, Belastbarkeit in Stresssituationen und Führungsqualitäten. Soziale Kriterien, wie z.B. Familienstand, Dauer der Betriebszugehörigkeit, Umsetzung von Gleichbehandlungsgrundsätzen und Förderung besonders schutzwürdiger Personen, können dagegen nicht als persönliche Eigenschaften in die Eignungsbeurteilung

---

217 MüKoBGB/*Müller-Glöge*, TzBfG § 9 Rn. 9; *Hromadka/Maschmann*, § 10 Rn. 194.

218 *Fitting*, § 95 Rn. 7, 22; Richardi/*Thüsing*, § 95 Rn. 15, 23 ff.; *Pielenz*, Der Personalrat 2016, 36, 40.

219 LAG Schleswig-Holstein v. 19.09.2011 – 3 Sa 71/11, juris-Rn. 19; LAG Schleswig-Holstein v. 24.09.2008 – 6 Sa 3/08; ArbG Passau v. 14.01.2010 – 2 Ca 616/09, juris-Rn. 26; *Pielenz*, Der Personalrat 2016, 36, 38.

220 BT-Drs. 14/4374, S. 18.

221 Laux/Schlachter/*Laux*, § 9 Rn. 39; *Ihlenfeld/Kles*, Rn. 48.

eingestellt werden.[222] Dies hängt damit zusammen, dass sich diese an dem Anforderungsprofil des Arbeitgebers messen lassen, für das die Anforderungen des Arbeitsplatzes maßgeblicher Bezugspunkt sind. Soziale Kriterien sind jedoch für die Frage, ob der Arbeitnehmer die für den Arbeitsplatz notwendigen Leistungen erbringen kann, ohne Aussagekraft.

2. Gewichtung der Kriterien und Auswahlentscheidung

Bezüglich des anzustellenden Vergleichs zwischen mehreren Bewerbern hat der Arbeitgeber einen Beurteilungsspielraum.[223] Als Ausfluss der Berufsfreiheit tragen Unternehmer die Verantwortung für ihren Betrieb. Das wäre ihnen aber nicht möglich, wenn ihnen die Arbeitsgerichte vorschreiben könnten, wer für ihre Zwecke am geeignetsten ist. Nichtsdestotrotz sind die Arbeitsgerichte nicht auf eine bloße Willkürkontrolle begrenzt, da der Arbeitnehmer sein Recht aus § 9 TzBfG in diesem Fall nicht mehr effektiv durchsetzen könnte. Daher ist eine eingeschränkte gerichtliche Kontrolle des Beurteilungsspielraums dahingehend sachgerecht, ob der Arbeitgeber überhaupt eine Auswahlentscheidung vorgenommen hat, dabei von sachbezogenen Kriterien ausgegangen ist und diese angemessen gewichtet hat.[224]

Der Entscheidungsspielraum des Arbeitgebers besteht also nicht uneingeschränkt. Er hat weiterhin gesetzliche Vorgaben, etwa des Diskriminierungsrechts und des AGG, zu beachten. Ob Kriterien in diesem Sinne sachlich sind, ist nicht anhand der subjektiven Sicht des Arbeitgebers, sondern anhand der eines objektiven Beobachters zu bestimmen.[225] Des Weiteren muss für alle Bewerber der gleiche Beurteilungsmaßstab angewendet werden.[226] Hierunter fällt auch die Beachtung des § 4 TzBfG. Dass der teilzeitbeschäftigte Arbeitnehmer die benötigten Fähigkeiten in zeitlicher Hinsicht in geringerem Umfang erworben oder eingesetzt hat, hindert die Annahme einer gleichen Eignung nicht.[227]

---

222 A.A. *Ihlenfeld/Kles*, Rn. 48.

223 LAG Berlin v. 02.12.2003 – 3 Sa 1041/03; ArbG Passau v. 14.01.2010 – 2 Ca 616/09, juris-Rn. 26; Laux/Schlachter/*Laux*, § 9 Rn. 43 m.w.N.; *Hanau*, NZA 2001, 1168, 1174; *Gallner*, AE 04/2009, 307, 316; *Hamann*, FS Düwell, S. 145; leicht anders: *Ihlenfeld/Kles*, Rn. 49 (Beurteilungsspielraum nach billigem Ermessen).

224 HK-TzBfG/*Boecken*, § 9 Rn. 24; vgl. auch *Rudolf*, S. 118 f.

225 HK-TzBfG/*Boecken*, § 9 Rn. 24.

226 Laux/Schlachter/*Laux*, § 9 Rn. 44.

227 TZA/*Buschmann*, TzBfG § 9 Rn. 23; *Pielenz*, Der Personalrat 2016, 36, 38.

Ein auch nur geringfügiger Eignungsunterschied ist wegen des Wortlauts des § 9 TzBfG grundsätzlich erheblich. Der Arbeitnehmer muss daher den Arbeitsplatz sofort und ohne zusätzliche Ausbildung übernehmen können, wobei eine gewisse Einarbeitungszeit wie sie auch ein externer Bewerber bräuchte, hinzunehmen ist.[228] Wenn ein befristet beschäftigter Stelleninhaber bereits einen Einarbeitungsvorsprung hat, kann die gleiche Eignung jedoch fehlen.[229]

3. Sonderfall: freigestellte Betriebsratsmitglieder

Zu klären ist im Zusammenhang mit dem Erfordernis der mindestens gleichen Eignung, ob für Betriebsratsmitglieder, die einen Anspruch auf Freistellung von ihrer beruflichen Tätigkeit haben, soweit dies nach Art und Umfang des Betriebs für die ordnungsgemäße Durchführung ihrer Aufgaben erforderlich ist (§§ 37 Abs. 2, 38 BetrVG), besondere Kriterien zu beachten sind. Hintergrund ist, dass sie infolge der Freistellung nur noch eingeschränkt an der üblicherweise zu erwartenden beruflichen Entwicklung teilnehmen. Je länger sie das Betriebsratsamt innehaben, desto stärker wird dieser Effekt. Das Benachteiligungsverbot des § 78 S. 2 BetrVG wirkt dem entgegen, indem es Arbeitgebern jede Schlechterstellung von Betriebsratsmitgliedern, auch hinsichtlich ihrer beruflichen Entwicklung, untersagt.[230] Deshalb steht die Freistellung eines teilzeitbeschäftigten Betriebsratsmitglieds an sich dem Anspruch auf Verlängerung der Arbeitszeit schon nicht entgegen.[231]

Jedoch drohen den freigestellten Betriebsratsmitgliedern Nachteile gegenüber anderen Bewerbern, da diese anders als die Amtsinhaber über den Zeitraum der Freistellung hinweg ihre berufliche Erfahrung ausbauen sowie zusätzliche Kenntnisse und Fähigkeiten erwerben konnten. Solange dieser Vorsprung ausschließlich auf der Freistellung wegen der Betriebsratstätigkeit beruht, darf er bei der Feststellung der Eignung nicht berücksichtigt werden.[232] Andernfalls würden Betriebsratsmitglieder faktisch aus dem Anwendungsbereich des

---

228 LAG Berlin v. 02.12.2003 – 3 Sa 1041/03; Laux/Schlachter/*Laux*, § 9 Rn. 40; *Schüren*, AuR 2001, 321 f.; *Gallner*, AE 04/2009, 307, 316.

229 Laux/Schlachter/*Laux*, § 9 Rn. 44; a.A. LAG Berlin v. 02.12.2003 – 3 Sa 1041/03 (dringender betrieblicher Grund).

230 *Fitting*, § 78 Rn. 17, 19; Richardi/*Thüsing*, § 78 Rn. 24.

231 LAG Düsseldorf v. 03.08.2007 – 10 Sa 112/07, juris-Rn. 72; zust. *Hamann*, juris-PR-ArbR 10/2008 Anm. 2; *Fitting*, § 78 Rn. 19; Richardi/*Thüsing*, § 78 Rn. 24a; GK-BetrVG/*Kreutz*, § 78 Rn. 72; *Niklas*, AuA 2019, 16, 18.

232 *Gallner*, AE 2009, 307, 317.

Verlängerungsanspruchs ausgenommen werden. Das Benachteiligungsverbot des § 78 S. 2 BetrVG verpflichtet den Arbeitgeber vielmehr zu einer fiktiven Nachzeichnung des beruflichen Werdegangs und zur Ausrichtung der Behandlung des Arbeitnehmervertreters an den Maßstäben eines vergleichbaren Arbeitnehmers.[233] Für die Auswahlentscheidung ist also auf den hypothetischen Werdegang und den damit verbundenen Erwerb von Fähigkeiten und Kenntnissen abzustellen, wie sie bei einer in dem betroffenen Betrieb oder Unternehmen üblicherweise zu erwartenden Karriere anzutreffen sind. Fehlt ein vorgegebener oder ermittelbarer Karriereverlauf oder kann der einzelne Arbeitnehmer plausibel darlegen, warum er einen anderen Weg genommen hätte, ist konkret auf diesen abzustellen.

IV. Entgegenstehende Arbeitszeitwünsche anderer teilzeitbeschäftigter Arbeitnehmer, § 9 S. 1 Nr. 3 TzBfG

Einen weiteren Einwand des Arbeitgebers gegen die Besetzung des freien Arbeitsplatzes mit einem Arbeitnehmer, der seinen Verlängerungswunsch angezeigt hat, können Arbeitszeitwünsche anderer teilzeitbeschäftigter Arbeitnehmer darstellen. Neben den Fragen, welcher Arbeitnehmerkreis und welche Art von Arbeitszeitwünschen hierbei Berücksichtigung finden können, bleibt zu klären, unter welchen Voraussetzungen die von anderen teilzeitbeschäftigten Arbeitnehmern geäußerten Wünsche einer Verlängerung entgegenstehen können.

1. Tatbestand

a) Andere teilzeitbeschäftigte Arbeitnehmer

Während der Ausschlussgrund der mindestens gleichen Eignung in § 9 S. 1 Nr. 2 TzBfG sowohl auf einen Vergleich zwischen internen und externen Bewerbern als auch im Verhältnis zweier interner Bewerber anzuwenden ist, legt Nr. 3 den Maßstab ausschließlich für die Auswahl zwischen mehreren internen teilzeitbeschäftigten Bewerbern fest. Voraussetzung ist zunächst, dass die internen Bewerber gleich geeignet sind, also nicht bereits einer oder mehrere nach Nr. 2 zurückstehen müssen.

233 LAG Düsseldorf v. 03.08.2007 – 10 Sa 112/07, juris-Rn. 69; *Gallner*, AE 2009, 307, 317.

b) Arbeitszeitwünsche

In diesem Zusammenhang gilt es zu klären, auf welche rechtlichen Grundlagen die Arbeitszeitwünsche gestützt sein dürfen. Rein nach dem Wortlaut werden scheinbar nicht nur Arbeitszeitwünsche nach § 9 TzBfG, sondern auch individual- oder tarifvertragliche Vereinbarungen und Ansprüche auf eine weitere Verringerung der Arbeitszeit von teilzeitbeschäftigten Arbeitnehmern erfasst. Dem steht in systematischer Hinsicht jedoch § 22 TzBfG entgegen, wonach durch Ansprüche aus einem Arbeits- oder Tarifvertrag nicht von § 9 TzBfG abgewichen werden darf. Solche Ansprüche dürfen dem Verlängerungsanspruch daher auch nicht vorgehen. Wenn auch Arbeitszeitwünsche nach § 8 TzBfG einzubeziehen wären, stellte sich zudem die Frage, ob Ansprüche auf Arbeitszeitverringerung nach dem BEEG, PflegeZG und FamPflegeZG ebenfalls zu berücksichtigen wären. Merkwürdig hieran wäre aber, dass nur solche Arbeitnehmer in Frage kämen, die bereits in Teilzeit arbeiten und ihre Arbeitszeit noch weiter reduzieren wollen; vollzeitbeschäftigte Arbeitnehmer blieben jedoch außen vor. Eine solche Unterscheidung widerspräche aber dem Sinn und Zweck des TzBfG, mit dem die Förderung von Teilzeitarbeit in jedem Beschäftigungsverhältnis beabsichtigt ist. Dieses Ergebnis spricht dafür, die Konkurrenz zwischen §§ 8 und 9 TzBfG bzw. den weiteren Ansprüchen auf Verringerung der Arbeitszeit insgesamt als entgegenstehenden dringenden betrieblichen Grund einzuordnen.

2. Auswahlentscheidung des Arbeitgebers

Bei Vorliegen mehrerer Arbeitszeitwünsche verschiedener Arbeitnehmer wird es dem Arbeitgeber zumeist nicht möglich sein, alle Wünsche zu realisieren. In der Folge muss es zu einer Gewichtung der Wünsche untereinander und einer darauf aufbauenden Auswahlentscheidung durch den Arbeitgeber kommen. Welchen Einschränkungen der Arbeitgeber hierbei hinsichtlich Reichweite und Inhalt seiner Ermessensentscheidung unterliegt, wird im Folgenden dargestellt.

a) Reichweite der Auswahlentscheidung

Der Maßstab für die Auswahlentscheidung des Arbeitgebers zwischen mehreren Teilzeitbeschäftigten wird von Nr. 3 nicht vorgegeben. So könnte man zunächst meinen, dass der Arbeitgeber die volle Auswahlfreiheit hat.[234] Hiergegen spricht

---

234 MHdB ArbR/*Schüren*, § 50 Rn. 118; Laux/Schachter/*Laux*, § 9 Rn. 72; AR/*Moskalew*, TzBfG, § 9 Rn. 18; *Pauly/Osnabrügge*, Teilzeitarbeit, § 16 Rn. 52; *Hamann*, FS Düwell, S. 146; *Schüren*, AuR 2001, 321, 322.

jedoch der eindeutige Wille des Gesetzgebers, der sich in der Gesetzesbegründung wiederholt für eine Auswahl nach billigem Ermessen ausspricht,[235] auch wenn dieser explizit geäußerte Wille in den Wortlaut der Norm keinen Eingang gefunden hat. Aus der in diesem Kontext oftmals zitierten Rechtsprechung des BAG[236] kann kein anderes Ergebnis gewonnen werden, da dieses sich mit entgegenstehenden Wünschen anderer teilzeitbeschäftigter Arbeitnehmer nicht auseinandersetzt. Vielmehr war in diesem Fall der Anwendungsbereich des § 9 TzBfG bereits nicht eröffnet, da der Arbeitgeber keinen freien Arbeitsplatz eingerichtet hatte und nur über freies Arbeitsvolumen verfügte. Dann ist der Arbeitgeber vollkommen frei in der Auswahl, welchen Teilzeitbeschäftigten er eine Verlängerung der Arbeitszeit anbietet, und nicht an die Grenze des billigen Ermessens gebunden.[237] Die entgegenstehenden Arbeitszeitwünsche anderer Arbeitnehmer müssen sich also ebenfalls auf den zur Besetzung anstehenden freien Arbeitsplatz beziehen.

Fraglich ist in diesem Zusammenhang, ob der Arbeitgeber bei seiner Auswahlentscheidung an die Grenzen billigen Ermessens nach § 315 BGB in direkter Anwendung gebunden ist. Diese Norm ist jedoch nach ihrem eindeutigen Wortlaut jedenfalls nicht direkt anwendbar, da keine Leistungsbestimmung iSd. § 315 BGB erfolgt. Ferner sind arbeitgeberseitige Auswahlentscheidungen nicht nur in Zweifelsfällen, sondern stets nach billigem Ermessen zu treffen. Erwägenswert und im Ergebnis auch zutreffend ist eine entsprechende Anwendung des § 315 BGB,[238] da es sich nicht um die Ausübung eines Weisungsrechts, sondern um eine Vertragsänderung handelt. Eine solche nimmt das BAG beispielsweise bei Auswahlentscheidungen im Rahmen des Wiedereinstellungsanspruchs nach betriebsbedingter Kündigung vor.[239]Auch dort handelt es sich um eine mit der Ausübung von Leistungsbestimmungsrechten vergleichbare Situation.

---

235 Ausschuss-Drs. 14/4625, S. 20; BT-Drs. 19/3452, S. 17; Ausschuss-Drs. 19/5097, S. 16.

236 Siehe etwa nur BAG v. 17.10.2017 – 9 AZR 192/17; BAG v. 13.02.2007 – 9 AZR 575/05.

237 Vgl. BAG v. 17.10.2017 – 9 AZR 192/17, Rn. 36; BAG v. 13.02.2007 – 9 AZR 575/05, Rn. 29.

238 LAG Düsseldorf v. 03.08.2007 – 10 Sa 112/07, juris-Rn. 74; Annuß/Thüsing/*Jacobs*, TzBfG, § 9 Rn. 30; *Boewer*, § 9 Rn. 4, 40 f.; ErfK/*Preis*, § 9 TzBfG Rn. 8; HK-ArbR/*Ahrendt*, TzBfG § 9 Rn. 15; MHH, § 9 Rn. 27; *Preis/Schwarz*, NJW 2018, 3673, 3678; *Link/Fink*, AuA 2001, 155; *Lindemann/Simon*, BB 2001, 146, 151; *Rolfs*, RdA 2001, 129, 140; *Kliemt*, NZA 2001, 63, 68; *Gallner*, AE 2009, 307, 316; *Hinrichs*, AiB 2001, 65, 72; *Oberthür*, ArbRB 2018, 239, 241.

239 BAG v. 04.12.1997 – 2 AZR 140/97, NZA 1998, 701, unter B.II.5.c. der Gründe.

b) Inhalt der Ermessensentscheidung

Eine Auswahl beachtet die Grenzen billigen Ermessens, wenn der Arbeitgeber die wesentlichen Umstände des Falles abgewogen und die beiderseitigen Interessen angemessen berücksichtigt hat.[240] Ihm steht dabei ein Beurteilungsspielraum zu. Daher kann es nicht nur eine rechtmäßige bzw. „richtige" Entscheidung geben, sondern jede Entscheidungsmöglichkeit, die sich innerhalb des Spielraums bewegt, ist als richtig anzuerkennen. Erst wenn bei der Entscheidung des Arbeitgebers sachfremde Erwägungen überwiegen, wird die Auswahlentscheidung unbillig.[241] Die Entscheidung des Arbeitgebers ist mithin in diesen Grenzen gerichtlich überprüfbar.[242] Den Gerichten ist die Überprüfung, ob die beiderseitigen Interessen angemessen berücksichtigt worden sind, stets und damit insbesondere auch in der Revisionsinstanz möglich.[243]

Umstritten ist, ob im Rahmen des Verlängerungsanspruchs auch soziale Kriterien zu berücksichtigen sind. Hierzu zählen persönliche, soziale und familiäre Belange, wie z.B. Erziehungs- oder Pflegeaufgaben, Versorgung schwerkranker Angehöriger oder ein Ehrenamt sowie die klassischen Parameter wie Betriebszugehörigkeit, Alter, Vorliegen einer Schwerbehinderung und Unterhaltspflichten. Der Gesetzgeber strich die ursprünglich vorgesehene Auswahl nach sozialen Kriterien auf Anraten des Ausschusses für Arbeit und Sozialordnung (11. Ausschuss).[244] Mangels Kodifizierung kann die Auswahlentscheidung des Arbeitgebers nicht ausschließlich auf sozialen Faktoren beruhen.[245] Nichtsdestotrotz steht eine fehlende Normierung aber nicht zwingend der Berücksichtigung sozialer Kriterien entgegen.[246] Denn ebenso wie der Wortlaut soziale Kriterien nicht erwähnt, schließt er sie auch nicht aus und schränkt mangels Angabe anderer Auswahlkriterien die Entscheidungsgrundlage des Arbeitgebers nicht

---

240 St. Rspr., vgl. etwa BAG v. 25.10.1989 – 2 AZR 633/88, NZA 1990, 561 unter II.2.b.aa. der Gründe; BAG v. 11.10.1995 – 5 AZR 802/94, NZA 1996, 718 unter III. der Gründe; Staudinger/*Rieble*, BGB, § 315 Rn. 324; MüKoBGB/*Würdinger*, BGB, § 315 Rn. 32; *Merkel/Steinat*, DB 2018, 3118, 3126.

241 BAG 12.10.1961 – 5 AZR 423/60; AR/*Löwisch*, BGB, § 315 Rn. 8; Staudinger/*Rieble*, BGB, § 315 Rn. 319.

242 *Preis/Schwarz*, NJW 2018, 3673, 3678.

243 BAG v. 07.12.2000 – 6 AZR 444/99, NZA 2001, 780, unter IV.1. der Gründe; BAG v. 23.09.2004 – 6 AZR 567/03, NZA 2005, 35, unter IV.2.a. der Gründe.

244 S. zum Änderungsvorschlag: BT-Drs. 14/4625, S. 8.

245 A.A. TZA/Buschmann, TzBfG § 9 Rn. 29; *Rudolf*, S. 132; *Hinrichs*, AiB 2001, 65, 72.

246 A.A. *Gallner*, AE 2009, 307, 316.

erkennbar auf bestimmte Parameter ein. Die Streichung bezweckt damit nur, dass es nicht ausschließlich auf die Interessen der sich bewerbenden Arbeitnehmer ankommt, sondern auch Interessen des Arbeitgebers bei der Auswahlentscheidung berücksichtigt werden können. So wird eine möglichst umfassende Abwägung zur Herstellung von Einzelfallgerechtigkeit ermöglicht. Zusammenfassend ist grundsätzlich eine Auswahlentscheidung nach billigem Ermessen zu treffen, bei der soziale Kriterien durchaus berücksichtigt werden können.[247]

Bei der Beurteilung der Billigkeit kommt es entscheidend auf die wesentlichen Umstände des Einzelfalles an, die der Arbeitgeber in eine umfassende Abwägung einzustellen hat. Die zu berücksichtigenden Gesichtspunkte müssen dabei für die andere Partei erkennbar sein.[248] Hinsichtlich weiterer Auswahlkriterien für die Ausübung des Ermessens ist der Arbeitgeber daher vollkommen frei, solange er den allgemeinen arbeitsrechtlichen Gleichbehandlungsgrundsatz[249] sowie sonstige Vorgaben des AGG beachtet. Auf Seiten des Arbeitgebers relevant sein können wirtschaftliche Gründe, wie z.B. eine wirtschaftliche Notlage des Unternehmens, das Nichterreichen von Gewinnzielen oder einer erwarteten wirtschaftlichen Entwicklung, ein negatives wirtschaftliches Ergebnis einer Betriebsabteilung oder eine Reform des Entgeltsystems sowie Leistung und Verhalten des Arbeitnehmers, insbesondere die Begehung von Pflichtverletzungen.[250] Der Arbeitnehmer wird demgegenüber Interesse daran haben, seine Vergütung und Arbeitszeitdauer an eine geänderte Lebensführung anzupassen.

V. Entgegenstehende dringende betriebliche Gründe, § 9 S. 1 Nr. 4 TzBfG

Dem Arbeitgeber bleibt als letztem der aufgezählten Ablehnungsgründe gegen die Besetzung des Arbeitsplatzes mit dem verlängerungsbereiten Arbeitnehmer der Einwand entgegenstehender dringender betrieblicher Gründe nach § 9 S. 1 Nr. 4 TzBfG. Der Einwand setzt bereits voraus, dass der Arbeitgeber die Ablehnungsgründe nach § 9 S. 1 Nr. 1 und Nr. 2 TzBfG nicht heranziehen kann.

---

247 *Preis/Gotthardt*, DB 2001, 145, 150; *Ihlenfeld/Kles*, Rn. 54; *Oberthür*, ArbRB 2018, 239, 241.

248 LAG Düsseldorf v. 05.06.2003 – 11 Sa 292/03.

249 BAG v. 17.12.1997 – 5 AZR 332/96, NZA 1998, 555 unter IV.1. der Gründe; *Söllner*, Einseitige Leistungsbestimmung, S. 135 f.; *v. Hoyningen-Huene*, Billigkeit im Arbeitsrecht, S. 144.

250 Aufzählung nach: AR/*Löwisch*, BGB, § 315 Rn. 5.

Fraglich sind der Bezugspunkt sowie die genaue Reichweite der entgegenstehenden betrieblichen Gründe.

1. Allgemeiner Bezugspunkt des Ablehnungsgrundes

Dringende betriebliche Gründe setzen nach der Konzeption des BAG voraus, dass bereits ein freier entsprechender Arbeitsplatz besteht, sodass die personelle Auswahlentscheidung des Arbeitgebers für die Besetzung des neuen Arbeitsplatzes beeinflusst wird. Sie sind dann gegeben, wenn trotz der objektiven Eignung des Arbeitnehmers eine betriebliche Notwendigkeit besteht, eine andere Auswahlentscheidung zu treffen.[251]

Nach anderer Ansicht können sich die betrieblichen Gründe auch aus dem zeitlichen Zuschnitt des Arbeitsplatzes oder vorrangigen Rechtsansprüchen anderer Arbeitnehmer ergeben.[252] Dabei kommt als Bezugspunkt sowohl der neue als auch der bisherige Arbeitsplatz des Arbeitnehmers in Betracht.[253] Insbesondere wenn man den Begriff des entsprechenden Arbeitsplatzes dahingehend ausweitet, dass auch ein zusätzlich zu dem bisherigen bestehender Arbeitsplatz umfasst ist, muss der Arbeitgeber als entgegenstehenden betrieblichen Grund einwenden können, dass beide Arbeitsplätze gleichzeitig besetzt werden müssen.

Können sich die betrieblichen Gründe dagegen nicht auf den zeitlichen Zuschnitt des Arbeitsplatzes beziehen, eröffnet sich dem Arbeitgeber ein großes Potenzial zur Umgehung des § 9 TzBfG, indem er stets nur Teilzeitstellen anbietet. Auf der einen Seite wäre er in dieser Entscheidung durch seine Unternehmerfreiheit geschützt, während auf der anderen Seite ein gesetzlicher Anspruch des Arbeitnehmers vollständig leerliefe. Aus diesem Grund zog das BAG das Erfordernis der arbeitsplatzbezogenen Sachgründe heran, obgleich es in dem Wortlaut des § 9 TzBfG keine Verankerung findet. Letztlich handelt es sich hierbei um eine besondere Form der Missbrauchskontrolle, die allerdings von dem BAG in bedenklicher Weise auf eine Zweckmäßigkeitsprüfung hin ausgeweitet wird.[254] Eine Notwendigkeit hierfür ergibt sich jedoch dann nicht, wenn – wie

---

251 BAG v. 08.05.2007 – 9 AZR 874/06, NZA 2007, 1349, Rn. 34; MHdB ArbR/*Schüren*, § 50 Rn. 111; HK-TzBfG/*Boecken*, § 9 Rn. 30; *Sievers*, § 9 Rn. 38; Arnold/Gräfl/*Vossen*, § 9 Rn. 35.

252 Siehe dazu bereits oben Teil 2, II. 3. g).

253 MHH, § 9 Rn. 23; a.A. BAG v. 08.05.2007 – 9 AZR 874/06, NZA 2007, 1349; BAG v. 15.08.2006 – 9 AZR 8/06, NZA 2007, 255.

254 *Schmalenberg*, AP TzBfG § 9 Nr. 1; *ders.*, FS Bauer, S. 956; *Mühlhausen*, NZA 2007, 1264, 1267.

soeben geschildert – auch der zeitliche Zuschnitt des Arbeitsplatzes dem Verlängerungsanspruch als entgegenstehender dringender betrieblicher Grund entgegengehalten werden kann. Die gerichtliche Kontrolle der unternehmerischen Entscheidungsfreiheit wäre auch dann nicht weitreichender als durch das Erfordernis der arbeitsplatzbezogenen Sachgründe.[255] Es müssten zudem keine Ausnahmetatbestände geschaffen werden, die in dem Wortlaut der Norm nicht angelegt sind. Insgesamt wäre diese Sichtweise mit dem Wortlaut besser vereinbar. Es besteht keine Notwendigkeit, weitere ungeschriebene Voraussetzungen in die Norm hineinzulesen, wenn bereits mit den ausdrücklich in der Norm niedergelegten Tatbestandsmerkmalen eine adäquate Lösung gefunden werden kann.

Insbesondere setzt der Anspruch nach § 9 TzBfG voraus, dass der Arbeitgeber sich bereits entschieden hat, dass ein freier Arbeitsplatz besetzt werden soll. Die dringenden betrieblichen Gründe können sich also nicht mehr auf das Vorhandensein eines entsprechenden freien Arbeitsplatzes beziehen. Dann aber bleibt tatsächlich nur noch die personelle Auswahl als Bezugspunkt übrig. Diese Annahme ist aber spätestens dann nicht mehr folgerichtig, wenn man durch eine weite Auslegung der Voraussetzungen des entsprechenden Arbeitsplatzes dem Arbeitnehmer die Möglichkeit eröffnet, einen zusätzlichen Arbeitsplatz neben seinem bisherigen über § 9 TzBfG beanspruchen zu können. Im Ergebnis tragen Sinn und Zweck des Verlängerungsanspruchs eine solch weite Auslegung.[256]

2. Parallelwertung zu § 8 Abs. 4 TzBfG

Bei § 8 TzBfG geht es um die Folgen der Verringerung der Arbeitszeit, während bei § 9 TzBfG ein freier, vorhandener Arbeitsplatz besetzt werden soll. Dies ist auch der Grund dafür, dass die betrieblichen Gründe bei § 9 TzBfG ein stärkeres Gewicht aufweisen müssen, denn der Arbeitgeber wird nicht zur Einrichtung von Arbeitsplätzen mit längerer Arbeitszeit verpflichtet, während er bei § 8 TzBfG ggf. gezwungen wird, unerwünschte Teilzeitarbeitsplätze anzubieten.

In konsequenter Fortführung der Rechtsprechung des BAG ist bei der näheren inhaltlichen Bestimmung der betrieblichen Gründe ein Rückgriff auf § 8 TzBfG nicht möglich. Während die betrieblichen Gründe bei § 9 TzBfG die Ablehnung der personellen Auswahlentscheidung, nicht aber eines freien Arbeitsplatzes ermöglichen sollen, können sie im Rahmen des Verringerungsanspruchs dem

255 So auch *Schmidt*, RdA 2008, 41, 43.

256 Siehe dazu ausführlich bereits oben, Teil 1, II. 4.

Vorhandensein des Teilzeitarbeitsplatzes selbst entgegengehalten werden.[257] Das leuchtet unmittelbar ein, da ein vorhandener Teilzeitarbeitsplatz gerade nicht Voraussetzung, sondern Rechtsfolge des § 8 TzBfG ist. Zum gleichen Ergebnis, aber mit anderer Begründung gelangt *Rudolf*. Weder nach dem Wortlaut noch systematisch sei ein Rückgriff auf § 8 Abs. 4 S. 2 TzBfG möglich. Anders als bei § 8 TzBfG könnten die Ablehnungsgründe nicht durch die Tarifvertragsparteien festgelegt werden, weil eine entsprechende Öffnungsklausel fehle. Dies spreche für eine eigenständige Auslegung der betrieblichen Gründe in beiden Vorschriften. Es müsse sich außerdem um deutlich schwerwiegendere Gründe als bei § 8 TzBfG handeln, sodass eine bloße Erfüllung der Regelbeispiele nicht ausreichend wäre. Damit wären aber dringende betriebliche Gründe so schwerwiegend, dass sie faktisch unerreichbar wären. Der Ablehnungsgrund des § 9 S. 1 Nr. 4 TzBfG liefe nahezu vollständig leer. Dies kann aber nicht Sinn und Zweck einer Regelung und ihrer Auslegung sein.[258]

Gegen ein faktisches Leerlaufen der Regelung kann eingewendet werden, dass die Rechtsprechung bereits bei der Beurteilung der betrieblichen Gründe des § 8 Abs. 4 S. 2 TzBfG derart strenge Anforderungen stellt, dass diese dort im Ergebnis ebenfalls dringend sein müssen.[259] Somit spricht der Wortlaut nicht dagegen, die Regelbeispiele des § 8 Abs. 4 S. 2 TzBfG und auch die dreistufige Prüfung des BAG (Organisationskonzept des Arbeitgebers, Entgegenstehen des Verlängerungswunsches, Gewichtung) im Grundsatz auf § 9 TzBfG zu übertragen und als Orientierung zu nutzen.[260] Da dort wegen des zusätzlichen Tatbestandsmerkmals der Dringlichkeit die Interessen des Arbeitnehmers – und nicht des Arbeitgebers – grundsätzlich Vorrang genießen, müssen jedoch höhere Anforderungen gestellt werden. Eine schematische Übernahme ist daher nicht möglich; vielmehr müssen die Vorgaben des § 8 TzBfG angepasst werden.

---

257 BAG v. 08.05.2007 – 9 AZR 874/06, NZA 2007, 1349, Rn. 34; HK-TzBfG/*Boecken*, § 9 Rn. 31; HK-ArbR/*Ahrendt*, TzBfG § 9 Rn. 12; *Schmalenberg*, FS Bauer, S. 949; *Hamann*, FS Düwell, S. 138; *Mühlhausen*, NZA 2007, 1264, 1266.

258 *Rudolf*, S. 121 f.; *Wank*, Auslegung von Gesetzen, S. 70.

259 Übersicht bei: BeckOK ArbR/*Bayreuther*, TzBfG § 9 Rn. 8, § 8 Rn. 29.

260 MHH, § 9 Rn. 23; *Ihlenfeld/Kles*, Rn. 51; BeckOK ArbR/*Bayreuther*, TzBfG § 9 Rn. 8; *Rolfs*, RdA 2001, 129, 140.

3. Keine Konkretisierung des Begriffs anhand anderer gesetzlicher Regelungen

In Betracht kommt des Weiteren der Versuch einer Konkretisierung der betrieblichen Gründe anhand anderer, ähnlicher gesetzlicher Regelungen. Geeignet erscheinen insofern § 1 Abs. 2 S. 1 KSchG, §§ 7 Abs. 2 S. 1 BUrlG, 15 Abs. 7 S. 1 Nr. 4 BEEG und §§ 10, 13 TzBfG, die ebenfalls das Tatbestandsmerkmal der betrieblichen Gründe enthalten.

Gegen eine Heranziehung des § 1 Abs. 2 S. 1 KSchG spricht jedoch,[261] dass die Interessenlage bei der Beendigung eines Arbeitsverhältnisses eine völlig andere ist als bei der Verlängerung der Arbeitszeit. Während der Arbeitnehmer durch das Kündigungsschutzgesetz einen zwar relativen, aber dennoch starken Bestandsschutz erfahren soll,[262] geht es bei § 9 TzBfG um eine Änderung von Arbeitsbedingungen, die gerade nicht auf Erhalt des status quo abzielt.

Auch auf den Maßstab der §§ 7 Abs. 2 S. 1 BUrlG, 15 Abs. 7 S. 1 Nr. 4 BEEG kann aufgrund unterschiedlicher Interessenlagen nicht zurückgegriffen werden.[263] Beide Ansprüche sind nur vorübergehender Natur, wohingegen der Anspruch aus § 9 TzBfG auf eine dauerhafte Vertragsanpassung gerichtet ist. Dies wird besonders deutlich durch den Vergleich mit dem gesetzlichen Urlaubsanspruch, der üblicherweise auf vier bis fünf Wochen im Kalenderjahr begrenzt ist.

Im TzBfG selbst werden dringende betriebliche Gründe auch in §§ 10, 13 TzBfG erwähnt. Zwar beinhalten beide Normen dieses Tatbestandsmerkmal. Sie sind aber auf andere Sachverhalte ausgerichtet und daher weder untereinander noch mit § 9 TzBfG vergleichbar. Der Begriff der dringenden betrieblichen Gründe ist daher im TzBfG nicht einheitlich und normübergreifend zu definieren, sondern kann nur im Einzelfall anhand der jeweils im Zusammenhang stehenden inhaltlichen Regelung der einzelnen Norm bestimmt werden.

Zusammenfassend eignen sich nur die Vorgaben des § 8 Abs. 4 S. 2 TzBfG als grundsätzliche Orientierungshilfe für eine Auslegung des Merkmals der dringenden betrieblichen Gründe iSd. § 9 TzBfG.

---

261 *Rudolf*, S. 123.

262 KR/*Rachor*, KSchG, § 1 Rn. 552.

263 *Rolfs*, TzBfG § 9 Rn. 5; a.A.: *Rudolf*, S. 124.

4. Einzelne Beispiele in Betracht kommender betrieblicher Gründe

Eine abschließende Aufzählung aller in der Praxis denkbaren betrieblichen Gründe ist ohne eine umfassende Fallstudie nicht möglich. Daher sollen im Folgenden exemplarisch einzelne unternehmenspolitische, arbeitsplatzbezogene und wirtschaftliche Gründe dargestellt werden.

a) Unternehmenspolitische Gründe

Ein wesentlicher unternehmenspolitischer Grund ist der Wunsch des Arbeitgebers, eine bestimmte Personalstruktur oder -zusammensetzung in dem Betrieb erreichen zu wollen. Dieser genügt in der Regel nicht für die Annahme eines dringenden betrieblichen Grundes. Die Sicherung einer ausgewogenen Altersstruktur ist mit dem Verbot der Altersdiskriminierung nach §§ 1, 7 AGG unvereinbar und kann daher für sich genommen die Ablehnung des Verlängerungswunsches nicht begründen.[264] Dies ist insbesondere der Fall, wenn die Personalzusammensetzung bereits früher abzusehen war und eine Herabsetzung des Durchschnittsalters auch auf anderem Wege, etwa durch zeitgleich erfolgende Neueinstellungen, zu erreichen ist.[265] Mithin bleibt stets zu bedenken, dass jüngere Kräfte auch auf dem dann frei werdenden Arbeitsplatz des verlängerungswilligen Arbeitnehmers eingestellt werden können. Entsprechendes gilt für die Ziele der betrieblichen Nachwuchsförderung[266] und der Herstellung eines ausgewogenen Geschlechterverhältnisses[267]. Damit kann der Wunsch des Arbeitgebers nach einer Änderung der Personalzusammensetzung in der Regel auch bei einer Gewährung des Anspruchs nach § 9 TzBfG erreicht werden. An einen anders lautenden Sachvortrag des Arbeitgebers sind hohe Anforderungen zu stellen. Die Änderung der Personalstruktur muss zum einen sachlich zulässig sein und darf zum anderen nicht auf anderem Wege erreichbar sein. Nur unter

---

264 MHdB ArbR/*Schüren*, § 50 Rn. 113; *Sievers*, § 9 Rn. 41; *Boewer*, § 9 Rn. 43; a.A. Laux/Schlachter/*Laux*, § 9 Rn. 63; *Schüren*, AuR 2001, 321, 322; im konkreten Einzelfall bejaht, aber generell offen gelassen von: BAG v. 15.08.2006 – 9 AZR 8/06, NZA 2007, 255, Rn. 39 ff.

265 BAG v. 15.08.2006 – 9 AZR 8/06, NZA 2007, 255, Rn. 41.

266 LAG Köln v. 06.12.2018 – 7 Sa 217/18, Rn. 120; in diese Richtung auch BAG v. 25.10.1994 – 3 AZR 987/93, unter A.III.2b. und c. der Gründe (zu einer mit § 9 TzBfG vergleichbaren tariflichen Regelung).

267 HK-ArbR/*Ahrendt*, TzBfG, § 9 Rn. 13; *Sievers*, § 9 Rn. 41; Laux/Schlachter/*Laux*, § 9 Rn. 64; a.A. *Schüren*, AuR 2001, 321, 322.

diesen beiden Voraussetzungen kann es im Einzelfall dazu kommen, dass das grundsätzlich vorrangige Interesse des teilzeitbeschäftigten Arbeitnehmers an einer Verlängerung seiner Arbeitszeit zurücktritt.

b) Arbeitsplatzbezogene Gründe

Arbeitsplatzbezogene Gründe können sowohl bezüglich des alten als auch des neuen Arbeitsplatzes vorliegen und damit als entgegenstehende betriebliche Gründe die Besetzung des freien Arbeitsplatzes verhindern.

Der Arbeitgeber ist unter bestimmten Umständen berechtigt, einzuwenden, dass der Arbeitnehmer an seinem alten Arbeitsplatz unentbehrlich sei. Dies kann der Fall sein, wenn eine dauerhafte Besetzung des Arbeitsplatzes aus Gründen der Arbeitssicherheit oder Funktionsfähigkeit von gesamtbetrieblichen Abläufen zwingend ist und keine Ersatzkraft gefunden werden kann.[268]

Auch in Bezug auf den neuen, freien Arbeitsplatz können betriebliche Gründe eingewendet werden. Besteht in einem anderen Teil des Unternehmens ein Personalüberhang, so muss es dem Arbeitgeber frei gestellt bleiben, die betroffenen Arbeitnehmer auf dem freien Arbeitsplatz zu beschäftigen, um betriebsbedingte Kündigungen zu vermeiden.[269] Das Bestandschutzinteresse einerseits sowie die unternehmerische Freiheit des Arbeitgebers andererseits gehen, ähnlich wie in dem Fall der vorrangigen Ansprüche anderer Arbeitnehmer, dem Verlängerungsinteresse vor. Anders als dort ist der Vorrang aber kein gesetzlicher, sondern Ausdruck der freien unternehmerischen Entscheidung des Arbeitgebers und damit nicht zwingender Natur.

Nicht als entgegenstehenden arbeitsplatzbezogenen Grund ist es anzusehen, wenn der verlängerungswillige Arbeitnehmer zu dem benötigten Zeitpunkt der Besetzung des Arbeitsplatzes noch nicht zur Verfügung steht.[270] Stimmen der gewünschte Zeitpunkt des Verlängerungsbeginns und tatsächlich erforderlicher Arbeitsbeginn auf dem freien Arbeitsplatz nicht überein, handelt es sich nach hiesiger Ansicht bereits nicht um einen entsprechenden Arbeitsplatz. Beruht die Divergenz dagegen auf einer erst nachträglichen, d.h. nach Beginn des Arbeitsverhältnisses entstehenden, Veränderung in der Person des Arbeitnehmers (z.B. längere Abwesenheit wegen Krankheit), kann ein dringender betrieblicher Grund nur angenommen werden, wenn wegen der Fehlzeiten des Arbeitnehmers eine

268 MHH, § 9 Rn. 23.

269 LAG München v. 04.05.2006 – 2 Sa 1164/05, juris-Rn. 26 f.; zust.: *Laber/Hauck-Scholz* in: Groeger, Arbeitsrecht im Öffentlichen Dienst, § 20 Teilzeit, Rn. 66.

270 A.A. BAG v. 08.07.2008 – 9 AZR 874/06, NZA 2007, 1349, Rn. 34.

krankheitsbedingte (Änderungs-)Kündigung nach § 1 Abs. 2 KSchG erfolgreich wäre.[271] Denn auch auf dem vorherigen Arbeitsplatz hätte sich der Arbeitgeber einem krankheitsbedingten Ausfall und den damit einhergehenden organisatorischen Maßnahmen ausgesetzt gesehen.

c) Wirtschaftliche Gründe

Rein wirtschaftliche Gründe im Sinne einer finanziellen Optimierung des Geschäftsbetriebs für die Zukunft führen nur unter hohen Anforderungen und damit selten zum Vorliegen dringender betrieblicher Gründe. Das Unternehmerrisiko liegt vorrangig im Bereich des Arbeitgebers und kann daher unabdingbaren gesetzlichen Ansprüchen der Arbeitnehmer nicht entgegengehalten werden.

Daher ist es nicht ausreichend, wenn der Arbeitgeber beabsichtigt, die auf dem freien Arbeitsplatz auszuübende Tätigkeit anders zu vergüten als die bisherige Teilzeitarbeit, weil er einen anderen Arbeitnehmer zu deutlich günstigeren Konditionen beschäftigen kann.[272] Eine Lohnkostensenkung kann der Arbeitgeber auch bei einer Verlängerung erreichen, indem er den alten Arbeitsplatz mit einem neu eingestellten, „günstigeren" Arbeitnehmer nachbesetzt. Kostengründe können insgesamt erst dann dringende betriebliche Gründe werden, wenn der Arbeitgeber sich die Verlängerung der Arbeitszeit wirtschaftlich nicht mehr leisten kann, mithin dadurch das Fortbestehen seines Betriebes gefährdet ist.

Anders könnte sich die Situation möglicherweise darstellen, wenn der Arbeitgeber den generellen Entschluss fasst, das bestehende Vergütungssystem für neu eingestellte Arbeitnehmer aus Kostengründen abzuändern.[273] Im Ergebnis sprechen jedoch die besseren Argumente gegen das Vorliegen eines dringenden betrieblichen Grundes.

d) Sonstige Gründe

Als sonstige Gründe kommen solche in Betracht, die auf in der Person des Arbeitnehmers liegende Eigenschaften oder Merkmale zurückzuführen sind.

Handelt es sich bei dem verlängerungswilligen Arbeitnehmer zugleich um ein Mitglied des Betriebsrats, das nach § 37 Abs. 2 BetrVG teilweise oder sogar

---

271 LAG Hessen v. 28.11.2014 – 14 Sa 465/12, juris-Rn. 33.

272 BAG v. 08.05.2007 – 9 AZR 874/06, NZA 2007, 1349, Rn. 33.

273 Offen gelassen von: BAG v. 08.05.2007 – 9 AZR 874/06, NZA 2007, 1349, Rn. 35; LAG Berlin v. 08.01.2008 – 3 Sa 540/07, juris-Rn. 48.

vollständig von der Arbeit befreit wird, kann er den vorgesehenen Arbeitsplatz nicht vollumfassend ausfüllen. Ein dringender betrieblicher Grund liegt in diesem Zusammenhang jedenfalls dann vor, wenn der Arbeitsplatz zur Wahrung betrieblicher Abläufe eine ständige Anwesenheit eines Arbeitnehmers erfordert, es aber gleichzeitig nicht gelingt, eine Ersatzkraft zu finden. Auf die Eigenschaft als Betriebsratsmitglied und die Freistellung als solche darf wegen des Benachteiligungsverbots des § 78 S. 2 BetrVG jedoch nicht rekurriert werden.[274]

Ebenfalls diskutiert wird, ob eine Einarbeitungszeit des Arbeitnehmers, die zu wesentlichen Störungen im Betrieb führen würde, einen dringenden betrieblichen Grund darstellen kann.[275] Dies ist im Ergebnis abzulehnen, da eine Einarbeitungszeit entweder für jeden der Bewerber gleichermaßen anfallen wird oder, sollten hier wesentliche Unterschiede auftreten, der verlängerungswillige Arbeitnehmer bereits nicht die mindestens gleiche Eignung wie sein Konkurrent aufweisen wird.

5. Vorrangige Rechtsansprüche Dritter

Auch vorrangige Rechtsansprüche Dritte begründen einen dringenden betrieblichen Grund.[276] Sie verhindern dagegen nicht bereits das Vorliegen eines freien Arbeitsplatzes. Der Arbeitgeber ist zwischen mehreren in Betracht kommenden Ansprüchen nicht befugt, eine Auswahl nach billigem Ermessen zu treffen. Vielmehr ist die Anspruchskonkurrenz nach den allgemeinen Regeln zu lösen.[277] Die wesentlichen Rechtsansprüche Dritter werden im Folgenden dargestellt.

a) Beschäftigungsansprüche

Ansprüche eines Auszubildenden aus § 78a BetrVG[278], der Wiedereinstellungsanspruch eines gekündigten Arbeitnehmers[279] oder die Versetzung eines Arbeitnehmers für den Fall, dass der freie Arbeitsplatz die einzige

274 Offen gelassen von: LAG Berlin v. 02.12.2003 – 3 Sa 1041/03, juris-Rn. 81.

275 Grds. bejahend: LAG Berlin v. 02.12.2003 – 3 Sa 1041/03, juris-Rn. 74, a.A.: *Pielenz*, AuR 2004, 469, 470.

276 Dafür: MHH, § 9 Rn. 26; BT-Drs. 19/3452, S. 17; Arnold/Gräfl/*Vossen*, TzBfG, § 9 Rn. 37; *Rolfs*, § 9 Rn. 6; Annuß/Thüsing/*Jacobs*, TzBfG, § 9 Rn. 26; HK-ArbR/*Ahrendt*, TzBfG § 9 Rn. 14; BeckOK ArbR/*Bayreuther*, TzBfG § 9 Rn. 10; *Pielenz*, Der Personalrat 2016, 36, 37.

277 A.A. *Boewer*, § 9 Rn. 44 ff.

278 Laux/Schlachter/*Laux*, § 9 Rn. 56.

279 AR/*Moskalew*, TzBfG § 9 Rn. 19.

Weiterbeschäftigungsmöglichkeit vor Ausspruch einer betriebsbedingten Kündigung bildet,[280] gehen dem Verlängerungsanspruch nach § 9 TzBfG vor. Das Interesse an dem Bestand eines Arbeitsverhältnisses eines Dritten ist vorrangig zu beachten.[281] Der im Rahmen des Kündigungsrechts geltende ultima-ratio-Gedanke untermauert das Zurücktreten des Verlängerungsanspruchs.

§ 164 Abs. 4 S. 1 Nr. 1 SGB IX beinhaltet den Anspruch schwerbehinderter Arbeitnehmer auf eine Beschäftigung, bei der sie ihre Fähigkeiten und Kenntnisse möglichst umfassend einsetzen und weiterentwickeln können. Sie sollen durch einen möglichst umfassenden beruflichen Einsatz ihrer bestehenden Fähigkeiten und Kenntnisse sowie deren Weiterentwicklung gefördert werden und gleichberechtigte Teilhabe am Arbeitsleben erfahren.[282] Hierzu kann auch ein Wechsel auf einen anderen, besser geeigneten Arbeitsplatz in Betracht kommen, auch wenn sich der Anspruch des Arbeitnehmers in der behindertengerechten Beschäftigung erschöpft und gerade nicht die Zuweisung eines konkreten Arbeitsplatzes umfasst.[283] Handelt es sich bei der Beschäftigungsmöglichkeit um einen freien Arbeitsplatz, kann eine Konkurrenzsituation mit Verlängerungswünschen anderer Arbeitnehmer entstehen. Auch wenn dem Anspruch das Prinzip der Teilhabe und nicht der Fürsorge zugrunde liegt,[284] besteht doch eine soziale Schutzbedürftigkeit schwerbehinderter Arbeitnehmer, die es bei der Auflösung der Konkurrenzsituation zu beachten gilt. Der Anspruch nach § 164 Abs. 4 S. 1 Nr. 1 SGB IX des schwerbehinderten Arbeitnehmers geht daher ebenfalls dem Verlängerungsanspruch nach § 9 TzBfG vor.

b) Vorrangige Ansprüche befristet beschäftigter Arbeitnehmer

Bei der Beurteilung vorrangiger Ansprüche befristet beschäftigter Arbeitnehmer ist zwischen vollzeit- und teilzeitbeschäftigten Arbeitnehmern zu unterscheiden. Die Dauer der Arbeitszeit hat einen Einfluss auf das Konkurrenzverhältnis

---

280 LAG München v. 04.05.2006 – 2 Sa 1164/05; Laux/Schlachter/*Laux*, § 9 Rn. 46; *Rudolf* S. 142 ff; a.A.: *Boewer*, TzBfG § 9 Rn. 44 (billiges Ermessen).

281 *Rolfs*, RdA 2001, 129, 140; *Worzalla*, Teilzeitarbeit und befristete Arbeitsverhältnisse, B § 9 TzBfG Rn. 11.

282 BeckOK SozR/*Brose*, SGB IX, § 164 Rn. 2, 20; Knickrehm/Kreikebohm/Waltermann/*Kohte*, SGB IX, §§ 164, 165 Rn. 1.

283 BAG v. 04.10.2005 – 9 AZR 632/04, NZA 2006, 442, Rn. 15; LAG Düsseldorf v. 25.01.2008 – 9 Sa 991/07, juris-Rn. 56; Knickrehm/Kreikebohm/Waltermann/*Kohte*, SGB IX, §§ 164, 165 Rn. 15; *Boecken*, RdA 2012, 210, 212 f.

284 BeckOK SozR/*Brose*, SGB IX, § 164 Rn. 2.

zwischen den beiden genannten Arbeitnehmergruppen hinsichtlich des Anspruchs aus § 9 TzBfG.

aa) In Vollzeit beschäftigte Arbeitnehmer mit befristetem Arbeitsverhältnis

Befristet beschäftigte Arbeitnehmer, die in Vollzeit tätig sind, erfüllen die personellen Anwendungsvoraussetzungen nicht und haben daher keinen Anspruch aus § 9 TzBfG. Ihnen steht nach § 18 TzBfG lediglich ein Informationsrecht über unbefristete Arbeitsplätze zu. Einen Anspruch auf Übernahme in ein unbefristetes Arbeitsverhältnis gibt es hingegen nicht, sodass kein (Weiter-)Beschäftigungsanspruch besteht. Deshalb muss der Anspruch des Teilzeitbeschäftigten auf Verlängerung seiner Arbeitszeit nicht hinter dem Interesse befristet Beschäftigter an einem Dauerarbeitsplatz zurückstehen.

Zu einem anderen Ergebnis gelangt man auch nicht unter Würdigung des im Betriebsverfassungsrecht geltenden Mitbestimmungsrechts des § 99 Abs. 2 Nr. 3 Hs. 2 BetrVG, das den Übergang in ein unbefristetes Arbeitsverhältnis fördern soll. Hiernach steht dem Betriebsrat ein Zustimmungsverweigerungsrecht zu der Einstellung eines Bewerbers zu, wenn ein gleich geeigneter befristet Beschäftigter bei der Besetzung des Dauerarbeitsplatzes nicht berücksichtigt wurde. Diese mittelbare Förderung kann aber das Fehlen eines Anspruchs auf bevorzugte Berücksichtigung nicht aufwiegen. Auch kann § 99 Abs. 2 Nr. 3 Hs. 2 BetrVG kein allgemeiner Rechtsgrundsatz entnommen werden, der einen uneingeschränkten Vorrang der Interessen von befristet beschäftigten Arbeitnehmern fordert.

Dem Anspruch nach § 9 TzBfG gebührt mithin Vorrang gegenüber dem Interesse eines in Vollzeit befristet Beschäftigten an der Übernahme in ein Dauerarbeitsverhältnis.[285] Die Nichtberücksichtigung eines befristet Vollzeitbeschäftigten stellt im Ergebnis also keinen dringenden betrieblichen Grund dar und berechtigt den Arbeitgeber daher nicht zur Ablehnung eines Verlängerungswunsches.[286]

---

285 Im Ergebnis ebenso: *Fitting*, § 99 Rn. 235; GK-BetrVG/*Raab*, § 99 Rn. 220; *Oetker*, NZA 2003, 937, 939; *Hanau*, NZA 2001, 1168, 1175.

286 Ebenso: LAG BaWü v. 27.01.2010 – 12 Sa 44/09, juris-Rn. 63 ff.

bb) In Teilzeit beschäftigte Arbeitnehmer mit befristetem Arbeitsverhältnis

In Teilzeit tätige, befristet Beschäftigte scheinen nach dem Wortlaut der Norm die Möglichkeit einer Verlängerung ihrer Arbeitszeit für die Dauer der Befristung zu haben. Ob sie einen vorrangigen Anspruch bei der Besetzung eines freien Dauerarbeitsplatzes haben, erscheint indes zweifelhaft, auch wenn die Befristung einen zusätzlich zu berücksichtigenden Umstand darstellen könnte.

Aus dem TzBfG selbst ergibt sich eine Privilegierung des befristet Beschäftigten nicht. Wenn man aber den Fördergedanken nach § 99 Abs. 2 Nr. 3 Hs. 2 BetrVG hinzuzieht, spricht dieser durchaus für eine vorrangige Berücksichtigung. Auf der anderen Seite stehen sich bei gleicher Eignung beider Arbeitnehmer ihre Ansprüche nach § 9 TzBfG ebenbürtig gegenüber. Zwischen gleich geeigneten und gleichermaßen anspruchsberechtigten Arbeitnehmern kann der Arbeitgeber nach billigem Ermessen auswählen.[287] Daher erscheint es zielführend, den Befristungsumstand in der Ermessensentscheidung des Arbeitgebers zu verorten. Einen grundsätzlichen Vorrang des befristet beschäftigten Arbeitnehmers gibt es bei gleicher Eignung beider Bewerber mithin nicht.

c) Verringerungsansprüche

Schwieriger gestaltet sich das Konkurrenzverhältnis, wenn Verringerungs- und Verlängerungsansprüche aufeinandertreffen. Das Arbeitsrecht kennt eine Vielzahl von Ansprüchen des Arbeitnehmers auf zeitweise oder dauerhafte Verringerung[288] der vereinbarten Arbeitszeit. Hierbei ist sinnvollerweise zu differenzieren zwischen Verringerungsansprüchen, deren Grund für die Reduzierung vornehmlich aus dem familiären Bereich stammt, und solchen, die keinen derartigen Nachweis erfordern.[289]Anhand dieser Klassifikation ergibt sich die Beurteilung des Konkurrenzverhältnisses zum Anspruch nach § 9 TzBfG.

---

287 Siehe im Einzelnen oben Teil 2, IV. 2.

288 Zeitweise Reduzierung: §§ 9a TzBfG, 15 BEEG, 3 Abs. 4 PflegeZG, 2 FPfZG; dauerhafte Reduzierung: § 8 TzBfG.

289 Familiäre Gründe sind erforderlich nach §§ 15 Abs. 7, 16 BEEG, 3 Abs. 2, 3 PflegeZG, 2a Abs. 1 S. 1, Abs. 4 FPfZG; keinen Nachweis bestimmter Gründe erfordern: §§ 8, 9a TzBfG.

aa) Vorrang aus sozialen Gründen

Verringerungsansprüche anderer Arbeitnehmer gehen dem Verlängerungsanspruch immer dann vor, wenn sie eine Privilegierung aus sozialen Gründen vorsehen. Die gesetzliche Wertung der Schutzbedürftigkeit der Elternzeit, Betreuung und Pflege von Familienangehörigen sowie der damit verbundenen Reduzierung der Arbeitszeit hat Vorrang vor dem Interesse an der mittelbaren Förderung der Teilzeitarbeit. Dies gilt auch dann, wenn nur eine zeitweise Verringerung geltend gemacht wird.

Für den Verringerungsanspruch eines schwerbehinderten Arbeitnehmers nach § 164 Abs. 5 S. 2 SGB IX gilt das bereits oben zu § 164 Abs. 4 S. 1 Nr. 1 SGB IX Gesagte entsprechend. Eine Konkurrenz mit verlängerungswilligen Arbeitnehmern kann vorliegen, wenn der schwerbehinderte Arbeitnehmer seine Arbeitszeit aufgrund seiner Schwerbehinderung reduzieren möchte und dabei denselben freien Arbeitsplatz beansprucht wie der teilzeitbeschäftigte Arbeitnehmer. Sein Anspruch nach § 164 Abs. 5 S. 2 SGB IX geht dann ebenfalls dem Verlängerungsanspruch nach § 9 TzBfG vor.

bb) Gleichrangige Ansprüche

Von einem Vorrang aufgrund sozialer Erwägungen ausgenommen sind Ansprüche nach §§ 8, 9a TzBfG. In beiden Fällen existiert kein besonders schützenswerter Grund für die Verringerung der Arbeitszeit, der eine Privilegierung rechtfertigen würde. Sie stehen daher gleichrangig neben dem Verlängerungsanspruch.[290] Der Arbeitgeber hat die freie Auswahl zwischen den konkurrierenden Arbeitnehmern.

6. Zustimmungsverweigerung des Betriebsrats

Die Zustimmungsverweigerung des Betriebsrats weist im Zusammenhang mit § 9 TzBfG zwei Anknüpfungspunkte auf. Sowohl bei der Neueinstellung externer Bewerber als auch bei der Verlängerung der Arbeitszeit interner Bewerber könnte ein Mitspracherecht des Betriebsrats nach § 99 BetrVG bestehen. Als dringender betrieblicher Grund kommt indes nur die Zustimmungsverweigerung hinsichtlich interner Bewerber in Betracht.

Hier stellt sich zunächst die Frage, wann eine Verlängerung der Arbeitszeit den Anwendungsbereich des § 99 Abs. 1 S. 1 BetrVG eröffnet (a, b) und

290 A.A.: *Rolfs*, RdA 2001, 129, 140; HWK/*Schmalenberg*, 8. Aufl. 2018, TzBfG § 9 Rn. 9 (Vorrang des § 8 TzBfG).

welche Verweigerungsgründe im Einzelnen in Betracht kommen (c). Verweigert der Betriebsrat seine Zustimmung zur Verlängerung der Arbeitszeit interner Bewerber, könnte der Arbeitgeber zudem gehalten sein, ein Zustimmungsersetzungsverfahren durchzuführen (d). Außerdem sind die Auswirkungen der verweigerten Zustimmung auf das einzelne Arbeitsverhältnis fraglich (e).

a) Vorliegen einer Einstellung iSv. § 99 Abs. 1 S. 1 BetrVG

Nach der ständigen Rechtsprechung des BAG liegt eine Einstellung vor, wenn eine Person in den Betrieb eingegliedert wird, um zusammen mit den schon beschäftigten Arbeitnehmern dessen arbeitstechnischen Zweck durch weisungsgebundene Tätigkeit zu verwirklichen.[291] Das Mitbestimmungsrecht dient dabei im Wesentlichen den Interessen der schon vorhandenen Belegschaft.[292] Demnach würde erst im tatsächlichen Tätigwerden des Arbeitnehmers im Betrieb eine Einstellung zu sehen sein.[293] Im Schrifttum wird überwiegend sowohl auf die Begründung des Arbeitsverhältnisses durch Abschluss eines Arbeitsvertrags als auch auf die tatsächliche Arbeitsaufnahme im Betrieb abgestellt. Fallen beide Ereignisse zeitlich auseinander, sei die jeweils zuerst eingetretene Maßnahme für das Mitbestimmungsrecht des Betriebsrats von Relevanz.[294]

Bei der Verlängerung der Arbeitszeit handelt es sich dann um eine Einstellung, wenn sie sich sowohl nach Dauer als auch nach Umfang als nicht unerheblich erweist.[295] Hierfür sprechen nach der gängigen Auslegung dieser Vorschrift deren Wortlaut und telos. Eine erhebliche Änderung in diesem Sinne liegt vor, wenn die vorgesehene Erhöhung mehr als einen Monat andauert und mindestens

---

291 S. etwa: BAG v. 12.06.2019 – 1 ABR 5/18, NZA 2019, 1288, Rn. 16; BAG v. 13.12.2016 – 1 ABR 59/14, NZA 2017, 525, Rn. 24; BAG v. 15.10.2013 – 1 ABR 25/12, NZA 2014, 214, Rn. 21; BAG v. 12.11.2002 – 1 ABR 60/01, NZA 2004, 1289, unter II.2.a.aa. der Gründe.

292 BAG v. 22.04.1997 – 1 ABR 74/96; BAG v. 25.01.2005 – 1 ABR 59/03; Richardi/*Thüsing*, § 99 Rn. 29.

293 BAG v. 09.12.2008 – 1 ABR 74/07, Rn. 24.

294 *Fitting*, § 99 Rn. 30, 32; DKW/*Bachner*/*Wenckebach*, BetrVG, § 99 Rn. 38; GK-BetrVG/*Raab*, § 99 Rn. 29 f.; HWGNRH/*Huke*, BetrVG, § 99 Rn. 35; krit.: Richardi/*Thüsing*, § 99 Rn. 30.

295 BAG v. 25.01.2005 – 1 ABR 59/03, unter II.2.d der Gründe (a.A. noch die Vorinstanz: LAG Hamm v. 10.10.2003 – 10 TaBV 104/03, NZA-RR 2004, 136); BAG v. 15.05.2007 – 1 ABR 32/06, Rn. 52; BVerwG v. 23.03.1999 – 6 P 10.97; LAG Niedersachsen v. 12.09.2000 – 7 TaBV 84/99, NZA-RR 2001, 141; *Rudolf*, S. 188 f; *Schüren*, AuR 2001, 321, 323.

zehn Stunden pro Woche beträgt.[296] Diese Zeitangaben folgen aus der analogen Anwendung des § 12 Abs. 1 S. 3 TzBfG hinsichtlich des Umfangs bzw. § 95 Abs. 3 BetrVG bezüglich der Dauer der Verlängerung.

Die Grenzen des Wortsinns sind jedoch bei einem anderen Verständnis, das auch von dem Zweck der Norm geprägt ist, nicht überschritten.[297] Eingliederung bedeutet die Zuweisung eines Arbeitsbereichs. Dieser ändert sich jedoch bei einer Erhöhung der Arbeitszeit nicht; es liegt daher weder eine Einstellung noch eine Versetzung vor. Zudem stellt § 99 BetrVG kein Instrument der Vertragsinhaltskontrolle dar. Genau darum handelt es sich aber, wenn der Betriebsrat bei der Verlängerung der Arbeitszeit als inhaltlicher Änderung des Arbeitsvertrags mitreden können soll. Auch wird bei der herkömmlichen Lesart die Wertung des § 87 Abs. 1 Nr. 3 BetrVG außer Acht gelassen, wonach dauerhafte Arbeitszeitverlängerungen nicht der Mitbestimmung unterliegen.

Sachgerechte Ergebnisse ergeben sich, wenn auch auf die Interessen der vorhandenen Belegschaft als entscheidendes Kriterium abgestellt wird.[298] Sind diese genauso berührt wie bei einer Neueinstellung, handelt es sich auch bei der Erhöhung um eine Einstellung, etwa wenn der Arbeitnehmer nach der Erhöhung eine Arbeitszeit wie vergleichbare Arbeitnehmer im Betrieb hat oder wenn mehrere Arbeitnehmer ihre Arbeitszeit zwar nur geringfügig erhöhen, in der Addition aber ein oder mehrere Vollzeitbeschäftigte ersetzen. Maßgeblich ist eine Betrachtung im Einzelfall.

b) Vorliegen einer Versetzung und Umgruppierung iSv. § 99 Abs. 1 S. 1 BetrVG

Der Begriff der Versetzung ist in § 95 Abs. 3 S. 1 BetrVG legaldefiniert. Unter einer Versetzung ist „(...) die Zuweisung eines anderen Arbeitsbereichs, die voraussichtlich die Dauer von einem Monat überschreitet, oder die mit einer erheblichen Änderung der Umstände verbunden ist, unter denen die Arbeit zu leisten ist." zu verstehen.

Bisher verneint die Rechtsprechung das Vorliegen einer Versetzung bei Erhöhung der Arbeitszeit, spricht aber gleichzeitig davon, dass „die Erhöhung des

---

296 BAG v. 15.05.2007 – 1 ABR 32/06, Rn. 55; BAG v. 09.12.2008 – 1 ABR 74/07, Rn. 19; LAG Rheinland-Pfalz v. 06.08.2015 – 5 TaBV 11/15; Schaub ArbR-HdB/*Koch*, § 240 Rn. 12; *Richardi*, NZA 2009, 1, 5; *Schüren*, AuR 2001, 321, 323.

297 Richardi/*Thüsing*, § 99 Rn. 52; MHdB ArbR/*Lunk*, § 340 Rn. 20; GK-BetrVG/*Raab*, § 99 Rn. 60; *Bengelsdorf*, FS Kreutz, S. 54 ff.; *Hunold*, NZA 2005, 910, 911 f.

298 DKW/*Bachner*/*Wenckebach*, BetrVG, § 99 Rn. 44.

regelmäßig geschuldeten Arbeitszeitvolumens (…) die bisherige Zuweisung des Arbeitsbereichs (beendet) und (…) sie durch eine neue (ersetzt).“ Hierin liege eine erneute Einstellung, nicht aber eine Versetzung.[299] Diese Formulierung ist sprachlich missverständlich, da sie zumindest eine der beiden Alternativen des Versetzungsbegriffs nach § 95 Abs. 3 S. 1 BetrVG in Auszügen aufgreift.[300] In der Konsequenz wäre eine nicht unwesentliche Erhöhung der Arbeitszeit dann zugleich eine Versetzung. Der entscheidende Unterschied liegt jedoch darin, dass dem verlängerungswilligen Arbeitnehmer nicht ein anderer Arbeitsbereich zugewiesen wird, sondern dass er vielmehr in seinem ursprünglichen Arbeitsbereich verbleibt. Der Begriff des Arbeitsbereichs wird in § 81 Abs. 1, Abs. 2 BetrVG umschrieben. Er enthält keine zeitliche Komponente, sondern stellt auf Aufgabe, Verantwortung und Art der Tätigkeit des Arbeitnehmers sowie seine Einordnung in den betrieblichen Arbeitsablauf ab.[301] Durch die Auslegung des entsprechenden Arbeitsplatzes im Sinne eines vergleichbaren Arbeitsplatzes ändert sich allein die Einordnung des Arbeitnehmers in den betrieblichen Arbeitsablauf, während Aufgabe, Verantwortung und Art der Tätigkeit unverändert bleiben.

Erweitert man den Anwendungsbereich des Verlängerungsanspruchs[302] um die Möglichkeit, einen weiteren Arbeitsplatz hinzuzufügen, oder um die Möglichkeit eines beruflichen Auf- oder Umstiegs, so ergibt sich hinsichtlich des Vorliegens einer Versetzung ein anderes Bild. Mit dem Verzicht auf das Merkmal der vergleichbaren Tätigkeit können sich Aufgabe und Verantwortungsbereich sowie die Art der Tätigkeit ändern, sodass dann eine Versetzung vorliegt. Und auch eine Umgruppierung kann, insbesondere bei einer Beförderung, in Frage kommen. Denn mit dieser wird eine Änderung der Einreihung des Arbeitnehmers in eine tarifliche oder betriebliche Lohn- oder Gehaltsgruppenordnung einhergehen.[303] Diesem Ergebnis liegt dann genau genommen aber nicht die

299 BAG v. 25.01.2005 – 1 ABR 59/03, NZA 2005, 945, 946 f.; BAG v. 16.07.1991 – 1 ABR 71/90, NZA 1992, 180, 181; zust.: HK-TzBfG/*Boecken*, § 9 Rn. 38; GK-BetrVG/*Raab*, § 99 Rn. 105; *Fitting*, § 99 Rn. 151; Laux/Schlachter/*Laux*, § 9 Rn. 81.

300 Daher krit. *Bepler*, NZA-Beilage 2006, 45, 46.

301 BAG v. 25.01.2005 – 1 ABR 59/03, NZA 2005, 945, 946; *Fitting*, § 99 Rn. 149.

302 Siehe oben Teil 2, II. 4. e).

303 Vgl. *Fitting*, § 99 Rn. 104 f.; DKW/*Bachner*/*Wenckebach*, BetrVG, § 99 Rn. 84; Richardi/*Thüsing*, § 99 Rn. 95 f.

Verlängerung der Arbeitszeit an sich, sondern die damit verbundene Änderung der inhaltlich geschuldeten Arbeitsleistung zugrunde.[304]

Zusammenfassend handelt es sich bei der bloßen Verlängerung der Arbeitszeit weder um eine Versetzung noch um eine Umgruppierung iSv. § 99 Abs. 1 S. 1 BetrVG. Erst bei einem mit der Verlängerung einhergehendem beruflichen Um- oder Aufstieg kann dieser eine Versetzung oder Umgruppierung hervorrufen.

c) Verweigerungsgründe

Der Betriebsrat kann sein Zustimmungsverweigerungsrecht sowohl bei der Einstellung externer als auch interner Bewerber ausüben. Fraglich ist aber in letzterem Fall, ob die Einstellung des anspruchsberechtigten Arbeitnehmers Mitbestimmungsrechte nach § 99 BetrVG auslösen kann. Bei § 9 TzBfG handelt es sich um einen Anspruch des teilzeitbeschäftigten Arbeitnehmers, an dessen Beachtung der Arbeitgeber bei der Besetzung eines freien Arbeitsplatzes gebunden ist. Wegen des dadurch fehlenden Regelungsspielraums kann der Arbeitgeber, streng betrachtet, nicht über die Besetzung des Arbeitsplatzes „bestimmen". In der Folge bliebe keine Entscheidung, bei der der Betriebsrat „mitbestimmen" könnte.[305] Trotzdem handelt es sich um eine Einstellung bzw. Versetzung iSd. § 99 BetrVG, wenn der Arbeitgeber den Arbeitsplatz mit dem anspruchsberechtigten internen Bewerber neu besetzt. Das Mitbestimmungsrecht knüpft zudem an die kollektiven Auswirkungen der personellen Maßnahme an.[306] Daher ist der Anwendungsbereich des § 99 BetrVG auch im Fall der intendierten Besetzung mit dem anspruchsberechtigten Teilzeitbeschäftigten eröffnet.[307]

aa) Einstellung eines externen Bewerbers

Der Betriebsrat kann seine Zustimmung zur Einstellung eines externen Bewerbers nach § 99 Abs. 2 Nr. 1 und Nr. 3 BetrVG verweigern, wenn mit der Einstellung der Verlängerungsanspruch eines internen Bewerbers missachtet wird.[308]

---

304 Ebenso: *Sievers*, § 9 Rn. 79; Annuß/Thüsing/*Jacobs*, TzBfG, § 9 Rn. 50; MHH, § 9 Rn. 7; *Fitting*, § 99 Rn. 42, 151; *Rudolf*, S. 196; Laux/Schlachter/*Laux*, § 9 Rn. 81.

305 HK-TzBfG/*Boecken*, § 9 Rn. 39; *Oetker*, NZA 2003, 937, 940; a.A. HWK/*Schmalenberg*, TzBfG § 9 Rn. 20.

306 *Fitting*, § 99 Rn. 3; Richardi/*Thüsing*, § 99 Rn. 11.

307 Ebenso: MHH, § 9 Rn. 5; *Rudolf*, S. 189; *Opitz*, S. 234; a.A. HK-TzBfG/*Boecken*, § 9 Rn. 39; *Hanau*, NZA 2001, 1168, 1174.

308 BT-Drs. 14/4625, S. 20; MHH, § 9 Rn. 7; HK-TzBfG/*Boecken*, § 9 Rn. 38; Annuß/Thüsing/*Jacobs*, TzBfG, § 9 Rn. 52 f.; ErfK/*Preis*, TzBfG § 9 Rn. 11; HWK/*Schmalenberg*,

Ein Verstoß gegen § 9 TzBfG als Gesetz iSd. § 99 Abs. 2 Nr. 1 BetrVG liegt immer dann vor, wenn der externe Bewerber gegenüber den internen Teilzeitbeschäftigten keine bessere Eignung aufweist. Bei der Beurteilung der Eignung kommt dem Arbeitgeber allerdings ein Beurteilungsspielraum zu, der die Überprüfbarkeit der Entscheidung durch den Betriebsrat, etwa mittels Einsicht in die Bewerberunterlagen, einschränkt. Zugleich erleidet der nichtberücksichtigte interne Bewerber einen sonstigen Nachteil iSd. Nr. 3, weil § 9 TzBfG dem Arbeitnehmer einen Rechtsanspruch und nicht nur eine bloße Hoffnung auf eine bevorzugte Berücksichtigung bei der Besetzung des Arbeitsplatzes gewährt. Durch die anderweitige Besetzung mit dem externen Bewerber geht dieser Anspruch unter.[309]

bb) Einstellung eines internen Bewerbers

Zustimmungsverweigerungsrechte gegen die Einstellung eines internen Bewerbers können zugunsten eines externen Bewerbers bestehen, wenn dieser einen Anspruch auf Einstellung hat, der dem Verlängerungsanspruch vorgeht. Hierzu zählen Ansprüche nach § 78a BetrVG, § 164 Abs. 4 S. 1 Nr. 1 SGB IX, der Wiedereinstellungsanspruch im Kündigungsfall oder die Versetzung eines Arbeitnehmers, wenn der freie Arbeitsplatz die einzige Weiterbeschäftigungsmöglichkeit vor Ausspruch einer betriebsbedingten Kündigung bildet.[310] Der Betriebsrat kann dann gemäß § 99 Abs. 2 Nr. 1, Nr. 3 BetrVG die Zustimmung zur Einstellung des internen teilzeitbeschäftigten Bewerbers verweigern. Der interne Bewerber erleidet dabei selbst keinen sonstigen Nachteil iSd. § 99 Abs. 2 Nr. 3 BetrVG, weil er, mangels eines vorrangigen Anspruchs auf den freien zu besetzenden Arbeitsplatz, keine geschützte Rechtsposition verliert. Anders verhält sich dies bei mindestens gleicher Eignung des internen Bewerbers.

Weiterhin ist denkbar, dass der Arbeitgeber die Einstellung des internen Bewerbers zulasten eines anderen internen Bewerbers vornehmen möchte. Hier besteht ein Zustimmungsverweigerungsrecht nach § 99 Abs. 2 Nr. 1, Nr. 3 BetrVG nur dann, wenn der andere teilzeitbeschäftigte, interne Bewerber besser

---

TzBfG § 9 Rn. 18 f.; *Fitting*, § 99 Rn. 224; MHdB ArbR/*Lunk*, § 340 Rn. 64; *Kliemt*, NZA 2001, 63, 70; *Hinrichs*, AiB 2001, 65, 72; *Schüren*, AuR 2001, 321, 324.

309 Für eine Unmöglichkeit der Anspruchserfüllung: ErfK/*Preis*, TzBfG § 9 Rn. 13, 15; HK-TzBfG/*Boecken*, § 9 Rn. 34; HWK/*Schmalenberg*, TzBfG § 9 Rn. 18; a.A. MHH, § 9 Rn. 34; Einzelheiten siehe auch oben Teil 2, II. 3. g) aa).

310 Siehe hierzu im Einzelnen oben Teil 2, V. 5. a).

geeignet wäre oder, im Falle eines Vollzeitbeschäftigten, dieser einen § 9 TzBfG vorrangigen Anspruch geltend machen kann.

cc) Konkurrenz zwischen zwei gleich geeigneten internen Bewerbern

Zustimmungsverweigerungsrechte nach § 99 BetrVG sind bei einer Konkurrenz zwischen zwei oder mehreren gleich geeigneten internen Bewerbern nur schwierig zu ermitteln, da § 9 S. 1 Nr. 3 TzBfG Arbeitszeitwünsche anderer Arbeitnehmer ausdrücklich als anspruchsausschließenden Einwand vorsieht und der Arbeitgeber zwischen internen Bewerbern nach billigem Ermessen auswählen kann. Insofern kann der Betriebsrat nur Einwände gegen die Auswahlentscheidung selbst erheben und diese mittelbar über § 99 Abs. 2 Nr. 3 BetrVG zugunsten des übergangenen Bewerbers geltend machen.[311] Da aber die Auswahlentscheidung schon gerichtlich nur sehr eingeschränkt überprüfbar ist, können für den Betriebsrat nicht mittelbar über die Reichweite der Zustimmungsverweigerung weitergehende Kontrollrechte bestehen. Seine Einwände können nicht weiterreichen als der gerichtliche Überprüfungsmaßstab. Damit beschränkt sich die Zustimmungsverweigerung auf diejenigen Fälle, in denen der Arbeitgeber sein Auswahlermessen willkürlich ausgeübt hat oder aber erkennbar gar keine Auswahlentscheidung getroffen hat.[312]

dd) Konkurrenz zwischen teilzeitbeschäftigtem und befristetet beschäftigtem Bewerber

Freie und dauerhaft zu besetzende Vollzeitarbeitsplätze sind auch für befristet Beschäftigte von hoher Attraktivität. Hier kann es in verschiedenen Konstellationen zu einem Konkurrenzverhältnis mit (unbefristet) teilzeitbeschäftigten Bewerbern kommen.

Zunächst ist vorstellbar, dass ein in Vollzeit beschäftigter, befristet eingestellter Arbeitnehmer sich für den freien Arbeitsplatz bewirbt. Gegen eine bevorzugte Berücksichtigung dieses Bewerbers spricht, dass das Gesetz keinen Anspruch auf Übernahme in ein unbefristetes Arbeitsverhältnis kennt, sondern in § 18 TzBfG lediglich eine Informationspflicht des Arbeitgebers über unbefristete Arbeitsplätze regelt. Daher steht dem befristet Beschäftigten kein individueller Anspruch auf den freien Arbeitsplatz nach dem TzBfG zu. Einen solchen hat der Gesetzgeber bewusst nicht vorgesehen.[313] Eine Privilegierung

---

311 *Rudolf*, S. 193.

312 HK-TzBfG/*Boecken*, § 9 Rn. 24; vgl. auch *Rudolf*, S. 118 f.

313 *Rieble*, NZA Sonderheft 2001, 48, 56; *Oetker*, NZA 2003, 937.

erfahren befristet Beschäftigte aber über die Regelung des § 99 Abs. 3 Nr. 3 Hs. 2 BetrVG. Demnach kann der Betriebsrat seine Zustimmung zu einer unbefristeten Einstellung verweigern, wenn ein gleich geeigneter befristet Beschäftigter nicht berücksichtigt wird. Diese Bestandschutzgesichtspunkte führen dennoch nicht zu einem Vorrang des befristet Beschäftigten,[314] da sie in ihrer rechtlichen Qualität nicht an die Position des teilzeitbeschäftigten Arbeitnehmers, der einen Anspruch nach § 9 TzBfG geltend machen kann, heranreichen.[315] Der fingierte rechtliche Nachteil wird durch betriebliche Gründe, nämlich die Verpflichtung des Arbeitgebers, den vorrangigen Anspruch nach § 9 TzBfG zu beachten, gerechtfertigt. Aus diesem Grund ist es auch abzulehnen, dem Betriebsrat bzw. dem Arbeitgeber ein Auswahlermessen einzuräumen.[316] Zudem wird der Anwendungsbereich des § 99 Abs. 3 Nr. 3 Hs. 2 BetrVG vielfach auf die Auswahl zwischen externem und internem befristet beschäftigten Bewerber begrenzt.[317] Dieses Argument kann allerdings nicht zum Tragen kommen, wenn man in der nicht unerheblichen Verlängerung der Arbeitszeit zu Recht eine Einstellung iSd. § 99 Abs. 1 BetrVG sieht. Der Arbeitgeber muss den Antrag des unbefristet teilzeitbeschäftigten Arbeitnehmers im Ergebnis also bevorzugt berücksichtigen.[318]

Handelt es sich auch bei dem befristet eingestellten Arbeitnehmer um eine Teilzeitkraft, so stehen beiden Bewerbern Ansprüche nach § 9 TzBfG zu. Denn die Art des Arbeitsverhältnisses ist für die Inhaberschaft des Verlängerungsanspruchs irrelevant. Zwischen gleich geeigneten Arbeitnehmern kann der Arbeitgeber grundsätzlich nach billigem Ermessen auswählen. Wegen § 99 Abs. 3 Nr. 3 Hs. 2 BetrVG muss er aber die Befristung in seine Auswahlentscheidung einstellen. Die Gewichtung im Einzelfall bleibt indes vollständig ihm überlassen.

d) Zustimmungsersetzungsverfahren

Verweigert der Betriebsrat seine Zustimmung zur geplanten Einstellung, kann der Arbeitgeber im arbeitsgerichtlichen Verfahren die Ersetzung beantragen, § 99 Abs. 4 BetrVG. Im Zusammenhang mit § 9 TzBfG stellt sich die Frage, ob der Arbeitgeber verpflichtet ist, das Verfahren durchzuführen, bevor er mit

---

314 So aber: Annuß/Thüsing/*Jacobs*, TzBfG, § 9 Rn. 55.

315 *Hanau*, ZIP 2001, 1981, 1987; *Fitting*, § 99 Rn. 235.

316 *Fuchs*, AiB 2002, 510, 511 (Betriebsrat); *Rudolf*, S. 195 (Arbeitgeber).

317 So: *Rieble*, NZA Sonderheft 2001, 48, 56 f.; GK-BetrVG/*Raab*, § 99 Rn. 220; Richardi/*Thüsing*, § 99 Rn. 248.

318 Ähnlich: LAG BaWü v. 27.01.2010 – 12 Sa 44/09, juris-Rn. 63 (Das reine Entfristungsinteresse eines anderen Arbeitnehmers genügt nicht).

Erfolg den Einwand des entgegenstehenden betrieblichen Grundes geltend machen kann.

aa) Keine Durchführungspflicht des Arbeitgebers im Allgemeinen

Im Regelfall besteht keine Pflicht des Arbeitgebers gegenüber dem einzelnen Arbeitnehmer, ein Zustimmungsersetzungsverfahren einzuleiten[319], weil § 99 Abs. 4 BetrVG nicht dem Schutz des Bewerberinteresses dient. Der Bewerber kann nicht ohne Weiteres davon ausgehen, dass sich der Arbeitgeber der Verpflichtung unterwirft, rechtliche Schritte gegen den Betriebsrat einzuleiten. Zudem besteht von Seiten des Arbeitgebers das berechtigte Interesse, die Zusammenarbeit mit dem Betriebsrat nicht unnötig oder unverhältnismäßig zu belasten.

Nur bei Vorliegen besonderer Umstände kann sich ausnahmsweise eine Pflicht zur Durchführung ergeben. Der Arbeitgeber muss lediglich dann aktiv das Ersetzungsverfahren bemühen, wenn beispielsweise ein Verstoß gegen den arbeitsrechtlichen Gleichbehandlungsgrundsatz[320] oder eine ausdrückliche Zusage[321] seinerseits vorliegt, nicht aber bereits im Allgemeinen aufgrund seiner vertraglichen Rücksichtnahmepflicht aus § 241 Abs. 2 BGB[322].

bb) Zumutbare Überzeugungshandlungen aufgrund des § 9 TzBfG

Fraglich ist, ob dies im Zusammenhang mit § 9 TzBfG anders beurteilt werden muss. Hierfür spricht, dass § 9 TzBfG dem Arbeitnehmer einen gesetzlichen Anspruch auf Änderung der Arbeitszeit gibt und damit gewissermaßen einen Anspruch auf Einstellung als korrespondierende personelle Maßnahme. Der Anspruch des Arbeitnehmers auf Einstellung ist mit der ausdrücklichen Zusage des Arbeitgebers vergleichbar, denn in beiden Fällen wird der Arbeitgeber an die Interessen des Arbeitnehmers gebunden.

Dabei handelt es sich einerseits um eine Selbstbindung und andererseits um einen gesetzlichen Anspruch des Arbeitnehmers gegen den Arbeitgeber. Im Rahmen der Selbstbindung bestimmt der Schuldner autonom die Reichweite der eingegangenen Verpflichtung. Anders verhält sich dies bei gesetzlichen Ansprüchen. Im Grundsatz besteht keine Pflicht des Schuldners, den Gläubiger aktiv

---

319 *Fitting*, § 99 Rn. 287; DKW/*Bachner/Wenckebach*, BetrVG, § 99 Rn. 250a.

320 *Fitting*, § 99 Rn. 287.

321 BAG v. 16.03.2010 – 3 AZR 31/09, NZA 2010, 1028.

322 BAG v. 21.02.2017 – 1 AZR 367/15, Rn. 18 ff.; BAG v. 19.05.2010 – 5 AZR 162/09, Rn. 32.

bei der Durchsetzung seiner Rechte zu unterstützen. Ausnahmen hiervon bilden lediglich Mitwirkungspflichten. Jedoch liegt die Einholung der Zustimmung des Betriebsrats im Verantwortungsbereich des Arbeitgebers. Aus dem gesetzlichen Anspruch des Arbeitnehmers folgt ähnlich wie im Rahmen des § 164 Abs. 4 S. 1 Nr. 1 SGB IX, dass er sich hierzu nach Kräften bemühen muss. Der Arbeitgeber muss den geltend gemachten Gründen nachgehen, ggf. ihre Konkretisierung verlangen und im Rahmen des Zumutbaren versuchen, den Betriebsrat zur Zustimmung zu bewegen.[323]

cc) Durchführungspflicht des Arbeitgebers aufgrund von § 9 TzBfG

Zu klären ist, ob die Verpflichtung des Arbeitgebers im Hinblick auf den Anspruch nach § 9 TzBfG noch weitreichender ist. Für § 164 Abs. 4 S. 1 Nr. 1 SGB IX wird dies ohne ein Hinzutreten besonderer Umstände teilweise verneint.[324] Ein solcher besonderer Umstand kann im Einzelfall vorliegen, wenn die beanspruchte Versetzung als Weiterbeschäftigungsmöglichkeit des schwerbehinderten Arbeitnehmers der Vermeidung einer Kündigung dient. Diese kündigungsrechtlich geprägte Situation unterscheidet sich aber grundlegend von dem Anspruch auf Verlängerung der Arbeitszeit. Anders als bei §§ 164 Abs. 4 S. 1 Nr. 1, 171 Abs. 3 SGB IX findet beim Verlängerungsanspruch keine Vorprüfung durch das Integrationsamt statt, sodass der Entscheidung des Betriebsrats keine Vermutung für ihre sachliche Richtigkeit zukommt. Durch das Fehlen der berechtigten Annahme, dass die Entscheidung des Betriebsrats auf vertretbaren Gründen beruht, ergibt sich für den Arbeitgeber nicht per se eine von vorneherein geringe Erfolgsaussicht und damit ein unzumutbarer Aufwand. Zudem steht nicht im Raum, dass dem Arbeitgeber eine mit dem Verlängerungsanspruch im Zusammenhang stehende Fristversäumnis drohen könnte. Dies wäre lediglich im Rahmen des § 164 SGB IX denkbar, wenn die Weiterbeschäftigung in einem anderen Betrieb eine Alternative zu einer Beendigungskündigung darstellen soll. § 171 Abs. 3 SGB IX ermöglicht eine Kündigung dann nur innerhalb eines Monats nach Zustimmungserteilung durch das Integrationsamt.

Dennoch würde eine uneingeschränkte Durchführungspflicht des Arbeitgebers dessen Fürsorgepflicht überdehnen, weil bei einem Verlängerungsanspruch das Interesse an einer unbelasteten Zusammenarbeit mit dem Betriebsrat

---

323 BAG v. 22.09.2005 – 2 AZR 519/04, Rn. 43.

324 BAG v. 22.09.2005 – 2 AZR 519/04; GK-BetrVG/*Raab*, § 99 Rn. 264; a.A. BAG v. 03.12.2002 – 9 AZR 481/01 unter A.II.3. der Gründe; krit. dazu ErfK/*Kania*, BetrVG § 99 Rn. 41.

bestehen bleibt. Dem Durchsetzungsinteresse des Arbeitnehmers ist es insbesondere nicht dienlich, wenn der Arbeitgeber unabhängig von den Erfolgsaussichten zur Einleitung des Verfahrens verpflichtet wird. Auf der anderen Seite ist der Arbeitgeber nach § 9 TzBfG ausdrücklich gesetzlich zur Anspruchserfüllung verpflichtet. Er wird daher aufgrund der ihm drohenden Schadensersatzansprüche auch ein eigenes Interesse an der Durchsetzung eines berechtigten Verlängerungswunsches haben. Lediglich für den Fall, dass sich die Begründung des Betriebsrats als schlüssig und nachvollziehbar zeigt, ist es dem Arbeitgeber nicht zuzumuten, sich auf ein Verfahren mit dann ungewissem Ausgang und hohem Prozessrisiko einzulassen.[325]

dd) Zwischenergebnis

Im Ergebnis ist der Arbeitgeber bei einer Verweigerung der Zustimmung durch den Betriebsrat verpflichtet, im Interesse des verlängerungsberechtigten Arbeitnehmers das Zustimmungsersetzungsverfahren einzuleiten.[326] Eine Ausnahme hiervon ergibt sich, wenn dieses offensichtlich ohne Aussicht auf Erfolg ist.

e) Theorie der Wirksamkeitsvoraussetzung

Der Arbeitgeber kann die Änderung der Arbeitszeit auch ungeachtet der Zustimmungsverweigerung des Betriebsrats mit dem verlängerungswilligen Arbeitnehmer vereinbaren. Hierbei ist fraglich, welchen Einfluss die Verletzung des Mitbestimmungsrechts auf die vertragliche Beziehung zwischen Arbeitgeber und Arbeitnehmer hat. Ohne Durchgreifen auf das Vertrags- oder Beschäftigungsverhältnis zwischen Arbeitgeber und einzelnem Arbeitnehmer entfällt unter Umständen die berechtigte Einordnung der Zustimmungsverweigerung als betrieblicher Grund.

aa) Individualarbeitsrechtliche Unwirksamkeit

Nach der arbeitsrechtlichen Theorie der Wirksamkeitsvoraussetzung ist jede unter Verletzung der Mitbestimmungsrechte des Betriebsrats ergangene

325 BAG v. 29.01.1997 – 2 AZR 9/96, NZA 1997, 709 unter II.1.d. der Gründe; GK-BetrVG/*Raab*, § 99 Rn. 264.

326 Ebenso BAG v. 03.12.2002 – 9 AZR 481/01 (für einen Anspruch nach § 81 Abs. 4 S. 1 Nr. 1 SGB IX a.F.); weniger weitgehend: BeckOK ArbR/*Bayreuther*, TzBfG, § 9 Rn. 11 (Bemühung im üblichen Rahmen); GK-BetrVG/*Raab*, § 99 Rn. 262 (im Regelfall bei Vorliegen einer gesetzlichen Verpflichtung des Arbeitgebers und unter Beachtung der Zumutbarkeitsgrenze); a.A.: *Worzalla*, SAE 2009, 257, 260; *Rudolf*, S. 191.

Maßnahme individualarbeitsrechtlich unwirksam.[327] Ausnahmen hiervon ergeben sich lediglich aus dem Gedanken des Vertrauensschutzes bei Maßnahmen, durch die der einzelne Arbeitnehmer begünstigt wird.[328]

Abhängig davon, ob man die tatsächliche Eingliederung des Arbeitnehmers in den Betrieb oder den Vertragsschluss als den für die Mitbestimmung relevanten Zeitpunkt wählt, gelangt man zu unterschiedlichen Ergebnissen:

Die Änderung des Arbeitsvertrags ist wirksam,[329] wenn und soweit es für das Mitbestimmungsrecht des Betriebsrats auf die tatsächliche Eingliederung des Arbeitnehmers in den Betriebsablauf und nicht auf den Vertragsschluss ankommt. Individualrechtliche Folge ist jedoch, dass die fehlende Zustimmung des Betriebsrats zur Einstellung zu einem Beschäftigungsverbot des Arbeitnehmers führt.[330] Der Arbeitnehmer kann seinen aus dem Arbeitsverhältnis folgenden Beschäftigungsanspruch hinsichtlich der Erhöhung der Arbeitszeit nicht verwirklichen.

Ist man hingegen der Meinung, dass die Zustimmung des Betriebsrats auch Wirksamkeitsvoraussetzung der Änderung des Arbeitsvertrags ist, schlägt die fehlerhafte oder unterlassene Beteiligung auf die individualrechtliche Ebene des Vertragsschlusses durch. Es besteht, dann bezogen auf die Änderung der Arbeitsbedingungen, ein fehlerhaftes Arbeitsverhältnis, das der Arbeitgeber jederzeit einseitig beenden kann.[331] Bezogen auf die Änderung der Arbeitsbedingungen bedeutet dies, dass der Arbeitgeber zur Teilbeendigung berechtigt ist und den Arbeitnehmer auf die vorherige Arbeitszeit verweisen kann.

bb) Ausnahme wegen Begünstigung des Arbeitnehmers?

In beiden Fällen bleibt fraglich, ob eine Ausnahme von der Theorie der Wirksamkeitsvoraussetzung anzunehmen ist, weil der Arbeitnehmer durch die Verlängerung seiner Arbeitszeit begünstigt wird.

---

327 St. Rspr.: BAG v. 03.12.1991 – GS 2/90, NZA 1992, 749; BAG v. 23.02.2016 – 1 AZR 73/14, NZA 2016, 906; BAG v. 22.10.2014 – 5 AZR 731/12, NZA 2015, 501; *Fitting*, § 87 Rn. 599; GK-BetrVG/*Wiese*, § 87 Rn. 102, 110; a.A. Richardi/*Richardi/Maschmann*, § 87 Rn. 101, 104.

328 BAG v. 14.06.1972 – 4 AZR 315/71.

329 Richardi/*Thüsing*, § 99 Rn. 329; *Fitting*, § 99 Rn. 278; GK-BetrVG/*Raab*, § 99 Rn. 182; HWGNRH/*Huke*, § 99 Rn. 23; DKW/*Bachner/Wenckebach*, BetrVG, § 99 Rn. 250.

330 BAG v. 02.07.1980 – 5 AZR 1241/79, NJW 1981, 703; BAG v. 05.04.2001 – 2 AZR 580/99, NZA 2001, 839 unter B. II. 2. c) cc) der Gründe; Richardi/*Thüsing*, § 99 Rn. 330; *Raab*, ZfA 1995, 479, 492.

331 Richardi/*Thüsing*, § 99 Rn. 331.

Nach der Rechtsprechung des BAG führt die Verletzung von Mitbestimmungsrechten jedenfalls zur Unwirksamkeit solcher arbeitgeberseitigen Maßnahmen oder Rechtsgeschäfte, die den Arbeitnehmer belasten.[332] Dazu muss der Arbeitgeber in bereits bestehende Rechtspositionen des Arbeitnehmers eingreifen und diese verkürzen. Der Verlängerungsanspruch ist für den Arbeitnehmer hingegen rechtlich wie tatsächlich vorteilhaft. Dies gilt sowohl für den Abschluss des Änderungsvertrags als auch für die tatsächliche Beschäftigung im Umfang der verlängerten Arbeitszeit, aus welcher korrespondierend ein Anspruch auf erhöhten Arbeitslohn entsteht.

§ 99 Abs. 1 BetrVG sieht als mitbestimmungspflichtige personelle Einzelmaßnahmen Einstellung, Eingruppierung, Umgruppierung und Versetzung vor. Die Mitbestimmungsrechte dienen dabei im Wesentlichen den Interessen der schon vorhandenen Belegschaft.[333] Im Falle der Einstellung oder Versetzung eines Arbeitnehmers liegt allerdings eine verstärkte Kollision zwischen kollektiven und individuellen Interessen vor. Dem muss der Betriebsrat im Rahmen seiner Entscheidungsfindung Rechnung tragen, indem er die allgemeinen Interessen der Belegschaft und die individuellen Belange des von der Maßnahme betroffenen Arbeitnehmers gegeneinander abwägt.[334]

Dennoch bleiben die kollektiven Interessen der bereits beschäftigten Arbeitnehmer außer Betracht, wenn man die Wirksamkeit der personellen Maßnahme allein und ausschließlich nach ihren Auswirkungen auf den einzelnen Arbeitnehmer beurteilt. Es kommt hinzu, dass eine Einstellung für den einzelnen Arbeitnehmer stets vorteilhaft sein wird, unabhängig davon, ob es sich um eine Neueinstellung oder eine Verlängerung der Arbeitszeit nach § 9 TzBfG handelt. Das Mitbestimmungsrecht des Betriebsrats wäre in solchen Fällen also nicht erforderlich.

Auf der anderen Seite besteht für den Arbeitnehmer keine Möglichkeit, eine rechtswidrige Zustimmungsverweigerung des Betriebsrats zu korrigieren oder überprüfen zu lassen. Er kann, anders als der Arbeitgeber, kein Zustimmungsersetzungsverfahren nach § 99 Abs. 4 BetrVG initiieren und die personelle Maßnahme nach § 100 BetrVG vorläufig durchführen. In dem Verfahren vor den Arbeitsgerichten ist er weder Beteiligter noch hat er ein eigenes Antragsrecht.[335]

---

332 BAG v. 03.12.1991 – GS 2/90, NZA 1992, 749; BAG v. 23.02.2016 – 1 AZR 73/14, NZA 2016, 906; BAG v. 22.10.2014 – 5 AZR 731/12.

333 BAG v. 22.04.1997 – 1 ABR 74/96; BAG v. 25.01.2005 – 1 ABR 59/03.

334 *Fitting*, § 99 Rn. 3; DKW/*Bachner/Wenckebach*, BetrVG, § 99 Rn. 4.

335 BAG v. 27.05.1982 – 6 ABR 105/79; BAG v. 22.03.1983 – 1 ABR 49/81; BAG v. 23.09.2003 – 1 ABR 35/02; DKW/*Bachner/Wenckebach*, BetrVG, § 99 Rn. 247;

Dieses Defizit wird dadurch genügend ausgeglichen, dass der Arbeitgeber verpflichtet ist, bei einer offensichtlich rechtswidrigen Zustimmungsverweigerung das Ersetzungsverfahren nach § 99 Abs. 4 BetrVG einzuleiten.[336]

Im Ergebnis kann also wegen Sinn und Zweck des Mitbestimmungsrechts nach § 99 BetrVG bei einer Einstellung keine Ausnahme von der Theorie der Wirksamkeitsvoraussetzung angenommen werden.

7. Das Tatbestandsmerkmal der Dringlichkeit

Dringend sind betriebliche Gründe, wenn sie einer Besetzung des freien Arbeitsplatzes mit dem Arbeitnehmer gleichsam zwingend entgegenstehen und von ganz besonderem Gewicht sind.[337] Damit sind die Hürden, einen Anspruch nach § 9 TzBfG abzuweisen, höher als bei § 8 TzBfG.[338] Von dem Arbeitgeber können erhebliche Umstrukturierungen verlangt werden, sodass sein Organisationsermessen nur noch eingeschränkt besteht.[339]

VI. Eintritt und Reichweite der Rechtsfolge

1. Art des Anspruchs: Erfüllungsanspruch auf Änderung des Arbeitsvertrags

Unabhängig vom konkreten Umfang des Anspruchsinhalts herrscht Einigkeit darüber, dass Rechtsfolge des § 9 TzBfG ein einklagbarer Erfüllungsanspruch des Arbeitnehmers auf Änderung des Arbeitsvertrags ist.[340] Aus Sicht des Arbeitgebers bedeutet dies einen einseitigen Kontrahierungszwang, also einen Eingriff in seine Abschlussfreiheit.[341] Für diese Sichtweise sprechen der Normwortlaut,

---

GK-BetrVG/*Raab*, § 99 Rn. 259; HWGNRH/*Huke*, § 99 Rn. 235; *Fitting*, § 99 Rn. 288; (tlw.) a.A.: Richardi/*Thüsing*, § 99 Rn. 311, 342, 345 (Befugnis zur Überprüfung); *Hartmann*, ZfA 2008, 383, 408 ff.

336 Siehe bereits oben Teil 2, V. 6. d).

337 BAG v. 16.09.2008 – 9 AZR 871/07, Rn. 37.

338 MHdB ArbR/*Schüren*, § 50 Rn. 112.

339 BAG v. 15.08.2006 – 9 AZR 8/06, NZA 2007, 255, Rn. 34, 36; LAG Köln v. 15.06.2009 – 5 Sa 1454/08, juris-Rn. 25; ablehnend: *Mühlhausen*, NZA 2007, 1264, 1267.

340 BAG v. 15.08.2006 – 9 AZR 8/06, NZA 2007, 255, Rn. 17 ff.; BAG v. 13.02.2007 – 9 AZR 575/05, Rn. 26; ErfK/*Preis*, TzBfG § 9 Rn. 2; BeckOK ArbR/*Bayreuther*, TzBfG, § 9 Rn. 13; Laux/Schlachter/*Laux*, § 9 Rn. 74; HK-TzBfG/*Boecken*, § 9 Rn. 1; MHH, § 9 Rn. 31; Annuß/Thüsing/*Jacobs*, TzBfG, § 9 Rn. 34; *Hanau*, NZA 2001, 1168, 1174.

341 *Sievers*, § 9 Rn. 1; Laux/Schlachter/*Laux*, § 9 Rn. 74; MHdB ArbR/*Schüren*, § 50 Rn. 116.

der systematische Zusammenhang mit § 8 TzBfG sowie der Normzweck. Durch die Formulierung „hat … zu berücksichtigen" wird dem Arbeitgeber das Gebot auferlegt, den Arbeitnehmer durch den Abschluss eines Arbeitsvertrags über die verlängerte Arbeitszeit tatsächlich bevorzugt zu berücksichtigen. Im Zusammenhang mit § 8 TzBfG soll § 9 TzBfG dazu beitragen, die Akzeptanz von Teilzeitarbeit zu fördern, indem den Arbeitnehmern eine Teilzeitbeschäftigung nicht zur „Teilzeitfalle"[342] wird, in der sie, einmal hineingelangt und sodann abhängig vom Wohlwollen des Arbeitgebers, für ihr gesamtes Erwerbsleben verharren, ohne ihren Erwerb in dem bestehenden Arbeitsverhältnis an sich verändernde Lebenssituationen anpassen zu können. Diese Flexibilisierung des Arbeitsverhältnisses in beide Richtungen kann jedoch nur durch einen gerichtlich durchsetzbaren Anspruch des Arbeitnehmers auf Verlängerung seiner Arbeitszeit erreicht werden.[343] Der Arbeitnehmer muss, will man den Zweck des § 9 TzBfG erreichen, eine gerichtlich durchsetzbare Rechtsposition und nicht nur eine unverbindliche Hoffnung erhalten.[344]

Die Ansicht *Lakies*,[345] der lediglich einen Anspruch auf ermessensfehlerfreie Entscheidung anerkennt, sowie die vermittelnde Ansicht *Rudolfs*,[346] der einen Anspruch nur bei einer Ermessensreduzierung auf Null, wenn also die Einstellung des Arbeitnehmers die einzig rechtmäßige ist, annimmt, werden in der aktuellen Diskussion nicht zustimmend aufgegriffen. Die oben genannten Argumente sprechen überzeugend gegen beide Ansichten.

§ 9 TzBfG bewirkt damit eine doppelte Bindung des Arbeitgebers. Einerseits ist er zu einem Abschluss eines Änderungsvertrags mit dem anspruchsberechtigten Arbeitnehmer verpflichtet. Andererseits verbietet § 9 TzBfG ihm den

---

342 Der Begriff der „Teilzeitfalle" hat sich mittlerweile als gängiger Ausdruck sowohl in der Rechtswissenschaft als auch in Gesellschaft und Presse etabliert. Siehe dazu bspw. BT-Drs. 19/5097, S. 7; *Thüsing*, BB 2018, 1076; *Franzen*, SR 2019, 12, 16; Forderung des DGB nach einem Recht auf befristete Teilzeit unter dem Stichwort „Raus aus der Teilzeitfalle!", einsehbar unter: https://www.dgb.de/dgb-zur-bundestagswahl-2017-jetzt-gerecht-du-hast-die-wahl (Stand 03.09.2020); FAZ online: „Frauen in der Teilzeitfalle", abrufbar unter: https://www.faz.net/aktuell/wirtschaft/arbeit-und-familie-frauen-in-der-teilzeitfalle-1610865.html (Stand 03.09.2020); SZ online: „Raus aus der Teilzeitfalle", abrufbar unter: https://www.sueddeutsche.de/wirtschaft/arbeitsmarkt-raus-aus-der-teilzeitfalle-1.3948803 (Stand 03.09.2020).

343 BAG v. 15.08.2006 – 9 AZR 8/06, NZA 2007, 255, Rn. 18 f.

344 Annuß/Thüsing/*Jacobs*, TzBfG, § 9 Rn. 34.

345 *Lakies*, DZWIR 2001, 1, 6.

346 *Rudolf*, S. 155 f.

Abschluss eines Arbeitsvertrags mit einem anderen als dem anspruchsberechtigen Arbeitnehmer; dies gilt allerdings nicht gegenüber Dritten, sondern nur relativ gegenüber dem nach § 9 TzBfG anspruchsberechtigten Arbeitnehmer.

2. Umfang des Anspruchs

a) Normüberschrift: Verlängerung der „Arbeitszeit"

Misst man die Reichweite der Rechtsfolgen an der Überschrift des § 9 TzBfG, so scheint das entscheidende Moment die Erweiterung des zwischen Arbeitgeber und Arbeitnehmer vereinbarten Arbeitszeitvolumens zu sein.

Arbeitszeit im Sinne des ArbZG definiert § 2 Abs. 1 S. 1 ArbZG als die Zeit vom Beginn bis zum Ende der Arbeit ohne die Ruhepausen. Sie wird üblicherweise in Stunden gemessen. Innerhalb dieser Zeitspanne ist der Arbeitnehmer verpflichtet, dem Arbeitgeber seine Arbeitskraft zur Verfügung zu stellen. Der Begriff der Verlängerung wird nach allgemeinem Sprachgebrauch als Ausdehnung, Ausweitung oder Vergrößerung verstanden. Im eigentlichen Wortsinn handelt es sich bei einem Anspruch auf Verlängerung der Arbeitszeit also um eine Ausdehnung des Zeitraums, in dem der Arbeitnehmer dem Arbeitgeber zur Arbeitsleistung verpflichtet ist, mithin um eine Ausdehnung des dem Arbeitgeber geschuldeten Leistungszeitraums.

Gemessen an der Normüberschrift stünde dem Arbeitnehmer also ein Anspruch auf Änderung des Arbeitsvertrags dahingehend zu, dass er zu den ursprünglich vereinbarten Bedingungen zukünftig mit einem höheren Stundenkontingent weiterarbeiten und somit eine Ausweitung seiner Wochen-, Monats- bzw. Jahresarbeitszeit verlangen kann. Ein Wechsel auf einen anderen Arbeitsplatz ist bei Betrachtung der amtlichen Überschrift gerade nicht zwingend nötig.

b) Norminhalt: Bevorzugte Berücksichtigung bei der Besetzung eines „Arbeitsplatzes"

Der Wortlaut „bei der Besetzung eines Arbeitsplatzes" deutet hingegen abweichend von der Normüberschrift „Verlängerung der Arbeitszeit" auf ein anderes Verständnis hin. Der verlängerungswillige Arbeitnehmer ist nach dem Normwortlaut tatsächlich nur noch bei der Besetzung eines Arbeitsplatzes bevorzugt zu berücksichtigen.[347] Zusätzlich muss es sich bei dem Arbeitsplatz nach § 9 S. 1

---

347 Gleichfalls differenzierend bereits: *Brügge*, S. 316 f. Dieser gelangt im Ergebnis aber nicht zu einer erweiternden Auslegung der Tatbestandsmerkmale „freier, entsprechender Arbeitsplatz", siehe dazu auch oben Teil 2, II sowie unten Teil 2, VI. 2. b) bb).

Nr. 1 TzBfG um einen entsprechenden freien Arbeitsplatz handeln. Diese Lesart würde die zunächst weit erscheinende Rechtsfolge stark einschränken.

aa) Überwiegendes Verständnis in Rechtsprechung und Literatur

Der Begriff des „Arbeitsplatzes" wird im TzBfG selbst nicht bestimmt. In der Zusammenschau kennzeichnet einen Arbeitsplatz seine örtlich-räumliche Komponente (die Arbeitsumstände und die Einordnung in den Arbeitsablauf des Betriebs) sowie seine funktional-organisatorische Dimension (die Art der Tätigkeit und der Inhalt der Arbeitsaufgabe).[348] In diesem Sinne hatte das BAG bereits zu einer mit § 9 TzBfG vergleichbaren Tarifklausel, nämlich § 2 Nr. 5 Abs. 2 MTV Massa, die mit dem Arbeitsplatz vergleichbare „Stelle" als durch Art, Ort und Umfang der Tätigkeit bestimmt definiert.[349]

Die Besetzung des Arbeitsplatzes erfolgt durch den Abschluss eines Arbeitsvertrags. Dabei muss der Arbeitgeber den Wunsch des Arbeitnehmers erst „bei" der Besetzung bevorzugt berücksichtigen, sodass er in der zunächst anzustellenden Feststellung des Personalbedarfs und der darauffolgenden Personalplanung frei ist. § 9 TzBfG zwingt den Arbeitnehmer nicht zur Schaffung von ihm unerwünschten Arbeitsplätzen mit verlängerter Arbeitszeit, sondern bewirkt nur eine Bindung hinsichtlich der personellen Auswahlentscheidung zwischen mehreren Bewerbern.[350] Erst wenn der Arbeitgeber sich zur Besetzung eines entsprechenden freien Arbeitsplatzes entschlossen hat, kann der Arbeitnehmer dabei seine bevorzugte Berücksichtigung verlangen.

Der Begriff „Besetzung" wird synonym verwendet für das Vergeben einer Stellung, eines Postens, einer Rolle[351] und liegt im Abschluss von Arbeitsverträgen.[352] Die Präposition „bei" drückt hierbei den Zeitpunkt der Berücksichtigung aus. Daraus folgt, dass der Arbeitgeber zunächst autonom die betriebliche Stellenplanung durchführen kann, denn Besetzung meint nicht Schaffung oder Ausgestaltung eines Arbeitsplatzes.[353]

348 BAG v. 17.06.2008 – 1 ABR 38/07, AP BetrVG 1972 § 99 Versetzung Nr. 47, Rn. 21; Richardi/*Thüsing*, § 99 Rn. 113, 115; *Fitting*, § 99 Rn. 124; *Rudolf*, S. 84.

349 BAG v. 25.10.1994 – 3 AZR 987/93, ArbuR 2001, 146, juris-Rn. 24.

350 BAG v. 15.08.2006 – 9 AZR 8/06, NZA 2007, 255, Rn. 26 ff.

351 https://www.duden.de/suchen/dudenonline/besetzung (Stand: 25.03.2021).

352 BAG v. 25.10.1994 – 3 AZR 987/93, juris-Rn. 22.

353 BAG v. 25.10.1994 – 3 AZR 987/93, juris-Rn. 24; dieser Argumentation folgt explizit: BAG v. 15.08.2006 – 9 AZR 8/06, NZA 2007, 255, Rn. 23 f.

Durch die in Ziffern 1 bis 4 enumerativ aufgeführten möglichen Einwände des Arbeitgebers steht der Eintritt der Rechtsfolge unter nicht unbeachtlichen Hürden. Insbesondere durch das Tatbestandsmerkmal des entsprechenden freien Arbeitsplatzes, der nach der überwiegenden Ansicht exakt dem Verlängerungswunsch des Arbeitnehmers entsprechen muss,[354] beschränkt sich der Anspruch auf Zuteilung eines anderen Arbeitsplatzes mit höherer Arbeitszeit. Nach dem bisher gängigen Verständnis kann der Arbeitnehmer nicht verlangen, dass ihm neben seinem bisherigen Arbeitsplatz ein weiterer Arbeitsplatz oder mehrere freie Arbeitsplätze zugeteilt werden, deren Arbeitsvolumen in der Summe seinem angezeigten Verlängerungswunsch entsprechen.

bb) Änderungen durch eine erweiterte Auslegung

Durch eine arbeitnehmerfreundlichere Auslegung der Tatbestandsmerkmale „entsprechender freier Arbeitsplatz“ kann und sollte der Anwendungsbereich des Verlängerungsanspruchs zugunsten des teilzeitbeschäftigten Arbeitnehmers vergrößert werden. Der Arbeitnehmer kann dann zusätzlich zu seinem bisherigen Teilzeitarbeitsplatz einen oder mehrere weitere Arbeitsplätze im Sinne einer Verlängerung seiner Arbeitszeit beanspruchen. Es kommt entscheidend darauf an, dass alle Arbeitsplätze in zeitlicher Hinsicht zusammen dem Verlängerungswunsch des Arbeitnehmers „entsprechen“. In der Folge ergeben sich bei diesem Verständnis auch Abweichungen im Konzept der entgegenstehenden dringenden betrieblichen Gründe, die sich nun auch auf den zeitlichen Zuschnitt des Arbeitsplatzes beziehen sollten. Trotzdem müssen weiterhin ein oder mehrere freie Arbeitsplätze durch die von dem Arbeitgeber zuvor getroffene Unternehmerentscheidung vorhanden sein. Eine Zuteilung lediglich freien Arbeitszeitvolumens ist nach dem Wortlaut der Norm nicht möglich.

Erschwerend kommt für den Arbeitnehmer hinzu, dass er auch bei einem Verstoß des Arbeitgebers gegen § 7 Abs. 3 TzBfG gehalten ist, seinen Verlängerungswunsch im Sinne eines verbindlichen Vertragsangebots auf einen freien Arbeitsplatz zu konkretisieren,[355] ohne dass es ihm möglich ist, sich außerprozessual über freie Arbeitsplätze zu informieren. Hier müsste richtigerweise auf die Kenntnis des Arbeitnehmers von dem Vorliegen entsprechender freier Arbeitsplätze abgestellt werden.

Die voranstehenden Anregungen benötigen noch keine Gesetzesänderung, sondern sind durch eine alternative Normauslegung zu erreichen. Zur

354 Siehe bereits oben Teil 2, II. 4. a).

355 BAG v. 15.08.2006 – 9 AZR 8/06, NZA 2007, 255, Rn. 21 f.

Vereinfachung des Verständnisses und Erzielung von Klarheit für den Rechtsanwender sind dennoch einige dementsprechende Änderungen des Wortlauts der Norm angeraten.

3. Besetzung eines befristeten Arbeitsplatzes

Auch bei einem nur befristet zu besetzenden Arbeitsplatz kann es sich um einen freien Arbeitsplatz handeln. Eine andere und davon zu unterscheidende Frage ist, ob einem Anspruch auf bevorzugte Berücksichtigung bei der Neuschaffung oder Neubesetzung eines befristeten Arbeitsplatzes andere Gründe entgegenstehen könnten bzw. ob ein solcher Anspruch mit der Rechtsnatur des Verlängerungsanspruchs vereinbar ist.

a) Dauerhafter Arbeitsanfall

Handelt es sich bei dem befristet zu besetzenden Arbeitsplatz in Wahrheit um einen Dauerarbeitsplatz, so kann der Arbeitgeber eine geplante sachgrundlose Befristung nicht als Verweigerungsgrund für einen Anspruch nach § 9 TzBfG geltend machen[356] mit der Folge, dass der Arbeitnehmer einen Anspruch auf dauerhafte Verlängerung seiner Arbeitszeit erhält. Möchte der Arbeitgeber darlegen, dass er keinen freien Arbeitsplatz zur Verfügung stellen kann, müssen die Kriterien, die zu der Ablehnung führen, dem Arbeitsplatz selbst anhaften. Andernfalls könnte der Arbeitgeber den Anspruch von vornherein nach Belieben verhindern. Die Frage nach einer nur befristeten Erhöhung wird damit vorliegend nicht relevant.

b) Vorübergehender Arbeitsanfall

Anders ist die Lage, wenn der Arbeitsanfall tatsächlich nur vorübergehender Natur ist. Hier kann der Anspruch zwangsläufig nicht auf eine dauerhafte Arbeitszeiterhöhung zielen. § 9 TzBfG ist zwar grundsätzlich auf eine solche dauerhafte Verlängerung der Arbeitszeit gerichtet. Im Zweifel wird es aber dem Interesse des Arbeitnehmers entsprechen, wenigstens für eine begrenzte Zeit seine Arbeitszeit und infolgedessen auch seine Vergütung zu erhöhen.

---

356 LAG Köln v. 06.12.2018 – 7 Sa 217/18, Rn. 95; zust.: *Nier*, jurisPR-ArbR 30/2019 Anm. 4.

Ein befristeter Wechsel könnte als ein Minus zu einem dauerhaften Wechsel ebenfalls von § 9 TzBfG umfasst sein.[357] Dies wäre aus Sicht des Arbeitgebers unproblematisch, solange er dem verlängerungsberechtigten Arbeitnehmer die befristete Stelle neben dessen bisherigem Arbeitsplatz zuteilen kann. Es läge dann ein unbesetzter und damit freier Arbeitsplatz vor, weil ohne die anstehende Besetzung für die Dauer seiner Existenz durchgehend keine Arbeitsleistung erbracht werden würde. Hiervon ausgenommen sind Arbeitsplätze, die einer Vertretungsbefristung unterfallen, weil bei diesen ein Rückkehranspruch anderer Arbeitnehmer besteht und sie somit auch nach Auslaufen der Befristung erhalten bleiben.[358]

Problematisch wird der Eingriff in die Privatautonomie und unternehmerische Organisationsfreiheit des Arbeitgebers, wenn der Arbeitnehmer den befristeten Arbeitsplatz ganz übernehmen möchte. Hier sind zwei verschiedene Ansätze denkbar. Der Arbeitnehmer könnte zum einen den befristeten Arbeitsplatz unter Aufgabe seines alten Arbeitsplatzes übernehmen. Mit dem Auslaufen der Befristung endet dann auch das befristete Arbeitsverhältnis. Dies unterfällt nicht § 9 TzBfG, da zwischen den Parteien ein neues, gänzlich anderes Arbeitsverhältnis begründet werden würde. Der Verlust seines Arbeitsplatzes widerspricht in der Regel zudem den Interessen des Arbeitnehmers.

Eine weitere Möglichkeit wäre es, dem Arbeitnehmer einen Verlängerungsanspruch für die Zeit der Befristung verbunden mit einem Rückkehrrecht zu der alten Arbeitszeit zu geben.[359] Ein solcher Anspruch würde in der Sache dem Norminhalt des § 9a TzBfG ähneln bzw. eine befristete Änderung von Arbeitsbedingungen darstellen. Allerdings kann im Umkehrschluss zur Existenz dieser Norm gefolgert werden, dass ein Verlängerungsanspruch mit Rückkehrrecht zur Teilzeitarbeit vom Gesetzgeber gerade nicht intendiert war. Fraglich wären auch die Auswirkungen auf das ursprüngliche Arbeitsverhältnis. Unklar ist, ob dieses während der befristeten Tätigkeit ruht oder der Arbeitnehmer bei Umwandlung einen Anspruch auf Wiederherstellung hat. Praktisch wäre ein solcher Anspruch für den Arbeitgeber mit einigem Organisationsaufwand verbunden. Wechselt der Stammarbeitnehmer auf den befristeten Arbeitsplatz, muss der Arbeitgeber für dessen Teilzeitarbeitsplatz einen weiteren Arbeitnehmer befristet einstellen.

---

357 Generell gegen einen Anspruch auf befristete Verlängerung: LAG Köln v. 06.12.2018 – 7 Sa 217/18, Rn. 94; LAG Hessen v. 31.01.2017 – 13 Sa 573/16, Rn. 45; LAG Berlin v. 08.01.2008 – 3 Sa 540/07 und 3 Sa 640/07, Rn. 47.

358 Siehe oben Teil 2, II. 3. c) bb) (1).

359 Dagegen: BAG v. 27.02.2018 – 9 AZR 167/17, NZA 2018, 1075, Rn. 29.

Hier können sich Schwierigkeiten ergeben, wenn sich kein geeigneter Bewerber finden lässt. Auf der anderen Seite hätte der Arbeitgeber ohnehin ein Besetzungsverfahren für den befristeten Vollzeitarbeitsplatz durchführen müssen.

Ein Verlängerungsanspruch für die Zeit der Befristung verbunden mit einem Rückkehrrecht zur alten Arbeitszeit ist mithin vom Gesetzgeber nicht intendiert gewesen und daher im Ergebnis abzulehnen.

4. Ergebnis

Nach dem gängigen Verständnis ist der Anspruch aus § 9 TzBfG eher ein stumpfes Schwert als ein wirkliches Gestaltungsinstrument.[360] Von einem Anspruch auf „Verlängerung der Arbeitszeit" kann streng genommen nicht die Rede sein. Vielmehr handelt es sich um einen Anspruch auf Übertragung eines freien Arbeitsplatzes mit längerer Arbeitszeit.[361] Es wäre daher empfehlenswert, dem Arbeitnehmer einen Anspruch auf Zuteilung eines zusätzlichen Arbeitsplatzes neben seinem bisherigen zuzugestehen. Die berechtigten Interessen des Arbeitgebers bleiben auch bei diesem Normverständnis durch die normierten Ablehnungsgründe ausreichend gewahrt. Für einen Anspruch auf Zuteilung freien Arbeitszeitvolumens ist aufgrund des eindeutigen Wortlauts des § 9 TzBfG nach der überwiegenden Meinung de lege lata zu Recht keine Grundlage gegeben. Darüber hinaus kann der teilzeitbeschäftigte Arbeitnehmer auch verlangen, bei der Besetzung eines freien, befristeten Arbeitsplatzes berücksichtigt zu werden, wenn dies seinem angezeigten Verlängerungswunsch entspricht.

VII. Anregungen zu einer Änderung des § 9 TzBfG

Konkrete Änderungsvorschläge, die zu einem erweiterten Anwendungsbereich des Verlängerungsanspruchs gelangen, sind, soweit ersichtlich, nicht vorhanden bzw. gehen über eine nur veränderte Auslegung der Vorschrift nicht hinaus. Sofern sprachliche Neufassungen oder Ergänzungen der Vorschrift diskutiert werden, konzentrieren sich die Anregungen zumeist auf eine Angleichung mit der Regelung des § 8 TzBfG.

Der Reformvorschlag von *Gehring*[362] streicht den bisherigen § 9 TzBfG und integriert den Verlängerungsanspruch in § 8 TzBfG. Er greift damit weitgehend identische Gesetzentwürfe der CDU/CSU-Fraktion im Bundestag sowie der

---

360 Ebenso: *Ballering*, S. 215, 258 (kein effektives Mittel zur Änderung der Arbeitszeit).
361 So auch MHdB ArbR/*Schüren*, § 9 Rn. 101; *Aumann/Hack*, ZESAR 2016, 266, 268.
362 *Gehring*, S. 203 ff., 210 ff.

Freistaaten Bayern und Sachsen und des Landes Niedersachsen auf.[363] Arbeitnehmer, die zuvor eine nicht befristete Teilzeit mit dem Arbeitgeber vereinbart hatten, sollen bei gleicher Eignung im Rahmen der betrieblichen Möglichkeiten bei der späteren Besetzung von Vollzeitarbeitsplätzen bevorzugt berücksichtigt werden.

Brügge fordert in Anlehnung an § 8 Abs. 6 TzBfG auch im Rahmen des § 9 TzBfG die Einführung einer Sperrzeit von zwei Jahren.[364] Innerhalb dieser Spanne soll der Arbeitnehmer nicht erneut eine Verlängerung seiner Arbeitszeit geltend machen können. *Brügge* begründet dies damit, dass der Arbeitgeber so die Gelegenheit haben soll, die mit dem Anspruch auf Verlängerung der Arbeitszeit verbundenen organisatorischen Änderungen umzusetzen. Dabei wird jedoch übersehen, dass durch das Erfordernis des entsprechenden freien Arbeitsplatzes keine organisatorischen Änderungen anfallen, die der Arbeitgeber nicht von sich aus sowieso schon vornehmen wollte.

Vielfach wird auch die Beschränkung auf ein bloßes Rückkehrrecht gefordert.[365] Dies ist aber mit der Einführung des § 9a TzBfG obsolet geworden, weil der Gesetzgeber sich mit der zusätzlichen Einführung einer Rückkehroption bewusst für ein Nebeneinander beider Ansprüche entschieden hat.

Im Ergebnis erweisen sich die meisten Änderungsvorschläge mithin als restriktiv ausgestaltet. Durch die Einführung zusätzlicher Voraussetzungen führen sie zu einer Beschränkung der Effektivität und des Anwendungsbereichs des Verlängerungsanspruchs.

---

363 CDU/CSU-Fraktion: BT-Drs. 15/1182, S. 7 f.; Bayern und Sachsen: BR-Drs. 464/03, S. 8 f.; Niedersachsen: BR-Drs. 456/03, S. 6.

364 *Brügge*, S. 337 f.

365 *Rudolf*, S. 67; *Schmalenberg*, FS Bauer, S. 956.

Teil 3 Anspruch auf Zuteilung freien Arbeitszeitvolumens

§ 9 TzBfG gibt dem Arbeitnehmer keine rechtliche Handhabe, eine reine Verlängerung seiner Arbeitszeit zu erreichen. Wohl aber wird ein Anspruch, der allein das Vorhandensein freien Arbeitszeitvolumens ausreichen lässt, von einigen Stimmen in der Literatur und Praxis nicht nur im Rahmen des § 9 TzBfG ausdrücklich befürwortet.[366]

I. Der Anspruch auf Übertragung eines freien Arbeitszeitvolumens

Es wird vielfach kritisiert, dass mit § 9 TzBfG kein Anspruch auf Rückkehr zur ursprünglichen Arbeitszeit besteht und dieser lediglich einen Anspruch auf bevorzugte Berücksichtigung bei der Besetzung eines entsprechenden freien Arbeitsplatzes darstellt.[367] Daher wird der Anspruch auf Teilzeitarbeit auch als „Einbahnstraße" empfunden.[368] Bereits auf Basis der aktuell gültigen Rechtslage fordern manche Autoren zur Verbesserung des Zusammenspiels zwischen Verringerungs- und Verlängerungsanspruch einen Anspruch, der auf das Vorhandensein freien Arbeitszeitvolumens im weiteren Sinne abstellt.[369]

Auch aus der Einführung der Brückenteilzeit nach § 9a TzBfG lassen sich Rückschlüsse zur Effektivität des Verlängerungsanspruchs ziehen. In diesem Gesetzesentwurf wird insoweit festgestellt, dass viele Arbeitnehmer befürchten, nach einer Arbeitszeitverkürzung nicht mehr zur ursprünglichen Arbeitszeit (Voll- oder Teilzeitarbeit) zurückkehren zu können. Der Verlängerungsanspruch reicht damit nicht aus, um Arbeitnehmern eine sichere Entscheidung für eine Teilzeittätigkeit zu ermöglichen, ohne dass sie dadurch (auf Dauer) berufliche Nachteile erwarten.

---

366 TZA/*Buschmann*, TzBfG § 9 Rn. 22; KDZ/*Zwanziger*, KSchR, TzBfG § 9 Rn. 10; *Preis/Schwarz*, NJW 2018, 3673, 3678; *Clasvorbeck*, AuR 2018, 116; 118; *DJB*, djbZ 2015, 121, 126; *Hinrichs*, AiB 2001, 65, 72.

367 BT-Drs. 19/3452, S. 10.

368 *Pfarr*, djbZ 2015, 188.

369 TZA/*Buschmann*, TzBfG § 9 Rn. 22; KDZ/*Zwanziger*, KSchR, TzBfG § 9 Rn. 10; *Preis/Schwarz*, NJW 2018, 3673, 3678; *Clasvorbeck*, AuR 2018, 116; 118; *DJB*, djbZ 2015, 121, 126.

Eine effektive Ausgestaltung des Verlängerungsanspruchs könnte neben der Einführung der Brückenteilzeit (§ 9a TzBfG) auch mit einem Abstellen auf freies Arbeitszeitvolumen im Rahmen des § 9 TzBfG erreicht werden. So könnte ein effektiver Beitrag zur Vergrößerung des Anwendungsbereichs und damit Verwirklichung dieser, von Arbeitnehmern gewünschten Zielsetzungen geleistet werden.

Ein Anspruch, der sich an freiem Arbeitszeitvolumen orientiert, dient (auch) der Umsetzung von § 5 Abs. 3 lit. b) der Teilzeit-RV sowie mittelbar der Förderung der Teilzeitarbeit. Er soll einen Beitrag zu dem wichtigen arbeits-, gleichstellungs- und familienpolitischen Anliegen leisten, dass Arbeitnehmer zwar freiwillig eine Teilzeitbeschäftigung eingehen können, aber nicht unfreiwillig in dieser verbleiben müssen.[370] Der Wechsel von Vollzeit- zu Teilzeitarbeit und umgekehrt soll erleichtert werden.[371]

Weniger einschneidende Veränderungen werden beispielsweise durch eine bessere Verzahnung der Ansprüche auf Verringerung und Verlängerung der Arbeitszeit gefordert.

Opitz kritisiert, dass § 9 TzBfG keine Regelung zur Verteilung der Arbeitszeit beinhalte. Zudem sei die unterschiedliche Struktur der Ansprüche auf Verlängerung und Verkürzung der Arbeitszeit nicht zu erklären und stelle daher einen Bruch innerhalb des Systems der Teilzeitarbeit dar. § 9 TzBfG sollte daher inhaltlich an die Regelung des § 8 TzBfG angepasst und so eine einheitliche Regelung beider Ansprüche erzielt werden.[372]

Auch *Rudolf* strebt eine Systematisierung beider Ansprüche an.[373] Hierzu vereint er allgemeine Voraussetzungen in einer neu geschaffenen Vorschrift. Er übernimmt dabei im Wesentlichen die Kleinunternehmerklausel, Wartezeit, Sperrzeit und den Einwand der betrieblichen Gründe aus dem bisherigen Verringerungsanspruch. Neu hinzu tritt eine Mindestdauer der Arbeitszeitverlängerung. *Rudolf* gestaltet zudem das Konkurrenzverhältnis zwischen mehreren änderungswilligen Arbeitnehmern neu aus, indem er die entgegenstehenden Arbeitszeitwünsche konkretisiert. Der Arbeitgeber kann die Berücksichtigung befristet oder in Teilzeit beschäftigter Arbeitnehmer einwenden oder eine soziale Härte für andere Arbeitnehmer im Falle ihrer Nichtberücksichtigung geltend machen.

---

370 So der Gesetzesentwurf der BReg. zu § 9a TzBfG, BT-Drs. 19/3452, S. 1.

371 BT-Drs. 14/4374, S. 1.

372 *Opitz*, S. 347, 352.

373 *Rudolf*, S. 224 f.

Einen ähnlichen Weg schlagen *Henssler/Preis* in ihrem Diskussionsentwurf eines Arbeitsvertragsgesetzes ein.[374] Sie kreieren einen Anspruch auf Veränderung der Arbeitszeit, der sowohl eine Verringerung als auch eine Verlängerung derselben zulässt. Eine wesentliche inhaltliche Abweichung von § 9 TzBfG besteht dabei aber nicht.

II. Interessen der Arbeitnehmer

Ein Anspruch auf Zuteilung freien Arbeitszeitvolumens würde in erster Linie Arbeitnehmer begünstigen und ihnen ein (ggf. einseitiges) Recht auf Veränderung ihrer Arbeitsbedingungen einräumen. Welche Interessen dabei eine berechtigte Rolle spielen, soll im Folgenden ausgeführt werden.

1. Berufsfreiheit

Art. 12 GG vermittelt allen Deutschen das Recht, Beruf, Arbeitsplatz und Ausbildungsstätte frei zu wählen. Die einzelnen Garantien des Art. 12 GG, die freie Berufswahl und die freie Berufsausübung, bilden ein einheitliches Grundrecht.[375] Sie unterscheiden sich insofern, als an die Einschränkung der Berufs- und Arbeitsplatzwahl höhere Anforderungen gestellt werden als an die Einschränkung der Berufsausübung.[376] Neben Art. 14 GG bildet die Berufsfreiheit das Hauptgrundrecht der freien wirtschaftlichen Betätigung sowohl von Arbeitnehmern als auch von Arbeitgebern und Selbständigen.

Die Berufsfreiheit schützt für den Arbeitnehmer die freie Wahl des Berufs und Arbeitsplatzes sowie die sich daran anschließende Freiheit der Berufsausübung. Der Begriff des Berufs ist weit auszulegen und umfasst jede auf Dauer angelegte Tätigkeit, die außerhalb der Privatsphäre liegt und der Schaffung und Erhaltung einer Lebensgrundlage dient bzw. dazu beiträgt. Im Einzelnen geschützt ist sowohl die Freiheit der Wahl und der Ausübung von erwerbsbezogenen Tätigkeiten in allen denkbaren Formen[377] sowie der Berufswechsel und der Übergang

374 *Henssler/Preis*, NZA-Beilage 2007, 6, 12, dort § 31 des Entwurfs.

375 Vgl. BVerfG v. 11.06.1958 – 1 BvR 596/56, NJW 1958, 1035 (Apothekenurteil); BVerfG v. 16.06.1959 – 1 BvR 71/57, NJW 1959, 1579; BVerfG v. 04.03.1964 – 1 BvR 371, 373/61, NJW 1964, 1175; BVerfG v. 18.07.1972 – 1 BvL 32/70, 1 BvL 25/71, NJW 1972, 1561; BVerfG v. 21.02.1995 – 1 BvR 1397/93, NZA 1995, 619; BVerfG v. 20.03.2001 – 1 BvR 491/96, NJW 2001, 1779; *Jarass*/Pieroth, GG Art. 12 Rn. 1a, 11.

376 Vgl. BVerfG v. 11.06.1958 – 1 BvR 596/56, NJW 1958, 1035 (Apothekenurteil).

377 Vgl. *Jarass*/Pieroth, GG Art. 12 Rn. 5 ff.

zwischen unterschiedlichen Ausübungsformen desselben Berufs, insbesondere der Übergang von der unselbständigen zur selbständigen Tätigkeit.[378]

Allerdings handelt es sich bei Art. 12 GG weder um ein Grundrecht auf Arbeit noch um ein subjektives Recht auf Bereitstellung und Erhalt eines Arbeitsplatzes nach den Vorstellungen des Arbeitnehmers.[379] Entsprechende Normen in den Verfassungen einzelner Bundesländer werden als Programmsätze, nicht als Grundrechte verstanden.[380]

Die Berufsfreiheit enthält daneben noch eine soziale Komponente. Durch Erwerbsarbeit wird dem Individuum ermöglicht, sich in seiner Persönlichkeit zu entfalten und auf diesem Wege Achtung und Selbstachtung zu erfahren. Zugleich bestimmt die Ausübung einer erwerbsbezogenen Tätigkeit den Status des Einzelnen in der Gesellschaft. Dies verknüpft die Berufsfreiheit mit dem Schutzbereich der Art. 1 Abs. 1, Art. 2 Abs. 1 GG.[381] Hinzu tritt für Arbeitnehmer die Sicherung der Existenzgrundlage durch den Erhalt von Arbeitslohn. Deshalb gebietet die Verfassung einen Mindestschutz vor der willkürlichen und sachgrundlosen Beendigung des Arbeitsverhältnisses und dem damit verbundenen Verlust des Arbeitsplatzes aufgrund privater unternehmerischer Entscheidungen. Zudem wird aus dem Sozialstaatsprinzip ein allgemeiner „Gestaltungsauftrag" mit Verfassungsrang (Art. 20 GG) dahingehend abgeleitet, dass der Staat Massenarbeitslosigkeit entgegenwirken muss.[382] Außerdem muss ein gewisses Maß an Kündigungs- und Bestandsschutz für den einzelnen Arbeitnehmer bestehen, auch wenn das im Umkehrschluss die Berufsfreiheit eines jeden Arbeitgebers einschränkt und ggf. Schranken für andere Bewerber aufstellt.[383] Trotz alledem

378 Vgl. BVerfG v. 11.06.1958 – 1 BvR 596/56, NJW 1958, 1035 (Apothekenurteil); BVerfG v. 20.03.2001 – 1 BvR 491/96, NJW 2001, 1779.

379 BVerfG v. 24.04.1991 – 1 BvR 1341/90, NJW 1991, 1667; BVerfG v. 21.02.1995 – 1 BvR 1397/93, NZA 1995, 619; ErfK/*Schmidt*, GG Art. 12 Rn. 5; AR/*Pessinger*, GG, Art. 12 Rn. 8; HWK/*C. W. Hergenröder*, GG, Art. 12 Rn. 2; *Jarass*/Pieroth, GG Art. 12 Rn. 24; *Scholz*, ZfA 1981, 265, 283.

380 MHdB ArbR/*Fischinger*, § 7 Rn. 79; zu Art. 166 Abs. 2 BV siehe: BayVerfGH v. 28.10.1960 – Vf. 83-VI-60.

381 Vgl. BVerfG v. 11.07.2006 – 1 BvL 4/00, NZA 2007, 42, Rn. 88; BVerfG v. 03.04.2001 – 1 BvL 32/97, NZA 2001, 777; BVerfG v. 27.04.1999 – 1 BvR 2203/93, 1 BvR 897/95, NZA 1999, 992; *Badura*, FS Herschel, S. 21, 24 f.; *Bryde*, NJW 1984, 2177, 2181 f.; Dürig/Herzog/Scholz/*Scholz*, GG Art. 12 Rn. 9.

382 BVerfG v. 27.04.1999 – 1 BvR 2203/93, 1 BvR 897/95, NZA 1999, 992 unter B II 1 c; HK-ArbR/*Lakies*, GG, Art. 12 Rn. 8, 51.

383 BVerfG v. 27.01.1998 – 1 BvL 15/87, NZA 1998, 470, 471; *Hergenröder*, ZfA 2002, 355, 372 f.

hat der Einzelne aus Art. 12 GG keinen durch die Verfassung garantierten Anspruch darauf, sein Arbeitsverhältnis so flexibel wie möglich gestalten oder es an sich verändernde Lebenssituationen nach Belieben anpassen zu können.

Die Berufsfreiheit des Arbeitnehmers ist jedoch etwa dann beeinträchtigt, wenn der Arbeitgeber bei Vertragsschluss und zur Festlegung von Arbeitsbedingungen sein soziales Übergewicht einseitig und unkontrolliert zur Durchsetzung seiner Interessen wahrnehmen kann.[384] Arbeitnehmer können über den Abschluss ihrer Arbeitsverträge in der Regel nicht auf Augenhöhe mit ihrem zukünftigen Arbeitgeber verhandeln. Dieses strukturelle Ungleichgewicht schränkt die Vertragsfreiheit des Arbeitnehmers als Bestandteil der Berufsfreiheit ein, weil die (Vertrags-)Freiheit nur nutzen kann, wer seinem Gegenüber annähernd ebenbürtig ist.[385] Hierzu gehört im Arbeitsleben der Schutz des Arbeitnehmers vor der sozialen Übermacht des Arbeitgebers bei Abschluss und inhaltlicher Gestaltung von Arbeitsverträgen.[386]

2. Vereinbarkeit von Beruf und Familie

Ehe und Familie stehen unter dem besonderen Schutz der staatlichen Ordnung, Art. 6 Abs. 1 GG. Die Aufnahme einer Erwerbstätigkeit kann neben der eigenen Existenzsicherung auch der Sicherung des Lebensunterhaltes einer Familie entweder vollständig oder teilweise dienen. Häufig werden sich Arbeitnehmer nicht freiwillig in ein Teilzeitarbeitsverhältnis begeben und auf Erwerbschancen verzichten. Sie werden dies vielmehr nur akzeptieren, um Beruf und Familie vereinbaren zu können. Aufgrund des Elternrechts nach Art. 6 Abs. 2 GG ist der Staat verpflichtet, Eltern eine Verbindung von Familien- und Erwerbstätigkeit zu ermöglichen oder aber auf eine Erwerbstätigkeit zu Gunsten der selbständigen Betreuung der Kinder zu verzichten. Der Gesetzgeber hat dafür zu sorgen, dass Eltern dieses Wahlrecht auch tatsächlich ausüben können[387] und Familienmitglieder weder durch Dritte noch durch den Staat selbst aufgrund ihrer (privaten) Gebundenheit benachteiligt werden.[388]

---

384 HWK/*C. W. Hergenröder*, GG, Art. 12 Rn. 22; Sachs/*Mann*, GG, Art. 12 Rn. 101; Dürig/Herzog/Scholz/*Scholz*, GG Art. 12 Rn. 64 f. (Stand: Juni 2006).

385 *Dieterich*, RdA 1995, 129, 130; *Kissel*, FS Söllner, S. 494, 499; HK-ArbR/*Becker*, GG Vor Art. 1 - 6 Rn. 37.

386 ErfK/*Schmidt*, GG, Art. 12 Rn. 21; *Horcher*, RdA 2014, 93, 95.

387 BVerfG v. 10.11.1998 – 2 BvR 1057/91 ua., NJW 1999, 557, 558 f.

388 BVerfG v. 17.01.1957 – 1 BvL 4/54, NJW 1957, 417; *Homann-Dennhardt*, AuR 2010, 52, 54.

Der Anspruch auf Teilzeit und überhaupt die Möglichkeit zur Aufnahme einer Teilzeitbeschäftigung leisten hierfür einen wichtigen Beitrag. Mittelbar unterstützt wird dieses Wahlrecht der Eltern eben auch durch einen Anspruch auf Verlängerung der Arbeitszeit, indem er den Zugang zu selbstbestimmter und eigenständiger Erwerbsarbeit fördert. Je größer seine Reichweite ist, desto förderlicher wird der „Teilzeitfalle" entgegengewirkt und desto mehr werden Eltern mittel- und langfristig in der Vereinbarkeit von Beruf und Familie unterstützt. Die Entscheidung für eine Familie wird so nicht zwangsläufig zu einer dauerhaften Entscheidung gegen eine vollzeitige Erwerbstätigkeit eines oder beider Elternteile.

Auch in der Rechtsprechung ist anerkannt, dass der Schutz der Familie durch Art. 6 GG in die vertragliche Beziehung zwischen Arbeitgeber und Arbeitnehmer hineinwirken und eine Anpassung der Arbeitsbedingungen im Einzelfall erfordern kann. Dies wurde bisher allerdings nur im Zusammenhang mit Streitigkeiten über die Lage der Arbeitszeit entschieden und Arbeitnehmern ein aus § 106 GewO folgender Anspruch auf familiengerechte Lage der Arbeitszeit zuerkannt.[389]

3. Arbeitszeitsouveränität

Selbstbestimmung und Arbeit werden als Bestandteil der Entfaltung der eigenen Persönlichkeit angesehen. Je nach Lebensabschnitt ergeben sich verschiedene Anforderungen und Erwartungen an das Verhältnis von Arbeit und Freizeit, Beruf und Familie. Als Dauerschuldverhältnis ist dem Arbeitsverhältnis naturgemäß ein fortwährender Anpassungsbedarf immanent. Nicht immer besteht dabei für Arbeitnehmer die Möglichkeit, alle Komponenten nach ihren Wünschen und Vorstellungen zu gestalten. Der Arbeitgeber hat durch sein Weisungsrecht nach § 106 GewO oder über eine Änderungskündigung das Recht, u.a. Zeit und Ort der Arbeitsleistung einseitig festzulegen bzw. zu ändern. Solche Möglichkeiten bieten sich Arbeitnehmern nicht. Vielmehr sind sie zunächst auf einen Dialog angewiesen. Wo einvernehmliche Lösungen nicht zustande kommen oder zu unsicher erscheinen, sind verlässlich durchsetzbare, gesetzliche Ansprüche und Regularien notwendig.

---

389 Vgl. BAG v. 23.09.2004 – 6 AZR 567/03, NZA 2005, 359; BAG v. 09.05.2006 – 9 AZR 278/05, NZA 2006, 1413; LAG Rheinland-Pfalz v. 19.01.2005 – 10 Sa 820/04, DB 2005, 522; ArbG Berlin v. 25.07.2008 – 28 Ca 13095/07; *Hanau*, FS Buchner, S. 281, 298 f.; *Paschke*, AuR 2012, 11, 13.

Das Interesse an einer lebensphasenorientierten Arbeitszeitgestaltung kann vielen verschiedenen Motiven entspringen. Neben der Vereinbarkeit von Beruf und Familie kann die Veränderung der Arbeitszeit der privaten Freizeit, der Ausübung eines Ehrenamtes oder auch der Weiterbildung dienen. Die damit einhergehende Reduzierung der Arbeitszeit ist jedoch wertlos, wenn nicht eine gewisse Souveränität in beide Richtungen, d.h. sowohl hin zu einer Verkürzung als auch einer Verlängerung, besteht. Hierbei eröffnen sich Arbeitnehmern *de lege lata* vorwiegend Gestaltungsmöglichkeiten, die an einen sozialpolitisch bzw. gesellschaftlich anerkannten und daher förderungswürdigen Anlass anknüpfen, wie etwa Eltern- und Pflegezeit oder Zeiten der Kindererziehung. Anders verhält es sich mit den Ansprüchen nach §§ 8 – 9a TzBfG.

Arbeitszeitsouveränität umfasst auch Arbeitszeitflexibilität. Es muss zwischen der Autonomie hinsichtlich des Umfangs und derjenigen hinsichtlich der Lage der Arbeitszeit unterschieden werden. Arbeitszeitkonten und Gleitzeitmodelle ermöglichen über Entnahmerechte souveräne Mitbestimmung der Arbeitnehmer bei der Lage der Arbeitszeit und ihrer Verteilung über einen Gesamtzeitraum.[390] So tritt jeweils eine der Arbeitsvertragsparteien in eine mehr oder weniger kurzzeitige Vorleistung. Es handelt sich dabei um keine langfristige Änderung der Dauer der Arbeitszeit, da Zeiten der „Mehrarbeit" durch spätere Freistellungszeiträume ausgeglichen werden. Nicht das Volumen der Arbeitszeit, sondern nur der Erfüllungszeitpunkt der geschuldeten Leistungspflicht ändert sich. Das Volumen der Leistungspflicht bleibt, durchschnittlich gesehen, gleich.

Neben dem Interesse an einer lebensphasenorientierten Arbeitszeitgestaltung wird auch ein Recht der Arbeitnehmer an einer selbstbestimmten Erwerbsbiographie diskutiert.[391] Vorgeschlagen wird hierbei die Einführung eines allgemeinen arbeitsrechtlichen „Anspruchs auf Anpassung des Arbeitsverhältnisses". Dieser kann auf Veränderungen in der Lage oder Dauer der Arbeitszeit, auf Anpassung des Arbeitsplatzes oder auf Veränderungen sonstiger Arbeitsbedingungen gerichtet sein. Während Arbeitgeber ihre Interessen durch einen entgegenstehenden Einwand betrieblicher Gründe geltend machen können, werden

---

390 Ausführlich zur Souveränität durch Arbeitszeitkonten: *Kocher u.a.*, Recht auf eine selbstbestimmte Erwerbsbiografie, S. 263 ff.; im Zusammenhang mit § 9 TzBfG siehe auch: *Rudolf*, S. 206 ff.; generell zur Flexibilisierung des Arbeitsumfangs: *Bayreuther*, NZA-Beilage 2018, 103 ff.

391 *Pfarr*, djbZ 2015, 188; ausführlich: *Kocher u.a.*, Recht auf eine selbstbestimmte Erwerbsbiografie, hierzu auch im Folgenden.

die Interessen der weiteren Beschäftigten durch Mitbestimmungsrechte des Betriebsrats gewahrt.

Daneben wird auch die Einführung eines Wahlarbeitszeitgesetzes[392] gefordert, um dem Bedürfnis der Arbeitnehmer nach mehr Zeitsouveränität Rechnung zu tragen. Es soll unter anderem ein Recht auf Erhöhung der Arbeitszeit bis hin zur Vollzeit vorsehen und legt den Fokus dabei auf betriebliche Konzepte zur Flexibilisierung der Arbeitszeiten, die anhand des vom WAZG vorgegebenen Rahmens mit Fristen, Verfahren und Beteiligungsrechten erarbeitet werden sollen („Konzept einer regulierten Selbstregulierung"). Arbeitnehmer sollen einen Anspruch auf Übernahme eines aktuell nicht besetzten Arbeitsvolumens haben, wenn keine dringenden betrieblichen Gründe entgegenstehen. Arbeitgeber sollen sich bereits dann auf diesen Einwand berufen können, wenn im Betrieb ein Wahlarbeitszeitkonzept vorliegt und der individuelle Arbeitszeitwunsch mit diesem unvereinbar ist. Dies würde der „Einbahnstraße" Teilzeitarbeit und zugleich den dadurch bedingten negativen Auswirkungen auf beruflichen Aufstieg und Altersvorsorge entgegenwirken. Auf der anderen Seite würden Anreize zur Erarbeitung betrieblicher Konzepte unter Einbeziehung aller Beteiligten geschaffen. Das Konzept fand Eingang in das Weißbuch Arbeiten 4.0 des BMAS und wurde dort positiv aufgenommen.[393] Dies verdeutlicht die Relevanz der Diskussion um mehr Arbeitszeitsouveränität für Arbeitnehmer.

III. Interessen des Arbeitgebers

Gegenläufig zu den Interessen der Arbeitnehmer sind auch legitime Erwägungen der Arbeitgeberseite hinsichtlich eines Anspruchs auf Zuteilung freien Arbeitszeitvolumens zu berücksichtigen. In Betracht kommen: die Berufsfreiheit, die Eigentumsgarantie und die allgemeine Handlungsfreiheit des Arbeitgebers. Ob diese Grundrechtspositionen jeweils zu einer Eingrenzung des Anwendungsbereichs oder der Rechtsfolgen des Verlängerungsanspruchs führen können, wird im Folgenden dargestellt.

1. Berufsfreiheit, Art. 12 GG

Art. 12 GG ist ein wechselseitiges Grundrecht und entfaltet eine ebenbürtige Schutzwirkung sowohl für Arbeitnehmer als auch für Arbeitgeber. Es darf

---

392 *Pfarr*, FS Klebe, S. 303 ff.; *Pfarr*, djbZ 2015, 188; *DJB*, djbZ 2015, 121 ff.; hierzu auch *Aumann/Hack*, ZESAR 2016, 266, 270 ff.

393 BMAS, Weißbuch Arbeiten 4.0, 2017, S. 115 ff.

jeweils nicht unverhältnismäßig in die Grundrechte des anderen Grundrechtsträgers eingriffen werden, um dem staatlichen Schutzauftrag gerecht zu werden. Eine Besonderheit der Berufsfreiheit ist insofern die Bipolarität der Grundrechtsberechtigung aus ein und demselben Grundrecht.

Die Berufsfreiheit des Arbeitgebers nach Art. 12 GG weist mehrere Facetten auf. Neben der freien Ausübung der Vertragsfreiheit (a) gewährleistet sie die unternehmerische Entscheidungsfreiheit (b).

a) Vertragsfreiheit

Vertragsfreiheit und Privatautonomie eines jeden Individuums werden durch Art. 2 Abs. 1 GG geschützt und bilden die Grundlage für eine soziale Marktwirtschaft und freie Wirtschaftsordnung. Umfasst ist sowohl der Abschluss als auch die Auflösung von Verträgen sowie dessen freie inhaltliche Gestaltung innerhalb der zivilrechtlichen Ordnung.[394] Die negative Vertragsfreiheit verhindert den Zwang des Einzelnen, einen Vertrag eingehen zu müssen.[395]

Hinsichtlich der Vertragsfreiheit des Arbeitgebers beim Abschluss von Arbeitsverträgen geht Art. 12 GG dem allgemeineren Art. 2 Abs. 1 GG vor.[396] Arbeitgeber sind mithin hinsichtlich des „Ob“ und des „Wie“ bei der Gestaltung von Arbeitsverträgen durch Art. 12 GG geschützt.[397] Zusätzlich ist die Vertragsfreiheit beider Parteien eines Arbeitsverhältnisses einfachgesetzlich in § 105 GewO verankert.

Es entspricht dem Interesse des Arbeitgebers, einen möglichst weiten Spielraum bei dem Abschluss und der Beendigung von Arbeitsverträgen sowie deren inhaltlicher Gestaltung zu haben, um betrieblichen Erfordernissen bestmöglich Rechnung tragen zu können. Dieser Gestaltungsspielraum ist aber vielfach durch Kontrollmechanismen begrenzt, um die strukturelle Ungleichheit zwischen Arbeitnehmer und Arbeitgeber auszugleichen. Dazu zählt beispielsweise die Kontrolle von Arbeitsverträgen nach §§ 305 ff. BGB, das

---

394 Dürig/Herzog/Scholz/*Di Fabio*, GG Art. 2 Rn. 101 (Stand: Juli 2001); MHdB ArbR/*Benecke*, § 31 Rn. 1.

395 Dürig/Herzog/Scholz/*Scholz*, GG Art. 12 Rn. 7 (Stand: Juni 2006); ErfK/*Schmidt*, GG Art. 12 Rn. 10.

396 BVerfG v. 25.01.2011 – 1 BvR 1741/09, NZA 2011, 400, Rn. 70; ErfK/*Schmidt*, GG Art. 12 Rn. 15; *Scholz*, ZfA 1981, 265, 277; *Jarass*/Pieroth, GG Art. 12 Rn. 10.

397 HWK/*C. W. Hergenröder*, GG, Art. 12 Rn. 40; *Horcher*, RdA 2014, 93, 94; *Kissel*, FS Söllner, S. 492; differenzierend: MHdB ArbR/*Benecke*, § 31 Rn. 3.

Kündigungsschutzrecht sowie das Diskriminierungsrecht. Es handelt sich in weiten Teilen um Arbeitnehmerschutzrecht.

Die Abschlussfreiheit des Arbeitgebers wird durch einen Anspruch auf Verlängerung der Arbeitszeit ebenso wie durch den Anspruch aus § 9 TzBfG eingeschränkt, da beide Normen das Auswahlermessen des Arbeitgebers durch gesetzliche Vorgaben verkürzen und so einen einseitigen Kontrahierungszwang zu Lasten des Arbeitgebers schaffen. Solche Abschlussgebote bedeuten für Arbeitgeber einen Eingriff in die Berufsausübungsfreiheit.[398] Sie dürfen allerdings keine Verpflichtung zur Schaffung und Besetzung von Arbeitsplätzen begründen, denn ein einklagbares Recht auf Arbeit wäre verfassungswidrig.[399]

Eingriffe in die Vertragsabschlussfreiheit des Arbeitgebers sind in verschiedenen Arbeitsgesetzen anzutreffen und dienen dazu, das strukturelle Verhandlungsungleichgewicht zwischen Arbeitgeber- und Arbeitnehmerseite auszugleichen. § 78a BetrVG, § 10 AÜG, § 613a BGB, § 8 TzBfG und für den öffentlichen Dienst Art. 33 Abs. 2 GG beschränken den Arbeitgeber hinsichtlich des „Ob" des Vertragsschlusses. Zusätzlich ist die inhaltliche Vertragsgestaltung („Wie" des Vertragsschlusses) weitgehend gerichtlich überprüfbar. Die vorformulierten Klauseln in Arbeitsverträgen unterliegen gemäß § 310 Abs. 3 Nr. 2, Abs. 4 S. 2 BGB in der Regel der Inhaltskontrolle nach §§ 305 ff. BGB und müssen sich außerdem an Diskriminierungsverboten (beispielsweise nach § 4 TzBfG, § 7 AGG) oder dem allgemeinen arbeitsrechtlichen Gleichbehandlungsgrundsatz messen lassen.

b) Unternehmerische Entscheidungsfreiheit

Als weitere Komponente ist auch die Unternehmerfreiheit des Arbeitgebers berührt. Das Grundgesetz schützt diese nicht explizit, denn es kennt insofern keine solche spezifische Garantie mit eigenständigem materiellen Gehalt. Sie unterfällt vielmehr wie die Vertragsfreiheit dem Schutzbereich der Berufsfreiheit nach Art. 12 GG.[400] Von dieser Garantie ist die freie Entscheidung, ein Unternehmen zu gründen oder aufzugeben sowie der Entschluss über die Größenordnung, in der es geführt werden soll, umfasst.[401] Auch die Organisation

---

398 HK-ArbR/*Lakies*, GG Art. 12 Rn. 34; MHdB ArbR/*Benecke*, § 31 Rn. 34.

399 *Scholz*, ZfA 1981, 265, 283.

400 HWK/*C. W. Hergenröder*, GG, Art. 12 Rn. 14, 19; v. Mangoldt/Klein/Starck/*Manssen*, GG, Art. 12 Rn. 69; HK-ArbR/*Lakies*, GG Art. 12 Rn. 11; a.A.: *v. Hoyningen-Huene*, FS Birk, S. 219.

401 BVerfG v. 27.01.1998 – 1 BvL 15/87, NZA 1998, 470 (Kleinbetriebsklausel); BAG v. 12.11.1998 – 2 AZR 91/98, NZA 1999, 471; *Müller*, S. 22; *Lieske*, S. 60 f.

betrieblicher Abläufe, die wirtschaftliche Ausrichtung und das Leistungsangebot am Markt, bis hin zur Festlegung, welche Arbeiten auf welchem konkreten Arbeitsplatz erbracht werden sollen, bestimmt der Arbeitgeber.[402]

Eine dem Schutzbereich unterfallende Unternehmerentscheidung ist immer dann gegeben, wenn der Arbeitgeber auf betriebs- oder volkswirtschaftliche Umstände hin Dispositionen innerhalb seines Betriebes oder Unternehmens trifft.[403] Diese Definition ist denkbar weit, sodass es kaum eine Arbeitgeberentscheidung ohne Bezug zu Art. 12 GG geben wird. Arbeitgeber werden damit auch in der Reaktion auf das Anfallen zusätzlichen Arbeitsvolumens durch Art. 12 GG geschützt, denn sie können im Grundsatz frei darüber disponieren, mit welcher Anzahl an Arbeitnehmern sie das gestiegene Arbeitsvolumen bewältigen und wie sie deren Arbeitsplätze organisieren. Sie müssen nur solche Mitarbeiter beschäftigen, die ihren Vorstellungen entsprechen.[404]

Das Vorhandensein freien Arbeitszeitvolumens kann auf verschiedene Art und Weise eine Unternehmerentscheidung nach sich ziehen. Einerseits kann freies Arbeitszeitvolumen entstehen, weil bisher beschäftigte Arbeitnehmer entweder dauerhaft oder temporär bzw. vollständig oder teilweise aus dem Unternehmen ausscheiden und der Arbeitgeber beschließt, diese frei gewordenen Stellen wieder zu besetzen. Das Gesamtarbeitsvolumen des Unternehmens verändert sich dabei nicht. Andererseits kann der Arbeitgeber auch den Wunsch hegen, seine unternehmerische Tätigkeit auszuweiten. Anlass hierfür kann eine erhöhte Nachfrage an seinem Produkt oder seiner Dienstleistung sein oder aber der Arbeitgeber möchte durch eine Ausweitung seines Angebots einen erhöhten Umsatz erst noch generieren. Jeweils besteht jedenfalls Bedarf an einem erhöhten Arbeitsvolumen, welches das bisherige Gesamtarbeitsvolumen des Unternehmens übersteigt. Bei der Umsetzung stehen dem Arbeitgeber mehrere Möglichkeiten offen. Er kann das Volumen durch Neueinstellungen decken oder an bereits in Teilzeit beschäftigte Arbeitnehmer verteilen. Er kann Versetzungen vornehmen oder seinen Betrieb durch eine Kombination aus Personalverringerung und gleichzeitiger Optimierung von Organisations- und Produktionsabläufen effizienter gestalten. Er muss also wegen des freien Arbeitszeitvolumens nicht zwingend neue Arbeitsplätze schaffen.

---

402 AR/*Spelge*, 9. Aufl. 2019, GG Art. 12 Rn. 27; *Hergenröder*, ZfA 2002, 355, 359.

403 *v. Hoyningen-Huene*, NZA 1994, 1009, 1010; *Preis*, NZA 1995, 241, 243; ausführlich: *v. Hoyningen-Huene*, FS 50 Jahre BAG, S. 370 ff.; zust. *Mühlhausen*, NZA 2007, 1264, 1266.

404 *Hergenröder*, ZfA 2002, 355, 359.

2. Eigentumsgarantie, Art. 14 GG

In Abgrenzung zur Berufsfreiheit schützt Art. 14 GG nicht den Erwerb an sich, sondern das bereits Erworbene iS. vorhandener Vermögenspositionen. Zwar bietet Art. 14 GG keinen Schutz für das „Vermögen als solches"; eigentumsfähige Positionen sind aber alle von dem Gesetzgeber gewährten vermögenswerte Rechte und Rechtsgüter.[405] Handelt es sich bei diesen nicht um privatrechtliche Eigentumsrechte, sondern um öffentlich-rechtliche Ansprüche oder Anwartschaften, müssen sie zusätzlich durch Entfaltung des Leistungswillens oder Eigenleistung des Grundrechtsinhabers entstanden sein.[406]

Bis heute umstritten ist, ob auch das Unternehmen bzw. der eingerichtete und ausgeübte Gewerbebetrieb dem Schutzbereich der Eigentumsgarantie unterfällt. Während das BVerfG dies offen lässt, bejahen BGH, BVerwG und nicht wenige Stimmen in der Literatur eine grundsätzliche Anwendbarkeit.[407]

Durch einen Anspruch auf Zuteilung freien Arbeitszeitvolumens wird mithin keine geschützte Eigentumsposition des Arbeitgebers berührt. Ihm bleibt die Entscheidung überlassen, ob er freies Arbeitsvolumen als solches schaffen bzw. beibehalten und (wieder-)besetzen möchte. Lediglich die Verteilung des Volumens an einzelne Arbeitnehmer unterliegt ggf. einer Beschränkung. Der Bestand des Unternehmens wird dadurch nicht berührt, da der Arbeitgeber für die anfallenden Lohnkosten mit der Arbeitsleistung des Arbeitnehmers eine adäquate Gegenleistung erhält. Er muss den berechtigten Arbeitnehmer nur bevorzugt berücksichtigen, wenn und soweit tatsächlich freies Arbeitsvolumen besteht oder geschaffen werden soll.

---

405 BVerfG v. 15.07.1981 – 1 BvL 77/78, NJW 1982, 745, 750; BVerfG v. 18.01.2006 – 2 BvR 2194/99, NJW 2006, 1191; BVerfG v. 06.10.2009 – 1 BvR 706/08 u.a., NJW 2009, 2033; BVerfG v. 08.05.2012 – 1 BvR 1065/03, 1 BvR 1082/03, NZA 2012, 905; ErfK/*Schmidt*, GG, Art. 14 Rn. 4.

406 BVerfG v. 13.06.2006 – 1 BvL 9/00 u.a., NVwZ 2007, 437, 438; *Jarass*/Pieroth, GG Art. 14 Rn. 10; ErfK/*Schmidt*, GG, Art. 14 Rn. 7.

407 BVerfG v. 25.01.1984 – 1 BvR 272/81, NJW 1984, 1741, 1745; BGH v. 28.01.1957 – III ZR 141/55, NJW 1957, 630; BVerwG v. 27.05.1981 – 7 C 34/77, NJW 1982, 63, 64; Dürig/Herzog/Scholz/*Papier*/*Shirvani*, GG Art. 14 Rn. 200 (Stand: April 2018); *Jarass*/Pieroth, GG Art. 14 Rn. 9; HWK/*C. W. Hergenröder*, GG, Art. 14 Rn. 25; a.A. etwa: ErfK/*Schmidt*, GG, Art. 14 Rn. 5; HK-ArbR/*Hensche*, GG, Art. 14 Rn. 7.

3. Allgemeine Handlungsfreiheit, Art. 2 Abs. 1 GG

Art. 2 Abs. 1 GG schützt unter anderem auch die Privatautonomie. Als spezielleres Grundrecht geht die Berufsfreiheit der allgemeinen Handlungsfreiheit immer dann vor, wenn die Handlung des Arbeitgebers berufsbezogen ist. Allerdings greift dieser Vorrang nicht, wenn der Arbeitgeber nicht Deutscher iSd. Art. 116 GG ist. Als Auffanggrundrecht gewährleistet Art. 2 GG in diesem Fall ein annähernd gleiches Schutzniveau.

IV. Abwägung

Im Fall der Berufsfreiheit hat der Gesetzgeber einen weiten Beurteilungs- und Gestaltungsspielraum, wenn es darum geht, zwischen den widerstreitenden Interessen von Arbeitnehmern und Arbeitgebern einen Ausgleich zu finden.[408] Am weitesten ist dieser Spielraum, wenn der Gesetzgeber nur einen Eingriff in die Berufsausübungsfreiheit vornimmt.[409] Der Gesetzgeber kann dabei auch auf berufsfördernde Gesichtspunkte rekurrieren.[410] Des Weiteren umfasst sein Beurteilungs- und Gestaltungsspielraum die Einschätzung der ökonomischen und sozialen Rahmenbedingungen, die Vorausschau künftiger Entwicklung und Wirkung der Regelung, die Bewertung der Interessenlage, einschließlich Gewichtung der einzelnen berührten Belange und die Festlegung der berufs-, arbeits- oder sozialpolitischen Ziele einer Regelung und Bestimmung der wirtschaftspolitischen Ziele.[411]

Bei einer bipolaren Grundrechtsbeziehung bedingt die Freiheit der einen Seite die Unfreiheit der anderen Seite. Beide Interessen sind grundrechtlich verankert und müssen trotz ihres Widerstreits zum Ausgleich gebracht werden. Aus diesem Grund muss es zwangsläufig zu einer Abwägung der beiderseitigen Interessen kommen. Dem kann entweder durch normierte Verweigerungsgründe des Arbeitgebers Rechnung getragen werden oder die vorzunehmende Abwägung wird unmittelbar als Tatbestandsmerkmal ausgestaltet.

---

408 BVerfG v. 19.10.1993 – 1 BvR 567/89, 1 BvR 1044/89, NJW 1994, 36; BVerfG v. 27.01.1998 – 1 BvL 15/87, NZA 1998, 470, 474; *Jarass*/Pieroth, GG Art. 12 Rn. 25.

409 Vgl. BVerfG v. 23.01.1990 – 1 BvL 44/86 u. 1 BvL 48/87, NZA 1990, 161 unter C.II.1.a. der Gründe; BVerfG v. 18.11.2003 – 1 BvR 302/96, NZA 2004, 33 unter C.2.a. der Gründe.

410 AR/*Spelge*, 9. Aufl. 2019, GG, Art. 12 Rn. 14.

411 Vgl. BVerfG v. 14.01.2015 – 1 BvR 931/12, NVwZ 2015, 582, Rn. 59; BVerfG v. 23.10.2013 – 1 BvR 1842/11, NJW 2014, 46, Rn. 70.

Kollidierende Grundrechte sind in ihrer Wechselwirkung zu erfassen und so zu begrenzen, dass sie für alle Beteiligten möglichst weitgehend wirksam werden.[412] Dieser Ausgleich erfolgt nach dem Grundsatz der praktischen Konkordanz[413] und liegt zunächst im Verantwortungs- und Aufgabenbereich des Gesetzgebers.[414] Die Verfassung gibt dabei nur den Kernbereich des zu schützenden Grundrechts vor, während das einzuschränkende Grundrecht bis zur Verhältnismäßigkeit als Höchstmaß des Eingriffs beschränkt werden kann. Zwischen Mindest- und Höchstmaß bewegt sich der gesetzgeberische Spielraum.[415]

Erst wenn alle Möglichkeiten zum Ausgleich ausgeschöpft sind, ist unter „Berücksichtigung der falltypischen Gestaltung und der besonderen Umstände des Einzelfalles zu entscheiden, welches Interesse zurückzutreten hat".[416] Das Zurückweichen einer grundrechtlichen Gewährleistung muss dabei zum Schutz der anderen geboten sein.[417]

Eine Verletzung der Grundrechte durch den Gesetzgeber liegt daher erst dann vor, wenn „(...) eine Grundrechtsposition den Interessen des anderen Vertragspartners in einer Weise untergeordnet wird, dass in Anbetracht der Bedeutung und Tragweite des betroffenen Grundrechts von einem angemessenen Ausgleich nicht mehr gesprochen werden kann."[418] Die von Seiten des Gesetzgebers angestellten Erwägungen müssen „so fehlerhaft sein, dass sie vernünftigerweise keine Grundlage für die bezweckte Maßnahme abgeben können."[419]

---

412 BVerfG v. 19.10.1993 – 1 BvR 567/89 u. 1 BvR 1044/89, NJW 1994, 36, 38; BVerfG v. 27.01.1998 – 1 BvL 15/87, NZA 1998, 470, 471.

413 Vgl. BVerfG v. 16.05.1995 – 1 BvR 1087/91, NJW 1995, 2477, 2479; BVerfG v. 23.10.2013 – 1 BvR 1842/11, 1 BvR 1843/11, ZUM 2014, 130, Rn. 68; BVerfG v. 17.11.2015 – 2 BvL 19/09 u.a., NVwZ 2016, 223, Rn. 108; krit. *Cremer*, FS Jarass, S. 179 ff.

414 BVerfG v. 27.01.2015 – 1 BvR 471/10, 1 BvR 1181/10, NJW 2015, 1359, Rn. 98.

415 *Dieterich*, RdA 1995, 129, 134.

416 BVerfG v. 05.06.1973 – 1 BvR 536/72, NJW 1973, 1226, 1228; vgl. auch: BVerfG v. 07.03.1990 – 1 BvR 266/86, 1 BvR 913/87, NJW 1990, 1982, 1983; BAG v. 24.09.2014 – 5 AZR 611/12, NZA 2014, 1407, Rn. 47.

417 *Jarass*/Pieroth, GG Vorb. Vor Art. 1, Rn. 53; BAG v. 20.11.2012 – 1 AZR 611/11, NZA 2013, 437, Rn. 52; BAG v. 30.08.2017 – 7 AZR 864/15, NZA 2018, 229, Rn. 32.

418 BVerfG v. 23.10.2013 – 1 BvR 1842/11, NJW 2014, 46, Rn. 70; BVerfG v. 27.01.1998 – 1 BvL 15–87, NJW 1998, 1475 unter B.I.3.a. der Gründe; Vgl. auch BVerfG v. 07.02.1990 – 1 BvR 26/84, NJW 1990, 1469.

419 BVerfG v. 03.07.2007 – 1 BvR 2186/06, juris-Rn. 89; BVerfG v. 16.03.2004 – 1 BvR 1778/08, NVwZ 2004, 597, juris-Rn. 66.

Der Gesetzgeber muss, um die Berufsfreiheit des Arbeitnehmers mittels eines Anspruchs auf Verlängerung der Arbeitszeit zu fördern, zwangsläufig die Berufsfreiheit des Arbeitgebers einschränken.

Ein genereller Zwang des Arbeitgebers zum Abschluss (geänderter) Arbeitsverträge ist in diesem Sinne per se verfassungswidrig. Anders kann es sich unter gewissen Voraussetzungen bei einem Abschlusszwang für schutzbedürftige Arbeitnehmer verhalten.[420] Der Anspruch auf Teilzeitarbeit nach § 8 Abs. 1 TzBfG ist solch eine Schutzvorschrift zugunsten der insoweit schutzbedürftigen Arbeitnehmer,[421] deren Verfassungsmäßigkeit das BAG bereits bestätigt hat.[422]

1. Bisherige Einschränkungen der Berufsfreiheit des Arbeitgebers

Die Einschränkungen der Vertragsfreiheit und der unternehmerischen Freiheit des Arbeitgebers sind bereits jetzt vielfältig und weitreichend. Sie treten als zwingendes Gesetzesrecht immer dann auf, wenn es gilt, Arbeitnehmer vor den Auswirkungen des Kräfteungleichgewichts zu schützen. Die bisherigen Einschränkungen könnten dabei zumindest in ihren Grundzügen als Vergleichsmaßstab für die Zulässigkeit und Reichweite eines Anspruchs auf Zuteilung freien Arbeitszeitvolumens herangezogen werden.

2. Materielle Vereinbarkeit mit Art. 12 GG

Der Anspruch auf Zuteilung freien Arbeitszeitvolumens als Bestandteil der Berufsfreiheit des Arbeitnehmers muss also mit der Berufsfreiheit des Arbeitgebers in einen angemessenen Interessenausgleich zu bringen sein.

a) Eingriff in den Schutzbereich

Ein Eingriff in den Schutzbereich eines Grundrechts liegt in jedem staatlichen Handeln, das ein grundrechtlich geschütztes Verhalten erschwert oder unmöglich macht bzw. ein grundrechtlich geschütztes Rechtsgut beeinträchtigt, unabhängig davon, ob die Wirkung final oder beabsichtigt, unmittelbar oder mittelbar, rechtlich oder tatsächlich, mit oder ohne Zwang eintritt.[423] Ein Eingriff in den

---

420 HWK/*C. W. Hergenröder*, GG, Art. 12 Rn. 42.

421 HWK/*C. W. Hergenröder*, GG, Art. 12 Rn. 43.

422 BAG v. 18.02.2003 – 9 AZR 164/02, NZA 2003, 1392.

423 BVerfG v. 15.03.2018 – 2 BvR 1371/13, NVwZ 2018, 1224, Rn. 29; *Kingreen/Poscher*, Grundrechte, Rn. 294.

Schutzbereich der Berufsfreiheit des Arbeitgebers könnte – wie beschrieben – sowohl durch eine Verletzung der Vertragsfreiheit als auch der unternehmerischen Entscheidungsfreiheit erfolgen.

aa) Vertragsfreiheit

Der Arbeitgeber unterliegt durch einen Anspruch des Arbeitnehmers auf Zuteilung freien Arbeitszeitvolumens einem Kontrahierungszwang. Betroffen ist mithin zunächst das „Ob" des Vertragsschlusses, weil Arbeitgeber verpflichtet sind, mit anspruchsberechtigten Arbeitnehmern einen Arbeitsvertrag mit längerer Arbeitszeit zu vereinbaren. Im Gegensatz zu dem Anspruch nach § 9 TzBfG, der nur einen freien „Arbeitsplatz" betrifft, wird hier zusätzlich in das „Wie" der Vertragsgestaltung eingegriffen. Der Arbeitgeber kann nämlich nicht mehr eigenständig freies Arbeitsvolumen in freie Arbeitsplätze aufteilen, sondern muss vorrangig Verlängerungswünsche der Arbeitnehmer beachten. Anders als im Rahmen des § 9 TzBfG ist der Arbeitgeber also ggf. gezwungen, seine betriebliche Organisation an den Veränderungswunsch des Arbeitnehmers anzupassen. Ein Eingriff sowohl in das „Ob" als auch in das „Wie" liegt im Ergebnis vor.

bb) Unternehmerische Entscheidungsfreiheit

Die unternehmerische Entscheidungsfreiheit ist durch einen Anspruch auf Verlängerung der Arbeitszeit in Form einer Zuteilung freien Arbeitszeitvolumens stärker eingeschränkt als durch § 9 TzBfG. Arbeitnehmer können nicht mehr nur einen gesamten Arbeitsplatz beanspruchen, sondern auch nur einzelne Teilmengen unterschiedlicher Größe verlangen. Zwar kann der Arbeitgeber weiterhin autonom den Bedarf an Arbeitsvolumen für das Unternehmen bzw. den Betrieb festlegen. Er kann jedoch nicht mehr vollständig frei auf die Verteilung des zu vergebenden Arbeitsvolumens zugreifen und ist infolge dessen auch eingeschränkt, was die Anzahl der zu beschäftigenden Personen betrifft.

Ein Anspruch auf freies Arbeitszeitvolumen greift daher frühzeitiger in den Prozess der Personalplanung ein als der Anspruch nach § 9 TzBfG. Die Personalplanung umfasst zunächst die Personalbedarfs- und dann die Personaldeckungsplanung. Auf der ersten Stufe der Personalbedarfsplanung „ermittelt der Arbeitgeber den Bedarf an Arbeitsplätzen bezogen auf die Produktionserfordernisse. Daran anschließend können Stellenbeschreibungen, Anforderungsprofile und Stellenausschreibungen vorgenommen werden. Danach kann man den personellen und organisatorischen Ist-Zustand feststellen sowie Einwirkungsfaktoren auf die vorhandenen Arbeitsplatz- und Personalstrukturen analysieren. Daraus werden in der Folge auf Basis der Stellenplanung die künftigen

Personalanforderungen nach Qualität und Quantität festgelegt."[424] Mit seinem Verlängerungsbegehren beeinflusst der Arbeitnehmer bereits auf der ersten Stufe den Planungsprozess des Arbeitgebers, während § 9 TzBfG erst die Stufe der Personaldeckungsplanung betrifft. Zwar kann der Arbeitgeber sowohl die Stellen- als auch die Bedarfsplanung zunächst autonom festlegen. Meldet sich nach der Planung jedoch ein Arbeitnehmer, muss er sein Konzept ggf. korrigieren und vorhandenes Arbeitszeitvolumen anders verteilen, sofern dem nicht dringende betriebliche Gründe entgegenstehen. Das betriebliche Organisationskonzept bedarf damit einer Rechtfertigung, wenn einem Arbeitnehmer der Anspruch verweigert wird. Daher unterliegt es der gerichtlichen Überprüfung auch im Hinblick auf seine Plausibilität.

b) Rechtfertigung des Eingriffs

Materiell muss eine Beeinträchtigung der Berufsfreiheit zur Erreichung eines legitimen Zwecks geeignet, erforderlich und zumutbar sein.[425] Im Rahmen der Berufsausübungsfreiheit genügen hinreichende Gründe des Gemeinwohls als Konkretisierung des legitimen Zwecks. Die Zumutbarkeit einer Regelung ergibt sich aus einer Gesamtabwägung zwischen der Schwere des Eingriffs und der ihn rechtfertigenden Gründe und ist in weiten Teilen abhängig von der konkreten Ausgestaltung der Regelung. Es muss dabei auf einen angemessenen Ausgleich zwischen den Interessen des Arbeitnehmers und den des Arbeitgebers geachtet werden.[426]

aa) Hinreichende Gründe des Gemeinwohls

Die Einführung eines Anspruchs auf Zuteilung freien Arbeitszeitvolumens fördert mittelbar die Beschäftigung dadurch, dass Arbeitnehmern die Angst vor einem dauerhaften Verbleib in einer Teilzeitbeschäftigung genommen wird („Teilzeitfalle"). Diese arbeitspolitische Förderung der Teilzeitarbeit führt dann zu Entlastungseffekten auf dem Arbeitsmarkt. Zusätzlich beinhaltet der Anspruch eine sozialpolitische Dimension bzw. Zielsetzung. Die Förderung der

---

424 MHdB ArbR/*Wißmann*, § 28 Rn. 19.

425 HK-ArbR/*Becker*, Vor Art. 1 - 6 GG, Rn. 27 f.; ausführlich: *Kingreen/Poscher*, Grundrechte, Rn. 330 ff.

426 BVerfG v. 31.10.2002 – 1 BvR 819/02, NJW 2002, 3765; BVerfG v. 11.06.1958 – 1 BvR 596/56, NJW 1958, 1035; HK-ArbR/*Lakies*, GG, Art. 12 Rn. 36 f.; ErfK/*Schmidt*, GG Art. 12 Rn. 30; MHdB ArbR/*Benecke*, § 31 Rn. 34.

Flexibilisierung der Arbeitsdauer kann zugleich als Förderung der Vereinbarkeit von Beruf und Familie verstanden werden (Art. 6 GG).

bb) Geeignetheit

Der Anspruch auf Zuteilung freien Arbeitszeitvolumens ist geeignet, wenn er die hinreichenden Gründe des Gemeinwohls fördert.[427] Arbeitnehmern kann durch die Anerkennung dieses Anspruchs die Befürchtung vor einem unfreiwilligen Verbleib in der Teilzeit genommen werden, weshalb die Aufnahme einer Teilzeittätigkeit mittelbar gefördert wird. Darüber hinaus können Arbeitnehmer ihre berufliche Situation besser an private Bedürfnisse und Erfordernisse anpassen, wenn sie einen verbindlichen und gerichtlich durchsetzbaren Anspruch gegen ihren Arbeitgeber geltend machen können. Ein solcher Anspruch ist mithin zur Zweckerreichung geeignet.

cc) Erforderlichkeit

Die Verwirklichung der hinreichenden Gründe des Gemeinwohls darf nicht durch ein gleich wirksames, aber weniger belastendes Mittel erreicht werden. Bisher beinhaltet das TzBfG mit § 9 einen Anspruch auf Arbeitszeitverlängerung, der aber einen freien und mit dem Wunsch des Arbeitnehmers vollständig übereinstimmenden Arbeitsplatz voraussetzt. Die Voraussetzungen des Verlängerungsanspruchs sind sehr eng und daher für den Arbeitnehmer nur schwer zu erfüllen. Auch wird freies Arbeitszeitvolumen deutlich häufiger zur Verfügung stehen als ein vollwertiger „Arbeitsplatz". Mit der Zuteilung von Arbeitszeitvolumen können die oben genannten Ziele in der Rechtspraxis also besser und weitreichender verwirklicht werden.

Als mildere Mittel sind folgende Gestaltungsmöglichkeiten denkbar: tarifvertragliche Regelungen, Betriebsvereinbarungen und Individualverträge. Der Gestaltungsspielraum der Parteien ist hierbei noch weiter als bei einem gesetzlichen Anspruch, da der Arbeitgeber sich dabei freiwillig auf eine Vereinbarung zur Verlängerung der Arbeitszeit der Arbeitnehmer einlässt. Es findet dann kein staatlicher Eingriff in seine Berufsfreiheit statt. Die Beteiligten verzichten vielmehr freiwillig auf die ihnen zustehenden Grundrechte, wenn sie selbständig (privatrechtliche) Regelungen für ihre Rechtsbeziehung treffen.

---

427 *Kingreen/Poscher*, Grundrechte, Rn. 334.

Private können im Wege des Grundrechtsverzichts durch Rechtsgeschäft eigene Grundrechte einschränken.[428] Dies gilt auch für die Parteien des Arbeitsvertrags. Individualvertragliche Vereinbarungen sind daher innerhalb der Grenzen der Privatautonomie möglich und zulässig. Sie unterliegen, als zumeist vom Arbeitgeber einseitig vorformulierte Regelungen, gemäß § 310 Abs. 4 BGB dem Recht der AGB-Kontrolle, wobei aber stets die Besonderheiten des Arbeitsrechts angemessen zu berücksichtigen sind. Bei einem Anspruch auf Zuteilung freien Arbeitszeitvolumens wird indes der Grundrechtseingriff auf Seiten des Arbeitgebers überwiegen und eine dem Schutz des Arbeitnehmers dienende Inhaltskontrolle nicht notwendig sein.

In Tarifverträgen können die Parteien vertragliche Kontrahierungszwänge vereinbaren. Sie unterliegen dabei der Grundrechtsbindung insofern mittelbar, als sie die Schutzgebote der Grundrechte beachten müssen.[429] Sie müssen insbesondere die allgemeinen und besonderen Gleichheitsgebote als grundlegende Rechtsprinzipien beachten.[430] Im Allgemeinen werden jedoch lediglich allgemeine Abschlussgebote vorhanden sein, die dem einzelnen Arbeitnehmer keinen individuellen Rechtsanspruch verschaffen.[431] Anders verhält es sich bei einem Anspruch auf Verlängerung der Arbeitszeit. Soweit ein solcher vorhanden ist, ist er in Anlehnung an § 9 TzBfG als Kontrahierungszwang ausgestaltet. Einige bereits vorhandene tarifliche Ansprüche stellen erfreulicherweise auf das Vorhandensein freien Arbeitszeitvolumens ab.

dd) Angemessenheit im Sinne einer Gesamtabwägung

Der Eingriff in die Berufsausübungsfreiheit des Arbeitgebers ist zweifelsohne stark und weitreichend. Nichtsdestotrotz können Arbeitgeber weiterhin den arbeitstechnischen Zweck ihres Unternehmens frei bestimmen und sind nicht verpflichtet, Arbeitnehmern ohne tatsächlichen Beschäftigungsbedarf eine Verlängerung der Arbeitszeit zu gewähren.

---

428 Dazu näher: Sachs/*Sachs*, GG, Vorb. zu Abschn. 1 Rn. 52 ff.; ErfK/*Schmidt*, GG, Einl. Rn. 59 ff.; *Fischinger*, JuS 2007, 808.

429 ErfK/*Schmidt*, GG, Einl. Rn. 20, 22; *Jarass*/Pieroth, GG Art. 1 Rn. 51; Däubler/*Ulber*, TVG, Einl. Rn. 205 ff.; Wiedemann/*Jacobs*, TVG, Einl. Rn. 350 ff.; *Dieterich*, FS Schaub, S. 117, 122 ff.; *Bayreuther*, Tarifautonomie, S. 236 ff.; *Singer*, ZfA 1995, 611, 623 ff. m.w.N.

430 MHdB ArbR/*Fischinger*, § 7 Rn. 24; Wiedemann/*Thüsing*, TVG § 1 Rn. 586.

431 BAG v. 29.07.1992 – 4 AZR 512/91, NZA 1993, 851; BeckOK ArbR/*Joussen*, § 611a BGB, Rn. 181; Däubler/*Klein*, TVG § 1 Rn. 1089.

Die Vorgabe, betriebliche Abläufe umzuorganisieren und so an den Arbeitnehmerwunsch anzupassen, bedeutet einen starken Eingriff in die unternehmerische Organisationsfreiheit und bedarf daher zwingend eines Ausgleichs. Taugliche Möglichkeiten der Begrenzung des Anspruchs des Arbeitnehmers sind die Aufnahme einer Wartezeit, einer Ankündigungs- sowie einer Sperrfrist und einer Bereichsausnahme für kleine Unternehmen.

Der Arbeitnehmer sollte den Ablauf einer (ggf. fiktiven) sechsmonatigen Probezeit abwarten müssen, bevor er seinen Anspruch geltend machen kann. Der Arbeitgeber würde so davor geschützt, Dispositionen für nicht seinen Vorstellungen entsprechenden Arbeitnehmer vornehmen zu müssen.

Der Arbeitnehmer müsste ferner seinen Wunsch dem Arbeitgeber vier Wochen im Voraus mitteilen, damit eventuell notwendige organisatorische Schritte in zeitlich zumutbarer Weise realisiert werden können. Im Rahmen des aktuellen § 9 TzBfG ist dies hingegen nicht notwendig, da Arbeitgeber vollkommen autonom über das (Nicht-)Vorhandensein freier Arbeitsplätze entscheiden können.

Des Weiteren würde durch eine zweijährige Sperrfrist das Kontinuitätsinteresse des Arbeitgebers hinsichtlich seiner organisatorischen Maßnahmen berücksichtigt. Zwar soll der Arbeitnehmer durch den Anspruch mehr Flexibilität und Souveränität bei der Bestimmung seiner Arbeitszeit erlangen. Dem Arbeitgeber ist es aber keinesfalls zuzumuten, sich ständig mit neuen Änderungswünschen des Arbeitnehmers konfrontiert zu sehen, für die er seine betriebliche Organisation und den Stellenzuschnitt ändern muss.

Gerade in kleinen Betrieben bedeutet eine Umstellung der betrieblichen Organisationsabläufe deutlich mehr Aufwand, da weniger Personal zur Verfügung steht und sich daher weniger Ausgleichs- oder Austauschmöglichkeiten ergeben. Die in Anlehnung an § 23 Abs. 1 S. 2, 3 KSchG, §§ 8, 9a TzBfG ausgewählte Größenordnung von in etwa 45 Arbeitnehmern erscheint eine geeignete Betriebsgröße zu sein. Ab dieser Anzahl an Arbeitnehmern mutet der Gesetzgeber Arbeitgebern weiterreichende Pflichten als den sog. Kleinbetrieben zu.

c) Ergebnis

Ein Anspruch auf Zuteilung freien Arbeitszeitvolumens belastet die Arbeitgeberseite unter Beachtung der genannten Einschränkungen nicht unverhältnismäßig. Zwar wird schon § 9 TzBfG in seiner jetzigen Ausgestaltung von einigen Autoren als verfassungswidrig bzw. verfassungsrechtlich bedenklich eingestuft.[432] Weder das BAG noch das BVerfG mussten sich bisher explizit zu dieser

432 *Schmalenberg*, FS Bauer, S. 945, 956; *Rudolf*, S. 67.

Frage äußern. Entschieden ist jedoch bereits, dass § 8 TzBfG, durch den ein stärkerer Eingriff in die unternehmerische Entscheidungsfreiheit des Arbeitgebers vorgenommen wird, verfassungskonform ist.[433] Obwohl auch ein Anspruch auf Erhöhung des Arbeitszeitvolumens einen stärkeren Eingriff in die durch Art. 12 GG geschützte Berufsausübungsfreiheit des Arbeitgebers als bisher durch § 9 TzBfG bedeutet, kann dieser mithin, abhängig von seiner konkreten Ausgestaltung, verfassungsgemäß sein.

Hierzu wird es nicht genügen, den Begriff des freien Arbeitsplatzes in § 9 TzBfG durch den Terminus „freies Arbeitszeitvolumen" auszutauschen. Ein denkbarer Ansatzpunkt wäre, dem Arbeitgeber im Gegenzug ein Mehr an Einwänden zur Seite zu geben und sich dabei an der Eingriffsintensität des § 8 TzBfG zu orientieren. Aus den dringenden betrieblichen Gründen könnten betriebliche Gründe werden, um den stärkeren Eingriff auszugleichen. Ebenso wie der Anspruch auf Reduzierung der Arbeitszeit nach § 8 TzBfG zur Einrichtung unerwünschter Arbeitsplätze zwingt, kann es bei einem Anspruch auf Erhöhung des Arbeitszeitvolumens vorkommen, dass der Arbeitgeber zur Schaffung von ihm unerwünschter, aber organisatorisch möglicher Arbeitsplätze mit höherer Arbeitszeit verpflichtet wird. Eine Angleichung durch Harmonisierung der Qualität der Einwände und die Begrenzung des Anspruchs durch die aufgeführten Punkte ergeben einen ausgewogenen Interessenausgleich zwischen Arbeitgeber und Arbeitnehmer. Der Anspruch auf Zuteilung freien Arbeitszeitvolumens wäre verfassungsgemäß und dessen Einführung de lege ferenda wünschenswert.

433 BAG v. 18.02.2003 - 9 AZR 164/02, NZA 2003, 1392; a.A. *Schiefer*, DB 2000, 2118, 2120; *Hromadka*, NJW 2001, 400, 402.

Teil 4 Zusammenfassung in Thesen

Die Verlängerung der Arbeitszeit nach der Teilzeit-Richtlinie

1. Die Teilzeit-Richtlinie enthält in § 5 Abs. 3 lit. b und lit. c der Teilzeit-Rahmenvereinbarung keine verbindlichen Vorgaben für die Ausgestaltung oder Auslegung eines Anspruchs auf Arbeitszeitverlängerung im nationalen Recht.
2. Die Rechtsprechung des EuGH in den Rechtssachen *Michaeler* und *INPS* zur verpflichtenden Wirkung des § 5 Abs. 3 lit. a der Teilzeit-Rahmenvereinbarung kann nicht auf den Verlängerungsanspruch übertragen werden, weil § 5 Abs. 3 lit. b und lit. c der Teilzeit-Rahmenvereinbarung weder eine Konkretisierung des Diskriminierungsverbots noch eines anderen verbindlichen Teils der Richtlinie darstellen.

Der Anspruch auf Verlängerung der Arbeitszeit nach § 9 TzBfG

Anzeige des Verlängerungswunsches

3. Der Begriff der Anzeige in § 7 und § 9 TzBfG ist nicht gleichbedeutend. Die Anzeige des Verlängerungswunsches durch den Arbeitnehmer iSd. § 9 TzBfG ist ein Angebot an den Arbeitgeber auf Änderung des Arbeitsvertrags. Es muss stets Zeitpunkt und Umfang der gewünschten Änderung beinhalten.
4. Das Angebot muss nicht auf einen konkreten Arbeitsplatz gerichtet sein, wenn der Arbeitnehmer weder Kenntnis noch fahrlässige Unkenntnis vom Vorhandensein eines entsprechenden freien Arbeitsplatzes hat. Dies ist insbesondere dann der Fall, wenn der Arbeitgeber seiner Informationspflicht aus § 7 Abs. 3 TzBfG nicht nachgekommen ist.
5. Das Angebot des Arbeitnehmers erlischt erst, wenn eine Vertragsänderung zustande gekommen ist oder der Arbeitnehmer seinen Wunsch nach einer Verlängerung der Arbeitszeit zurücknimmt.

Freier Arbeitsplatz

6. Die Entscheidung des Arbeitgebers, zukünftig freie Mitarbeiter oder Leiharbeitnehmer einzusetzen, fällt in den Schutzbereich der unternehmerischen

Freiheit als Bestandteil der Berufsfreiheit. Für einen Anspruch nach § 9 TzBfG fehlt es daher an einem freien Arbeitsplatz.

7. Bei lediglich freiem Arbeitszeitvolumen, das nach dem Willen des Arbeitgebers keinen Arbeitsplatz bildet, besteht kein Anspruch des Arbeitnehmers auf Verlängerung seiner Arbeitszeit nach § 9 TzBfG. Dem steht der eindeutige Wortlaut der Vorschrift entgegen.
8. Besetzt der Arbeitgeber den Arbeitsplatz zu Unrecht mit einem anderen Arbeitnehmer, fehlt es an einem freien Arbeitsplatz. Die Erfüllung des Anspruchs wird unmöglich und der Arbeitnehmer ist auf Schadensersatzansprüche verwiesen.

Entsprechender Arbeitsplatz

9. Das Merkmal „entsprechend" bezieht sich ausschließlich auf die Anzeige des Arbeitnehmers iSe. Vertragsänderungsangebots und nicht auch auf die bisherige Tätigkeit des Arbeitnehmers. Ein vergleichbarer Arbeitsplatz ist nicht erforderlich. Daher kann der Arbeitnehmer auch Anspruch auf Arbeitsplätze in anderen Qualifikationsstufen erheben, sofern er das zugehörige Anforderungsprofil erfüllt und mindestens die gleiche Eignung wie die übrigen Bewerber aufweist.
10. Der Arbeitgeber ist verpflichtet, dem ursprünglichen Arbeitsplatz des verlängerungswilligen Arbeitnehmers einen weiteren freien Arbeitsplatz hinzuzufügen. Ebenso können mehrere freie Arbeitsplätze miteinander kombiniert werden. Für das Merkmal „entsprechend" ist es ausreichend, wenn beide bzw. mehrere Arbeitsplätze in der Summe mit dem zeitlichen Umfang des Verlängerungswunsches übereinstimmen.

Mindestens gleiche Eignung

11. Arbeitnehmer müssen mindestens dieselben fachlichen und persönlichen Fähigkeiten, Kenntnisse und Erfahrungen wie ihre Mitbewerber aufweisen. Auch ein nur geringer Eignungsunterschied ist von Bedeutung. Der Arbeitgeber hat dabei einen Beurteilungsspielraum, der von den Gerichten lediglich eingeschränkt überprüfbar ist.
12. Bei freigestellten Betriebsratsmitgliedern ist hinsichtlich der Eignung auf ihren hypothetischen Werdegang anhand eines im Betrieb üblichen Karriereverlaufs oder plausibler Darlegungen des Arbeitnehmers über seinen Werdegang ohne Ausübung des Betriebsratsamtes abzustellen.

Entgegenstehende Arbeitszeitwünsche anderer teilzeitbeschäftigter Arbeitnehmer

13. Die Auswahlentscheidung des Arbeitgebers richtet sich nach § 315 BGB analog. Bei der Beurteilung nach billigem Ermessen kann der Arbeitgeber im Einzelfall auch soziale Kriterien berücksichtigen.
14. Ob auch Ansprüche auf weitere Verringerung der Arbeitszeit von bereits in Teilzeit beschäftigten Arbeitnehmern dem Verlängerungsanspruch entgegenstehen können, ist entgegen des Wortlauts wegen teleologischer Erwägungen als entgegenstehender dringender betrieblicher Grund anzusehen.

Entgegenstehende dringende betriebliche Gründe

15. Entgegenstehende dringende betriebliche Gründe können sich sowohl aus der personellen Auswahlentscheidung als auch dem zeitlichen Zuschnitt des Arbeitsplatzes und vorrangigen Rechtsansprüchen Dritter ergeben.
16. Zur Bestimmung des Begriffs können die Vorgaben des § 8 Abs. 4 TzBfG herangezogen werden. Sie müssen dabei jedoch angepasst werden, insbesondere hinsichtlich ihrer „Dringlichkeit".
17. Rechtsansprüche Dritter, die einem Verlängerungsbegehren vorgehen, sind § 78a BetrVG, der Wiedereinstellungsanspruch nach Kündigung, Versetzung als einzige Weiterbeschäftigungsmöglichkeit sowie § 164 Abs. 4 SGB IX. Auch Verringerungsansprüche, die eine Privilegierung aus sozialen Gründen vorsehen, gehen dem Anspruch nach § 9 TzBfG vor. Hierzu zählen die Ansprüche nach § 164 Abs. 5 S. 2 SGB IX, § 15 BEEG, § 3 Abs. 4 PflegeZG, § 2 FPfZG.
18. Die Zustimmungsverweigerung des Betriebsrats zur Verlängerung der Arbeitszeit nach § 99 Abs. 1 S. 1 BetrVG stellt ebenfalls einen dringenden betrieblichen Grund dar. Der Arbeitgeber ist zuvor verpflichtet, das Zustimmungsersetzungsverfahren nach § 99 Abs. 4 BetrVG einzuleiten, wenn dieses nicht offensichtlich erfolglos sein wird. Eine unter Missachtung der Zustimmungsverweigerung durchgeführte Verlängerung der Arbeitszeit ist hinsichtlich der tatsächlichen Beschäftigung des Arbeitnehmers, nicht aber hinsichtlich der Änderung des Arbeitsvertrags, individualarbeitsrechtlich unwirksam. Insofern liegt ein Beschäftigungsverbot vor.

Rechtsfolge des § 9 TzBfG

19. § 9 TzBfG ist kein Anspruch auf Arbeitszeitverlängerung, sondern auf die bevorzugte Berücksichtigung des Arbeitnehmers bei der Zuteilung eines anderen Arbeitsplatzes im selben Tätigkeitsbereich mit längerer Arbeitszeit gerichtet.

20. Der Anwendungsbereich der Vorschrift sollte durch ein anderes Verständnis des Tatbestandsmerkmals „entsprechender freier Arbeitsplatz" ausgeweitet werden. Arbeitnehmer können zusätzlich zu ihrem bisherigen Teilzeitarbeitsplatz einen oder mehrere weitere Arbeitsplätze als Verlängerung ihrer Arbeitszeit beanspruchen.
21. Arbeitnehmer haben keinen Anspruch auf die bevorzugte Berücksichtigung bei der Besetzung eines befristeten Arbeitsplatzes.

Der Anspruch auf Zuteilung freien Arbeitszeitvolumens de lege ferenda

22. De lege lata begründet § 9 TzBfG keinen Anspruch auf Zuteilung freien Arbeitszeitvolumens. Es ist aber möglich und sinnvoll, einen solchen Anspruch de lege ferenda zu schaffen. Insbesondere ist hierbei eine Vereinbarkeit mit der Berufsfreiheit des Arbeitgebers denkbar.
23. Ein Anspruch auf Zuteilung freien Arbeitszeitvolumens unterstützt die Interessen des Arbeitnehmers an einer Vereinbarkeit von Beruf und Familie sowie an der Erlangung von Arbeitszeitsouveränität. Die Berufsfreiheit kann hingegen nur sehr eingeschränkt als ein Argument für einen Anspruch herangezogen werden, da ihr Schutzbereich dem Arbeitnehmer kein Recht auf Bereitstellung und Erhalt eines Arbeitsplatzes nach seinen Vorstellungen verschafft.
24. Die Berufsfreiheit des Arbeitgebers umfasst die Vertragsfreiheit sowie die unternehmerische Entscheidungsfreiheit. Als Abschlussgebot bedeutet der Anspruch auf Zuteilung freien Arbeitszeitvolumens einen Eingriff in die Berufsausübungsfreiheit des Art. 12 GG. Zudem wird auch in die unternehmerische Freiheit des Arbeitgebers hinsichtlich Personalplanung und Stellenzuschnitt eingegriffen.
25. Der Eingriff ist durch hinreichende Gründe des Gemeinwohls gerechtfertigt. Die mittelbare Förderung der Teilzeitarbeit zur Schaffung neuer Arbeitsplätze sowie die Förderung der Vereinbarkeit von Beruf und Familie sind sozialstaatliche Aufgaben. Ein Anspruch auf Zuteilung freien Arbeitszeitvolumens ist geeignet und erforderlich, um diese Ziele zu erreichen.
26. Zur Wahrung der Verhältnismäßigkeit der Regelung müssen dem Arbeitgeber in Anlehnung an § 8 TzBfG folgende Einwände ermöglicht werden: Er kann dem Anspruch des Arbeitnehmers betriebliche Gründe entgegenhalten. Zusätzlich bedarf es der Einführung einer Wartezeit, einer Sperrfrist und einer Mindestbetriebsgröße.

Literaturverzeichnis

Annuß, Georg/Thüsing, Gregor (Hrsg.), Kommentar zum Teilzeit- und Befristungsgesetz, 3. Aufl. 2012 (zit. Annuß/Thüsing/*Bearbeiter*, TzBfG).

Arnold, Manfred/Gräfl, Edith (Hrsg.), Teilzeit- und Befristungsgesetz. Praxiskommentar zum TzBfG und zu angrenzenden Vorschriften mit Gestaltungshinweisen und Beispielen, 5. Aufl. 2021 (zit. Arnold/Gräfl/*Bearbeiter*).

Aumann, Annemarie/Hack, Melanie, Wahlarbeitszeit und Arbeitszeitflexibilisierung – Modelle einer selbstbestimmten Erwerbsbiografie in Deutschland und Norwegen, ZESAR 2016, S. 266 – 276.

Bader, Peter/Fischermeier, Ernst/Gallner, Inken (u.a.), KR – Gemeinschaftskommentar zum Kündigungsschutzgesetz und zu sonstigen kündigungsschutzrechtlichen Vorschriften, 13. Aufl. 2022 (zit. KR/*Bearbeiter*).

Badura, Peter, Arbeit als Beruf (Art. 12 Abs. 1 GG) in: Hanau, Peter/Müller, Gerhard/Wiedemann, Heribert/Wlotzke, Otfried (Hrsg.), Festschrift für Wilhelm Herschel zum 85. Geburtstag, München 1982, S. 21 – 35 (zit. *Badura*, FS Herschel).

Ballering, Phillip, Die einseitige Änderung von Arbeitsbedingungen. Eine Systematik der verschiedenen Änderungsinstrumente unter besonderer Berücksichtigung der §§ 8, 9 TzBfG, Frankfurt am Main 2004 (zit. *Ballering*).

Bayreuther, Frank, Entwurf eines Gesetzes zur Brückenteilzeit, NZA 2018, S. 566 – 568.

Bayreuther, Frank, Mehr Flexibilität hinsichtlich des Arbeitsumfangs?, NZA-Beilage 2018, S. 103 – 108.

Bayreuther, Frank, Tarifautonomie als kollektiv ausgeübte Privatautonomie – Tarifrecht im Spannungsfeld von Arbeits-, Privat- und Wirtschaftsrecht, München 2005 (zit. *Bayreuther*, Tarifautonomie).

Becker, Friedrich/Danne, Harald/Lang, Walter/Lipke, Gert-Albert/Mikosch, Ernst/Steinwedel, Ulrich, Gemeinschaftskommentar zum Teilzeitarbeitsrecht, 1987 (zit. GK-TZA/*Bearbeiter*).

Beck´scher Online-Kommentar BGB, hrsg. v. Hau, Wolfgang/Poseck, Roman, 61. Edition, Stand: 01.02.2022 (zit. BeckOK BGB/*Bearbeiter*).

Beck´scher Online-Kommentar Sozialrecht, hrsg. v. Rolfs, Christian/Giesen, Richard/Kreikebohm, Ralf/Udsching, Peter, 63. Edition, Stand: 01.12.2021 (zit. BeckOK SozR/Bearbeiter).

Beck´scher Online-Kommentar Arbeitsrecht, hrsg. v. Rolfs, Christian/Giesen, Richard/Kreikebohm, Ralf/Udsching, Peter, 62. Edition, Stand 01.12.2021 (zit. BeckOK ArbR/*Bearbeiter*).

Bengelsdorf, Peter, Der Begriff der Einstellung im Sinne des § 99 Abs. 1 S. 1 BetrVG, in: Hönn, Günther/Oetker, Hartmut/Raab, Thomas (Hrsg.), Festschrift für Peter Kreutz zum 70. Geburtstag, Köln 2010, S. 41 – 58 (zit. *Bengelsdorf*, FS Kreutz).

Benkert, Daniel, Referentenentwurf für ein Gesetz zur „Brückenteilzeit", NJW-Spezial 2018, S. 306 – 307.

Boecken, Winfried, Die Pflicht zur behindertengerechten Beschäftigung, RdA 2012, S. 210 – 224.

Boecken, Winfried/Joussen, Jacob, Teilzeit- und Befristungsgesetz. Handkommentar, 6. Aufl. 2019 (zit. HK-TzBfG/*Bearbeiter*).

Boecken, Winfried/Düwell, Franz Josef/Diller, Martin/Hanau, Hans (Hrsg.), Nomos-Kommentar Gesamtes Arbeitsrecht, Bd. 2 und Bd. 3, 2016 (zit NK-GA/*Bearbeiter*).

Boecken, Winfried/Hackenbroich, Benedikt, Zur (geplanten) Einführung eines Anspruchs auf zeitlich begrenzte Verringerung der Arbeitszeit, DB 2018, S. 956 – 964.

Boewer, Dietrich, Teilzeit- und Befristungsgesetz. Kommentar für die Praxis, 2002 (zit. *Boewer*).

Brügge, Philipp Christopher, Das Gesetz über Teilzeitarbeit. Eine Analyse unter arbeitsrechtlichen und beschäftigungspolitischen Gesichtspunkten, Frankfurt am Main 2004 (zit. *Brügge*).

Bryde, Brun-Otto, Artikel 12 Grundgesetz – Freiheit des Berufs und Grundrecht der Arbeit, NJW 1984, S. 2177 – 2184.

Buchner, Herbert/Becker, Ulrich, Mutterschutzgesetz und Bundeselterngeld- und Elternzeitgesetz. Kommentar, 8. Aufl. 2008 (zit. *Buchner/Becker*).

Bundesministerium für Arbeit und Soziales (BMAS), Weißbuch Arbeiten 4.0, 2017.

Burmeister, Frank/Staebe, Erik, Grenzen des sog. Gold Plating bei der Umsetzung europäischer Richtlinien in nationales Recht, EuR 2009, S. 444 – 456.

Buschmann, Rudolf/Dieball, Heike/Stevens-Bartoll, Eckart (Hrsg.), Das Recht der Teilzeitarbeit. Kommentar für die Praxis, 2. Aufl. 2001 (zit. TZA/*Bearbeiter*).

Caamaño Rojo, Eduardo, Die Teilzeitarbeit im europäischen und deutschen Arbeitsrecht, Köln 2002 (zit. *Caamaño Rojo*).

Clasvorbeck, Silke, Der Anspruch auf Verringerung und Verlängerung der Arbeitszeit, AuR 2018, S. 116 – 119.

Cremer, Wolfram, Praktische Konkordanz als grundrechtliche Kollisionsauflösungsregel – Einebnung gesetzgeberischer Entscheidungsspielräume in: Kment, Martin (Hrsg.) Das Zusammenwirken von deutschem und europäischem Öffentlichen Recht, Festschrift für Hans D. Jarass zum 70. Geburtstag, München 2015 (zit. *Cremer*, FS Jarass).

Däubler, Wolfgang/Hjort, Jens Peter/Schubert, Michael/Wolmerath, Martin (Hrsg.), Arbeitsrecht. Individualarbeitsrecht mit kollektivrechtlichen Bezügen. Handkommentar, 4. Aufl. 2017 (zit. HK-ArbR/*Bearbeiter*).

Däubler, Wolfgang/Deinert, Olaf/Zwanziger, Bertram (Hrsg.), Kündigungsschutzrecht. Kündigungen und andere Formen der Beendigung des Arbeitsverhältnisses. Kommentar für die Praxis. 11. Aufl. 2020 (zit. DDZ/*Bearbeiter*, KSchR).

Däubler, Wolfgang/Klebe, Thomas/Wedde, Peter (Hrsg.), Betriebsverfassungsgesetz. Kommentar für die Praxis mit Wahlordnung und EBR-Gesetz, 18. Aufl. 2022 (zit. DKW/*Bearbeiter*, BetrVG).

Däubler, Wolfgang (Hrsg.), Tarifvertragsgesetz mit Arbeitnehmer-Entsendegesetz, 5. Aufl. 2022 (zit. Däubler/*Bearbeiter*).

Deutscher Juristinnenbund (DJB), Konzept für ein Wahlarbeitszeitgesetz, djbZ 2015, S. 121 – 129.

Dieterich, Thomas, Grundgesetz und Privatautonomie im Arbeitsrecht, RdA 1995, S. 129 – 136.

Dieterich, Thomas, Die Grundrechtsbindung von Tarifverträgen in: Schlachter, Monika/Ascheid, Reiner/Friedrich, Hans-Wolf (Hrsg.), Tarifautonomie für ein neues Jahrhundert, Festschrift für Günter Schaub zum 65. Geburtstag, München 1998, S. 117 – 134 (zit. *Dieterich*, FS Schaub).

Dornbusch, Gregor/Krumbiegel, Markus/Löwisch, Manfred (Hrsg.), AR. Kommentar zum gesamten Arbeitsrecht, 10. Aufl. 2021 (zit. AR/*Bearbeiter*).

Dürig, Günter/Herzog, Roman/Scholz, Rupert (Begr.), Grundgesetz Kommentar, Art. 2 GG: Werkstand: 95. EL Juli 2021, Art. 12 GG: Werkstand 95. EL 2021 (zit. Dürig/Herzog/Scholz/*Bearbeiter*).

Düwell, Franz Josef, Die Brückenteilzeit nach dem Kabinettsbeschluss vom 13.06.2018, jurisPR-ArbR 26/2018 Anm. 1.

Düwell, Franz Josef/Göhle-Sander, Kristina/Kohte, Wolfhard (Hrsg.), Juris Praxiskommentar – Vereinbarkeit von Familie und Beruf, 2009 (zit. *Bearbeiter* in: jurisPK-Familie und Beruf).

Fikentscher, Wolfgang, Methoden des Rechts in vergleichender Darstellung, Band IV Dogmatischer Teil, Tübingen 1977 (zit. *Fikentscher*, Methoden des Rechts IV).

Fischinger, Philipp S., Der Grundrechtsverzicht, JuS 2007, S. 808 – 813.

Fitting, Karl (Begr.), Betriebsverfassungsgesetz. Handkommentar, 30. Aufl. 2020 (zit. *Fitting*).

Franzen, Martin/Gallner, Inken/Oetker, Hartmut (Hrsg.), Kommentar zum europäischen Arbeitsrecht, 4. Aufl. 2022 (zit. EuArbR/*Bearbeiter*).

Franzen, Martin, Die Rechtsprechung des Europäischen Gerichtshofs im Arbeitsrecht seit 2008, EuZA 2010, S. 306 – 346.

Franzen, Martin, Die Veränderung des Arbeitszeitvolumens im Spannungsverhältnis zwischen persönlichen und betrieblichen Arbeitszeitinteressen, SR 2019, S. 12 – 20.

Fuchs, Rainer, Über die kollektivrechtliche Zustimmungsverweigerung zum individualrechtlich geschützten Dauerarbeitsplatz? – Der neue § 99 Abs. 3 Halbsatz 2 BetrVG, AiB 2002, S. 510 – 513.

Gallner, Inken, Neue Entwicklungen im Teilzeitrecht, AE 04/2009, S. 307 – 318.

Gehring, Steffen, Das Recht auf Teilzeitarbeit – Anspruch und Wirklichkeit. Eine Untersuchung zu § 8 TzBfG, Tübingen 2005 (zit. *Gehring*).

Gotthardt, Michael, Teilzeitanspruch und einstweiliger Rechtsschutz, NZA 2001, S. 1183 – 1189.

Von der Groeben, Hans/Hatje, Armin/Schwarze, Jürgen (Hrsg.), Europäisches Unionsrecht. Vertrag über die Europäische Union. Vertrag über die Arbeitsweise der Europäischen Union. Charta der Grundrechte der Europäischen Union, 7. Aufl. 2015 (zit. von der Groeben/Schwarze/Hatje/*Bearbeiter*, Europ. Unionsrecht).

Groeger, Axel (Hrsg.), Arbeitsrecht im Öffentlichen Dienst, 3. Aufl. 2020, (zit. *Bearbeiter* in: Groeger, Arbeitsrecht im Öffentlichen Dienst).

Grüneberg, Christian (Begr.), Bürgerliches Gesetzbuch, Kommentar, 81. Aufl. 2022 (zit. Grüneberg/*Bearbeiter*).

Hamann, Wolfgang, Die Verlängerung der Arbeitszeit nach § 9 TzBfG in der Rechtsprechung des Neunten Senats des Bundesarbeitsgerichts, in: Wolmerath, Martin/Gallner, Inken/Krasshöfer, Horst-Dieter/Weyand, Joachim (Hrsg.), Recht – Politik – Geschichte, Festschrift für Franz Josef Düwell zum 65. Geburtstag, Baden Baden 2011, S. 131 - 151 (zit. *Hamann*, FS Düwell).

Hamann, Wolfgang, Anmerkung zu LAG Düsseldorf, Urt. v. 03.08.2007 – 10 Sa 112/07, jurisPR-ArbR 10/2008 Anm. 2.

Hanau, Peter, Offene Fragen zum Teilzeit- und Befristungsgesetz, NZA 2001, S. 1168 – 1175.

Hanau, Peter, Probleme der Neuregelung der Betriebsverfassung, ZIP 2001, S. 1981 – 1987.

Hanau, Peter, Ansätze zu einem System familiengerechter Arbeitszeiten in: Bauer, Jobst-Hubertus/Kort, Michael/Möllers, Thomas M.J./Sandmann,

Bernd (Hrsg.), Festschrift für Heribert Buchner zum 70. Geburtstag, S. 281 – 301 (zit. *Hanau*, FS Buchner).

Hanau, Peter/Steinmeyer, Heinz-Dietrich/Wank, Rolf, Handbuch des europäischen Arbeits- und Sozialrechts, München 2002 (zit. *Hanau/Steinmeyer/Wank*).

Hartmann, Felix, Beschäftigungsanspruch und Zustimmungsersetzung. Zur Stellung des individualrechtlich betroffenen Arbeitnehmers im Beschlussverfahren nach § 99 Abs. 4 BetrVG, ZfA 2008, S. 383 – 412.

Hergenröder, Curt Wolfgang, Kündigung und Kündigungsschutz im Lichte der Verfassung, ZfA 2002, S. 355 – 382.

Henssler, Martin/Preis, Ulrich, Diskussionsentwurf eines Arbeitsvertragsgesetzes (ArbVG), NZA-Beilage 2007, S. 6 – 32.

Henssler, Martin/Willemsen, Heinz Josef/Kalb, Heinz-Jürgen (Hrsg.), Arbeitsrecht Kommentar, 9. Aufl. 2020 (zit. HWK/*Bearbeiter)*.

Herdegen, Matthias, Europarecht, 23. Aufl. 2022 (zit. *Herdegen*, Europarecht).

Hess, Harald/Worzalla, Michael/Nicolai, Andrea/Rose, Franz-Josef/Huke, Christina (Hrsg.), BetrVG. Kommentar, 10. Aufl. 2018 (zit. HWGNRH/*Bearbeiter*).

Hinrichs, Werner, Neue gesetzliche Regelungen zur Teilzeitarbeit, AiB 2001, S. 65 – 74.

Höveler, Melanie, Die "Teilzeitrichtlinie" 97/81/EG im Lichte des europäischen und des deutschen Rechts, Bonn 2002 (zit. *Höveler*).

Homann-Dennhardt, Christine, Familie und Arbeitsleben – unvereinbar?, AuR 2010, S. 52 – 57.

Horcher, Michael, Kontrahierungszwang im Arbeitsrecht – unter besonderer Berücksichtigung von § 15 Abs. 6 AGG, RdA 2014, S. 93 – 102.

v. Hoyningen-Huene, Gerrick, Der Arbeitgeber zwischen Unternehmerfreiheit, Flexibilität und Arbeitnehmerschutz, in: Konzen, Horst/Krebber, Sebastian/Raab, Thomas/Veit, Barbara/Waas, Bernd (Hrsg.), Festschrift für Rolf Birk zum siebzigsten Geburtstag, Tübingen 2008 (zit. *v. Hoyningen-Huene*, FS Birk).

v. Hoyningen-Huene, Gerrick, Die Billigkeit im Arbeitsrecht, München 1978 (zit. *v. Hoyningen-Huene,* Billigkeit im Arbeitsrecht).

v. Hoyningen-Huene, Gerrick, Betriebsbedingte Kündigung in der Wirtschaftskrise, NZA 1994, S. 1009 – 1016.

v. Hoyningen-Huene, Gerrick, Die „missbräuchliche" Unternehmerentscheidung bei der betriebsbedingten Kündigung, in: Oetker, Hartmut/Preis, Ulrich/

Rieble, Volker (Hrsg.), Festschrift 50 Jahre Bundesarbeitsgericht, 2014, S. 369 – 393 (zit. *v. Hoyningen-Huene,* FS 50 Jahre BAG).

Hromadka, Wolfgang, Das neue Teilzeit- und Befristungsgesetz, NJW 2001, S. 400 – 405.

Hromadka, Wolfgang/Maschmann, Frank, Arbeitsrecht Band 1, 7. Aufl. 2018 (zit. *Hromadka/Maschmann*).

Hunold, Wolf, Änderung, insbesondere Erhöhung der vertraglichen Arbeitszeit, NZA 2005, S. 910 – 912.

Ihlenfeld, Harald/Kles, Karl-Heinz, Teilzeitarbeit und befristete Arbeitsverträge. Kommentar zum neuen Gesetz, 2001 (zit. *Ihlenfeld/Kles*).

Jarass, Hans/Pieroth, Bodo, Grundgesetz für die Bundesrepublik Deutschland, Kommentar, 16. Aufl. 2020 (zit. Jarass/Pieroth, GG).

Kaiser, Dagmar (Hrsg.), J. von Staudingers Kommentar zum Bürgerlichen Gesetzbuch mit Einführungsgesetz und Nebengesetzen/ Buch 2, Recht der Schuldverhältnisse, Neubearbeitung 2015 (zit. Staudinger/*Bearbeiter*).

Kiel, Heinrich/Lunk, Stefan/Oetker, Hartmut (Hrsg.), Münchener Handbuch zum Arbeitsrecht, Band 1: Individualarbeitsrecht I und Band 2: Individualarbeitsrecht II, 5. Aufl. 2021 (zit. MHdB ArbR/*Bearbeiter*).

Kiel, Heinrich/Lunk, Stefan/Oetker, Hartmut (Hrsg.), Münchener Handbuch zum Arbeitsrecht, Band 4: Kollektives Arbeitsrecht II. Arbeitsgerichtsverfahren, 4. Aufl. 2019 (zit. MHdB ArbR/*Bearbeiter*).

Kingreen, Thorsten/Poscher, Ralf, Grundrechte. Staatsrecht II, 37. Aufl. 2021 (zit. *Kingreen/Poscher*, Grundrechte).

Kissel, Otto Rudolf, Gedanken zur Vertragsfreiheit in: Köbler, Gerhard/Heinze, Meinhard/Hromadka, Wolfgang, Europas universale rechtsordnungspolitische Aufgabe im Recht des dritten Jahrtausends, Festschrift für Alfred Söllner zum 70. Geburtstag, München 2000 (zit. *Kissel*, FS Söllner).

Kittner, Michael/Däubler, Wolfgang/Zwanziger, Bertram, Kündigungsschutzrecht. Kommentar für die Praxis zu Kündigungen und anderen Formen der Beendigung des Arbeitsverhältnisses, 6. Aufl. 2004 (zit. KDZ/*Bearbeiter,* KSchR).

Knickrehm, Sabine/Kreikebohm, Ralf/Waltermann, Raimund (Hrsg.), Kommentar zum Sozialrecht, 7. Aufl. 2021 (zit. Knickrehm/Kreikebohm/Waltermann/*Bearbeiter*).

Kliemt, Michael, Der neue Teilzeitanspruch. Die gesetzliche Neuregelung der Teilzeitarbeit ab dem 1.1.2001, NZA 2001, S. 63 – 71.

Kocher, Eva/Groskreutz, Henning (u.a.), Das Recht auf eine selbstbestimmte Erwerbsbiografie. Arbeits- und sozialrechtliche Regulierung für Übergänge im Lebenslauf: Ein Beitrag zu einem Sozialen Recht der Arbeit, Baden-Baden 2013 (zit. *Kocher u.a.*, Recht auf eine selbstbestimmte Erwerbsbiografie).

Kreimer-de-Fries, Joachim, EU-Teilzeitvereinbarung – kein gutes Omen für die Zukunft der europäischen Verhandlungsebenen, AuR 1997, S. 314 – 317.

Küttner, Wolfdieter (Begr.), Personalbuch 2021. Arbeitsrecht. Lohnsteuerrecht. Sozialversicherungsrecht, 28. Aufl. 2021 (zit. Küttner/*Bearbeiter*, Personalbuch 2021).

Lakies, Thomas, Das Teilzeit- und Befristungsgesetz, DZWIR 2001, S. 1 – 17.

Larenz, Karl/Canaris, Claus-Wilhelm, Methodenlehre der Rechtswissenschaft, 3. Aufl. 1995 (zit. *Larenz/Canaris*, Methodenlehre).

Laux, Helga/Schlachter, Monika, Teilzeit- und Befristungsgesetz. Kommentar, 2. Aufl. 2011 (zit. Laux/Schlachter/*Bearbeiter*).

Lieske, Steffen, Diskriminierungsschutz und unternehmerische Freiheit, Berlin 2011 (zit. *Lieske*).

Lindemann, Achim/Simon, Oliver, Neue Reglungen zur Teilzeitarbeit im Gesetz über Teilzeitarbeit und befristete Arbeitsverträge, BB 2001, S. 146 – 152.

Link, Peter/Fink, Martin, Ende der unternehmerischen Entscheidungsfreiheit?, AuA 2001, S. 155 – 159.

Linck, Rüdiger/Krause, Rüdiger/Bayreuther, Frank, Kündigungsschutzgesetz. Kommentar, 16. Aufl. 2019 (zit. Linck/Krause/Bayreuther/*Bearbeiter*).

Löwisch, Manfred, Neues Teilzeitrecht, BB 2018, S. 3061 – 3068.

v. Mangoldt, Herrmann (Begr.), Grundgesetz, Kommentar, Bd. 1, 7. Aufl. 2018 (zit. v. Mangoldt/Klein/Starck/*Bearbeiter*).

Meinel, Gernod/Heyn, Judith/Herms, Sascha, Teilzeit- und Befristungsgesetz. Kommentar, 5. Aufl. 2015 (zit. MHH).

Merkel, Philipp/Steinat, Björn, Brückenteilzeit und weitere Änderungen im Teilzeitrecht – Überblick für Arbeitgeber, DB 2018, S. 3118 – 3128.

Mühlhausen, Peter, Ausweitung der Inhaltskontrolle von unternehmerischen Entscheidungen im Teilzeitrecht?, NZA 2007, S. 1264 – 1268.

Müller, Christoph J., Die Berufsfreiheit des Arbeitgebers. Einwirkungen des Art. 12 Abs. 1 GG auf das Individual- und Kollektivarbeitsrecht, Köln 1996 (zit. *Müller*).

Müller-Glöge, Rudi/Preis, Ulrich/Schmidt, Ingrid (Hrsg.), Erfurter Kommentar zum Arbeitsrecht, 22. Aufl. 2022 (zit. ErfK/*Bearbeiter*).

Nier, Diana, jurisPR-ArbR 30/2019 Anm. 4.

Niklas, Thomas, Freistellung und Teilzeit. AuA 2019, S. 16 – 18.

Oberthür, Natalie, Die neue Brückenteilzeit. Zur Weiterentwicklung des Teilzeitrechts durch Einführung eines befristeten Teilzeitanspruchs, ArbRB 2018, S. 239 – 242.

Oetker, Hartmut (Hrsg.), Europäisches Arbeits- und Sozialrecht. B, Systematische Darstellungen, 1994, Stand: 160. Aktualisierung Februar 2011 (zit. EAS/*Bearbeiter*).

Oetker, Hartmut, Der Schutz befristet Beschäftigter durch das Recht des Betriebsrats zur Verweigerung der Zustimmung bei unbefristeten Einstellungen (§ 99 II Nr. 3 BetrVG), NZA 2003, S. 937 – 944.

Opitz, Heike C., Die Rechtsansprüche auf Anpassung der Arbeitszeit. Eine rechtsvergleichende Untersuchung der Ansprüche auf Verlängerung und Verringerung der Arbeitszeit im niederländischen Wet aanpassing arbeidsduur und im deutschen Teilzeit- und Befristungsgesetz, Baden-Baden 2004 (zit. *Opitz*).

Paschke, Christian, Zeitsouveränität durch Anpassung der Arbeitszeitlage an die persönlichen Bedürfnisse, AuR 2012, S. 11 – 16.

Pauly, Stephan/Osnabrügge, Stephan, Teilzeitarbeit und geringfügige Beschäftigung, 2. Aufl. 2008 (zit. *Pauly/Osnabrügge*).

Pauly, Stephan/Osnabrügge, Stephan/Huth, Michael, Das arbeitsrechtliche Mandat, Teilzeit und geringfügige Beschäftigung, Bonn 2019 (zit. *Pauly/Osnabrügge/Huth*, Teilzeitarbeit und geringfügige Beschäftigung).

Pfalzgraf, Patrick, Geltungsdauer einer Anzeige auf Arbeitszeiterhöhung nach § 9 TzBfG, Anmerkung zu LAG Köln, Urt. v. 06.12.2018 – 7 Sa 217/18, ArbRAktuell 2019, S. 336.

Pfarr, Heide, Vorschlag für ein Wahlarbeitszeitgesetz, djbZ 2015, S. 188 – 190.

Pfarr, Heide, Konzept eines Wahlarbeitszeitgesetzes in: Deinert, Olaf/Heuschmid, Johannes/Kittner, Michael/Schmidt, Marlene (Hrsg.), Demokratisierung der Wirtschaft durch Arbeitsrecht, Festschrift für Thomas Klebe zum 70. Geburtstag, S. 303 – 307 (zit. *Pfarr*, FS Klebe).

Pielenz, Cornelia, Anmerkung zu LAG Berlin v. 02.12.2003 – 3 Sa 1041/03, AuR 2004, S. 469 – 470.

Pielenz, Cornelia, Der Wunsch nach längerer Arbeitszeit, Der Personalrat 2016, S. 36 – 40.

Preis, Ulrich, Unvollkommenes Gesetz und methodengerechte Rechtsfindung im Arbeitsrecht in: Henssler, Martin/Joussen, Jacob/Maties, Martin/Preis, Ulrich (Hrsg.), Moderne Arbeitswelt. Festschrift für Rolf Wank zum 70. Geburtstag, München 2014, S. 413 – 430 (zit. *Preis*, FS Wank).

Preis, Ulrich, Autonome Unternehmerentscheidung und „dringendes betriebliches Erfordernis“, NZA 1995, S. 241 – 250.

Preis, Ulrich/Gotthardt, Michael, Neuregelung der Teilzeitarbeit und befristeten Arbeitsverhältnisse. Zum Gesetzesentwurf der Bundesregierung, DB 2000, S. 2065 – 2074.

Preis, Ulrich/Gotthardt, Michael, Das Teilzeit- und Befristungsgesetz, DB 2001, S. 145 – 152.

Preis, Ulrich/Sagan, Adam (Hrsg.), Europäisches Arbeitsrecht. Grundlagen – Richtlinien – Folgen für das deutsche Recht, 2. Aufl. 2019 (*zit.* Preis/Sagan/ *Bearbeiter*, EuArbR).

Preis, Ulrich/Schwarz, Katharina, Reform des Teilzeitarbeitsrechts, NJW 2018, S. 3673 – 3679.

Raab, Thomas, Individualrechtliche Auswirkungen der Mitbestimmung des Betriebsrats gem. §§ 99, 102 BetrVG, ZfA 1995, S. 479 – 536.

Rauscher, Thomas/Krüger, Wolfgang (Hrsg.), Münchener Kommentar zur Zivilprozessordnung mit Gerichtsverfassungsgesetz und Nebengesetzen, Bd. 2, 6. Aufl. 2020 (zit. MüKoZPO/Bearbeiter).

Richardi, Reinhard (Hrsg.), Betriebsverfassungsgesetz mit Wahlordnung. Kommentar, 17. Aufl. 2022 (zit. Richardi/*Bearbeiter*).

Richardi, Reinhard, Die Mitbestimmung bei Einstellung als Generalklausel einer Beteiligung an Änderungen des Arbeitsvertrags, NZA 2009, S. 1 – 5.

Rieble, Volker, Erweiterte Mitbestimmung in personellen Angelegenheiten, NZA Sonderheft 2001, S. 48 – 60.

Riesenhuber, Karl, Europäisches Arbeitsrecht. Eine systematische Darstellung, 2. Aufl. 2021 (zit. *Riesenhuber*, EuArbR).

Riesenhuber, Karl (Hrsg.), Europäische Methodenlehre, 4. Aufl. 2021 (zit. Riesenhuber/*Bearbeiter*, Europ. Methodenlehre).

Rolfs, Christian, Das neue Recht der Teilzeitarbeit, RdA 2001, S. 129 – 143.

Rolfs, Christian, Teilzeit- und Befristungsgesetz. Kommentar. München 2002 (zit. *Rolfs*).

Rosenfelder, Ulrich, Das neue Beschäftigungsförderungsgesetz, Erläuterte Textausgabe mit Regierungsentwurf und Amtlicher Begründung, München 1985 (zit. *Rosenfelder*).

Rudolf, Klaus, Die Verlängerung der Arbeitszeit gemäß § 9 TzBfG, Mannheim 2003 (zit. *Rudolf*).

Runggaldier, Ulrich, Anmerkung zum Urteil des EuGH v. 24.04.2008 – verbundene Rs. C-55/07 und C-56/07 (Michaeler u.a.), ZESAR 9/08, S. 394 – 399.

Sachs, Michael (Hrsg.), Grundgesetz. Kommentar, 8. Aufl. 2018 (zit. Sachs/ *Bearbeiter*).

Säcker, Franz Jürgen/Rixecker, Roland/Oetker, Hartmut/Limperg, Bettina (Hrsg.), Münchener Kommentar zum Bürgerlichen Gesetzbuch, Bd. 1, 9. Aufl. 2021, Bd. 3, 8. Aufl. 2019 und Bd. 5, 8. Aufl. 2020 (zit. MüKoBGB/*Bearbeiter*).

Salomon, Erwin/Reuße, Bastian, Grenzen der arbeitgeberseitigen Darlegungslast zur Ablehnung von Teilzeitarbeit nach der jüngsten Ausweitung durch das BAG, NZA 2013, S. 865 – 870.

Schaub, Günter (Begr.), Arbeitsrechts-Handbuch. Systematische Darstellung und Nachschlagewerk für die Praxis, 19. Aufl 2021 (zit. Schaub ArbR-HdB/*Bearbeiter*).

Schiefer, Bernd, Entwurf eines Gesetzes über Teilzeitarbeit und befristete Arbeitsverhältnisse zur Änderung und Aufhebung arbeitsrechtlicher Bestimmungen, DB 2000, S. 2118 – 2123.

Schlachter, Monika/Heinig, Hans Michael (Hrsg.), Europäisches Arbeits- und Sozialrecht, Enzyklopädie Europarecht Bd. 7, 2. Aufl. 2021 (zit. *Bearbeiter* in: Europ. Arbeits- und SozialR).

Schlegel, Kathrin, Teilzeit und Aufstockung, AiB 2011, S. 465.

Schmalenberg, Werner, § 9 TzBfG – eine Konkordanz zwischen dem Anspruch auf Arbeitszeitverlängerung und der unternehmerischen Betätigungsfreiheit? in: Baeck, Ulrich (Hrsg.), Festschrift für Jobst-Hubertus Bauer zum 65. Geburtstag, München 2010, S. 945 – 957 (zit: *Schmalenberg*, FS Bauer).

Schmalenberg, Werner, Anmerkung zu BAG, Urt. v. 15.08.2006 – 9 AZR 8/06, AP TzBfG § 9 Nr. 1.

Schmidt, Marlene, Anspruch auf Verlängerung der Arbeitszeit – Besprechung des Urteils des BAG v. 15.08.2006 – 9 AZR 8/06, RdA 2008, S. 41 – 44.

Scholz, Rupert, Die Berufsfreiheit als Grundlage und Grenzen arbeitsrechtlicher Regelungssysteme, ZfA 1981, S. 265 – 302.

Schroeder, Werner, Grundkurs Europarecht, 7. Aufl. 2021 (zit. *Schroeder*, GK Europarecht).

Schüren, Peter (Hrsg.), Arbeitnehmerüberlassungsgesetz. Kommentar, 5. Aufl. 2018 (zit. Schüren/*Bearbeiter*).

Schüren, Peter, Die Mitbestimmung des Betriebsrats bei der Änderung der Arbeitszeit nach dem TzBfG, AuR 2001, S. 321 – 325.

Sievers, Jochen, Teilzeit- und Befristungsgesetz. Taschenkommentar, 7. Aufl. 2021 (zit. *Sievers*).

Singer, Reinhard, Tarifvertragliche Normenkontrolle am Maßstab der Grundrechte?, ZfA 1995, S. 611 – 638.

Söllner, Alfred, Einseitige Leistungsbestimmung im Arbeitsverhältnis, Mainz 1966 (zit. *Söllner*, Einseitige Leistungsbestimmung).

Straub, Dieter, Erste Erfahrungen mit dem Teilzeit- und Befristungsgesetz, NZA 2001, S. 919 – 927.

Streinz, Rudolf (Hrsg.), Beck´sche Kurzkommentare EUV/AEUV, 3. Aufl. 2018 (zit. Streinz/*Bearbeiter*).

Streinz, Rudolf, Europarecht, 11. Aufl. 2019 (zit. *Streinz*, Europarecht).

Talkenberg, Sibylle, Teilzeit und Rückkehranspruch als Herausforderung für die Personalpraxis, PuR Sonderheft 2019, S. 21 – 25.

Thüsing, Gregor, Europäisches Arbeitsrecht, 3. Aufl. 2017 (zit. *Thüsing*, EuArbR).

Thüsing, Gregor (Hrsg.), Arbeitnehmerüberlassungsgesetz. Kommentar, 4. Aufl. 2018 (zit. Thüsing/*Bearbeiter*).

Thüsing, Gregor, Brückenteilzeit und Co.: Vorschläge es besser zu machen, BB 2018, S. 1076 – 1079.

Treber, Jürgen, Sozialer Dialog in der Europäischen Union und Gleichbehandlung bei Teilzeitarbeit. Die Richtlinie des Rates zu der von UNICE, CEEP und EGB geschlossenen Rahmenvereinbarung über Teilzeitarbeit, ZTR 1998, S. 250 – 257.

Ulrici, Bernhard, Arbeitnehmerüberlassungsgesetz. Handkommentar. 2017 (zit. *Ulrici*).

Viethen, Hans Peter, Richtlinie der EG zur Teilzeitarbeit, EuroAS 2002, S. 51 – 56.

Wank, Rolf, Die Auslegung von Gesetzen, 5. Aufl. 2011 (zit. *Wank*, Auslegung von Gesetzen).

Wank, Rolf, Auslegung und Rechtsfortbildung im Arbeitsrecht, Baden-Baden 2013.

Wank, Rolf, Juristische Methodenlehre. Eine Anleitung für Wissenschaft und Praxis, München 2020 (zit. *Wank*, Methodenlehre).

Wiedemann, Herbert (Hrsg.), Tarifvertragsgesetz mit Durchführungs- und Nebenvorschriften. Kommentar, 8. Aufl. 2019 (zit. Wiedemann/*Bearbeiter*).

Wiese, Günter/Kreutz, Peter/Oetker, Hartmut/Raab, Thomas/Weber, Christoph/Franzen, Martin/Gutzeit, Martin/Jacobs, Matthias (Hrsg.), Gemeinschaftskommentar zum Betriebsverfassungsgesetz, Bd. II, 12. Aufl. 2021 (zit. GK-BetrVG/*Bearbeiter*).

Worzalla, Michael, Anspruch auf Verlängerung der Arbeitszeit auf einem höherwertigeren Arbeitsplatz?, SAE 2009, S. 257 – 267.

Worzalla, Michael/Will, Patricia/Mailänder, Uwe/Worch, Andrea/Heise, Dietmar, Teilzeitarbeit und befristete Arbeitsverträge, 2001 (zit. *Worzalla*, Teilzeitarbeit und befristete Arbeitsverträge).

Schriften zum deutschen und europäischen Arbeitsrecht

Herausgegeben von Frank Bayreuther

Band 1 Petra Hamann: Die Kündigung wegen häufiger Kurzerkrankungen. 2009.

Band 2 Robert K. Strecker: „Turboprämie" und Sozialplan. 2009.

Band 3 Julia Rath: Die pauschale Abgeltung von Überstunden im Arbeitsvertrag. 2010.

Band 4 Jens Jensen: Der Freiwilligkeitsvorbehalt bei Entgeltleistungen. Rechtsdogmatik und AGB-Kontrolle. 2010.

Band 5 Enrico Meier: Die unterlassene Änderungskündigung als Unwirksamkeitsgrund der Beendigungskündigung. 2011.

Band 6 Jonas Zäh: Die arbeitsrechtlichen Aspekte des § 11 Wertpapiererwerbs- und Übernahmegesetz. Unter Berücksichtigung der Frage, unter welchen Voraussetzungen der Bieter bei einem öffentlichen Angebot i.S.d. WpÜG verpflichtet ist, Angaben zu seinen Absichten zu machen. 2011.

Band 7 Claudia Voggenreiter: Betriebliche Mitbestimmung im Diskriminierungsrecht. 2011.

Band 8 Lars Weinbrenner: Der Sonderkündigungsschutz im Pflegezeitgesetz. 2011.

Band 9 Julian Schmidt: Quotenorientierte Einstellungs- und Beförderungsentscheidungen nach § 5 AGG. Eine rechtsvergleichende Untersuchung positiver Maßnahmen und US-amerikanischer Affirmative Action. 2012.

Band 10 Hendrik Gülker: Die Geltungserstreckung günstigerer Tarifverträge im Anwendungsbereich des AEntG. Eine verfassungsrechtliche Analyse. 2012.

Band 11 Steffen Jankowiak: Das behördliche Betriebsübergangsverlangen nach Art. 4 Abs. 5 Verordnung (EG) Nr. 1370/2007 bei der Vergabe von Aufträgen im öffentlichen Personenverkehr. 2012.

Band 12 Falko Daub: Das Erwerberkonzept. Arbeitsrechtliche Aspekte von Erwerberkonzepten bei der übertragenden Sanierung. 2013.

Band 13 Marthe J. Schwarzbach: Die Geltung von Tarifverträgen in Frankreich. 2013.

Band 14 Esther Kollar: Gesundheitsschutz als Aufgabe der Betriebs- und Tarifparteien. Eine Untersuchung zu Beteiligungs- und Mitbestimmungsrechten aus dem Betriebsverfassungsgesetz und zur Zulässigkeit einer tarifvertraglich etablierten Arbeitnehmervertretung zum Gesundheitsschutz. 2015.

Band 15 Oliver Deeg: Die Verwirkung im Individualarbeitsrecht. 2015.

Band 16 Daniel Heimann: Der Verzicht des Arbeitnehmers auf das Widerspruchsrecht nach § 613a Abs. 6 BGB. Mechanismus, Wirkung, Ausübungsmodalitäten und rechtliche Grenzen des Verzichts. 2015.

Band 17 Max Ludwig Mälzer: Die kollektivarbeitsrechtlichen Bezüge des Allgemeinen Gleichbehandlungsgesetzes. 2015.

Band 18 Christian Klostermann-Schneider: § 174 BGB: Zurückweisung der vom Bevollmächtigten vorgenommenen Kündigung eines Arbeitsverhältnisses und ihre Grenzen. 2015.

Band 19 Peter Körlings: Mobile Erreichbarkeit von Arbeitnehmern. 2019.

Band 20 Susanna Stöckert: Arbeitsrechtliche Fragestellungen bei der Ein- und Durchführung der Scrum-Methode als Beispiel agiler Arbeitsmethoden. 2020.

Band 21 Josefine Müh: Die Anrechnung von Tariflohnerhöhungen auf übertarifliche Zulagen und das Verhältnis zur betrieblichen Übung. 2022.

Band 22 Frauke Hansper: Der Anspruch auf Verlängerung der Arbeitszeit. 2022.

www.peterlang.com

www.ingramcontent.com/pod-product-compliance
Ingram Content Group UK Ltd.
Pitfield, Milton Keynes, MK11 3LW, UK
UKHW021855290926
8980IPUK00005B/849

9 783631 878675